[1]

I. M. I.

5-1

(1) En el nombre del Padre y del Hijo y del Espíritu Santo.

(2) Señor, ven en mi ayuda, ata esta mi voluntad rebelde que quiere siempre resistir contra la santa obediencia, y me pone en tal estrechez, que mientras a veces parece muerta, entonces más que nunca, como serpiente la siento viva y me roe por dentro, por eso átame con nuevas cuerdas, es más, lléname de tu santa y adorable Voluntad hasta desbordar fuera, de manera que mi voluntad quede consumida en la tuya, y entonces podré tener la felicidad de no luchar más contra la santa obediencia. Y tú, oh santa obediencia, perdóname si te hago siempre la guerra y dame la fuerza para poderte seguir en todo plácidamente, aunque a veces parece que yo tenga toda la razón. ¡Cómo luchar contra ti, como en este escribir por cuenta del confesor! pero bueno, hagamos silencio, no hagamos más demoras y comencemos a escribir.

(3) Como mi pasado confesor se encontraba muy ocupado, mucho más que en el curso de los años en que él me dirigía, cuando no podía él venir venía el confesor presente, pero yo no había pensado jamás que debía encontrarme en las manos de éste, sobre todo que yo estaba contenta con aquel y en él tenía toda mi confianza. Cerca de un año y medio antes de que el presente fuera mi confesor, estando en mi acostumbrado estado, el bendito Jesús me dijo no estar contento con que mi pasado confesor no se ocupara más de mi interior, y del modo como él concurría con Nuestro Señor sobre mi estado, diciéndome que:

(4) "Cuando pongo en las manos del confesor almas víctimas, el trabajo de su interior debe ser continuo, por eso dile: O me corresponde, o te pongo en manos de cualquier otro".

(5) Y yo: "Señor, ¿qué dices, quién será tan paciente que deberá tomar esta cruz de venir cada día a sacrificarse como este confesor?"

(6) Y Jesús: "Le daré luz, nombrando al presente confesor, y vendrá".

(7) Y yo: "Cuán imposible es que él tome esta cruz".

(8) Y Jesús: "Sí, vendrá, y además, cuando no me oiga a Mí mandaré a mi Madre, y él que la ama, no le negará este favor; porque, ciertamente que a quien verdaderamente se ama no se le niega nada. Sin embargo quiero ver otro poco qué cosa hace éste, y dile todo lo que te he dicho".

(9) Cuando vino el confesor le narré todo, pero pobrecito, una nueva ocupación tomada por él lo imposibilitaba a ocuparse de mi interior, se veía que no era su voluntad, sino la impotencia por lo que no podía ocuparse de mí. Cuando se lo decía se empeñaba más, pero pronto volvía a no ocuparse de mí, como antes. Jesús bendito se lamentaba de él, y yo se lo volvía a decir al confesor. Un día él mismo me mandó al padre presente, y yo también con él abrí mi alma diciéndole todo lo que he dicho, él aceptó venir y yo quedé maravillada de que había dicho que sí, y decía entre mí: "Tenía razón Jesús". Pero pronto cesó la maravilla, no sé decir cómo, duró apenas cuanto dura una sombra que rápido huye, vino apenas dos o tres días y no se vio más, también como sombra huyó y yo continuaba estando en las manos del confesor pasado, adorando las disposiciones de Dios, yo estaba contenta con él, que tantos sacrificios había hecho por causa mía. Después de que pasó cerca de otro año, y yo sintiendo una necesidad de conciencia lo dije al confesor pasado y me dijo: "Te mando a Don Genaro". Es decir al padre presente, invistiéndose de mi necesidad.

(10) Pensativa sobre una tempestad sucedida entre ellos, Jesús ha repetido: "No muevas las cosas, todo lo he dispuesto Yo y todo lo que ha sido hecho, ha sido bien hecho".

+ + + +

5-2
Marzo 19, 1903

El verdadero amor es aquél que sufriendo por Dios, quiere sufrir más.

(1) Esta mañana veía al confesor todo humillado, y junto el bendito Jesús y San José, el cual le ha dicho: "Ponte a la obra y el Señor está pronto a darte la gracia que quieres".

(2) Después de esto, viendo a mi amado Jesús sufriente como en el curso de la Pasión le he dicho: "Señor, ¿no sentías cansancio al sufrir tantas diversas penas?"

(3) Y Él: "No, antes bien un sufrimiento encendía más el corazón para sufrir otro, estos son los modos del sufrir divino; no sólo, sino que en el sufrir y en el obrar no mira otra cosa que el fruto que de ello recibe. Yo en mis llagas y en mi sangre veía las naciones salvadas, el bien que recibían las criaturas, y mi corazón antes que sentir fatigas sentía alegría y ardiente deseo de sufrir más. Entonces, esta es la señal si lo que se sufre es participación de mis penas: Si une sufrir y alegría de sufrir más, y si en su obrar obra por Mí, si no mira a lo que hace, sino a la gloria que da a Dios y al fruto que de esto recibe.

+ + + +

5-3
Marzo 20, 1903

Jesús y San José consuelan al padre en sus dificultades.

(1) Encontrándome fuera de mí misma, veía al padre con dificultades respecto a la gracia que quiere, y Jesús bendito otra vez con San José le decían:

(2) "Si te pones a la obra, todas tus dificultades desaparecerán, y se caerán como escamas de pez".

+ + + +

5-4
Marzo 23, 1903

Si el amor es santo forma la vida de la santificación,
si es perverso la vida de la condenación.

(1) Encontrándome en mi habitual estado, después de haber esperado mucho he visto por poco tiempo a mi adorable Jesús entre mis brazos y una luz que salía de su frente, y en esta luz estaban escritas las siguientes palabras: "El amor es todo para Dios y para el hombre, si cesa el amor cesaría la vida, sin embargo hay dos especies de amor, uno espiritual y divino, y el otro corporal y desordenado, y entre estos amores hay gran diferencia entre ellos por la intensidad, multiplicidad, diversidad, se puede casi decir que es la diferencia que hay entre el pensar de la mente y el obrar de las manos; la mente en brevísimo tiempo puede pensar en cientos de cosas, donde las manos apenas pueden hacer una sola obra. Dios Creador, si crea a las criaturas, es el amor lo que hace que las creé; si tiene en continua actitud sus atributos hacia las criaturas, es el amor el que a esto lo empuja, y sus mismos atributos del amor reciben la vida. El mismo amor desordenado, como a las riquezas, a los placeres y a tantas otras cosas, no son éstas las que forman la vida del hombre, pero si siente amor a estas cosas, no sólo forman la vida, sino que llega a hacer de ellas un ídolo propio. Así que si el amor es santo forma la vida de la santificación, si es perverso forma la vida de la condenación".

+ + + +

5-5
Marzo 24, 1903

Mientras se es nada, se puede ser todo estando con Jesús.

(1) Esta mañana, después de haber pasado días amarguísimos, el bendito Jesús ha venido y se entretenía familiarmente conmigo; tanto que yo creía que debía poseerlo siempre; pero cuando estaba en lo mejor, como un relámpago ha desaparecido; ¿quién puede decir mi pena? Me sentía enloquecer, mucho más que estaba casi segura que no lo perdería más. Ahora, mientras me consumía en penas, como un relámpago ha regresado, y con una voz sonora y seria me ha dicho:

(2) "¿Quién eres tú que pretendes tenerme siempre contigo?"

(3) Y yo, loca como estaba, toda atrevida he respondido: "Estando Contigo soy todo, siento que no soy otra cosa que una voluntad salida del seno de mi Creador, y esta voluntad hasta en tanto que esté unida Contigo, siente la vida, la existencia, la paz, todo su bien. Sin Ti la siento sin vida, destruir, dispersa, inquieta, puedo decir que pruebo todos los males, y para tener vida y no dispersarme, esta voluntad salida de Ti busca tu seno, tu centro, y ahí quiere permanecer para siempre". Parecía que Jesús se enternecía todo, pero de nuevo ha repetido:

(4) "¿Pero quién eres tú?

(5) Y yo: "Señor, no soy otra cosa que una gota de agua, y esta gota de agua mientras se encuentra en tu mar, le parece ser todo el mar; y si del mar no sale se mantiene limpia y clara, de modo de poder estar frente a las otras aguas; pero si sale del mar se enfangará, y por su pequeñez se desvanecerá". Todo conmovido se ha inclinado hacia mí dándome un abrazo y me ha dicho:

(6) "Hija mía, quien quiere estar siempre en mi Voluntad conserva en ella a mi misma Persona, y si bien puede salir de mi Voluntad, habiéndola creado libre de voluntad, mi potencia obra un prodigio suministrándole continuamente la participación de la Vida Divina, y por esta participación que recibe siente tal fuerza y atracción de unión con la Voluntad Divina, que aunque lo quisiera hacer no lo puede hacer, y ésta es la continua virtud de la que te hablé el otro día, que sale de Mí hacia quien hace siempre mi Voluntad.

+ + + +

5-6
Abril 7, 1903
Temores por su estado.

(1) Después de haber pasado días amarguísimos por las continuas privaciones de mi adorable Jesús, esta mañana me sentía al colmo de la aflicción, cansada y sin fuerzas, estaba pensando que verdaderamente no me quería más en este estado, y casi me decidía a salir de él. Mientras esto hacía, mi amable Jesús se ha movido en mi interior y se hacía oír que rezaba por mí, y sólo comprendía que imploraba la potencia, la fuerza y la providencia del Padre para mí, agregando:

(2) "¿No ves, !oh¡ Padre, cómo tiene mayor necesidad de ayuda, porque después de tantas gracias se quiere volver pecadora saliendo de nuestra Voluntad?"

(3) Quién puede decir como me sentía destrozar el corazón al oír estas palabras de Jesús. Después ha salido de dentro de mi interior, y yo después de haberme asegurado que fuera el bendito Jesús he dicho: "Señor, ¿es Voluntad tuya que continúe en este estado de víctima? Porque yo no sintiéndome en la misma posición que al principio, me veo como si no fuera necesaria la venida del sacerdote, y cuando menos ahorraré el sacrificio al confesor.

(4) Y Él: "Por ahora no es mi Voluntad que tú salgas; respecto al sacrificio del sacerdote, le restituiré centuplicada la caridad que hace".

(5) Después, todo afligido ha agregado: "Hija mía, los socialistas han planeado entre ellos golpear a la Iglesia, y esto lo han hecho en Francia públicamente, y en Italia más oculto; y mi justicia va encontrando vacíos para echar mano de los castigos".

+ + + +

5-7
Abril 10, 1903

Como los hombres no se rinden, Jesús hará
resonar la trompeta de nuevos y graves flagelos.

(1) Encontrándome fuera de mí misma veía a nuestro Señor con una vara en la mano que tocaba a las gentes, y éstas al ser tocadas se dispersaban y se revelaban, y el Señor les ha dicho:

(2) "Los he tocado para reuniros en torno a Mí, y en vez de reuniros os reveláis y os dispersáis de Mí, por eso es necesario que Yo suene la trompeta".

(3) Y mientras esto decía se ha puesto a tocar la trompeta. Y yo comprendía que el Señor mandará algún castigo, y los hombres en vez de humillarse tomarán ocasión para ofenderlo y alejarse, y el Señor al ver esto hará resonar la trompeta de otros graves flagelos.

+ + + +

5-8
Abril 21, 1903

Jesús suspende a Luisa de su habitual estado para poder castigar.

(1) Habiendo pasado días amarguísimos de privaciones y lágrimas, con la añadidura de verme en posibilidad de que el Señor me suspendiera del estado de víctima, como de hecho me ha sucedido, que por cuanto me esforzaba no podía perder los sentidos, más bien he quedado sorprendida por muchos dolores internos que me inquietaban, sin que lo pudiera comprender. Apenas un sueño en la noche, en el que me parecía ver un ángel que me llevaba dentro de un jardín, en el cual estaban todas las plantas ennegrecidas, pero yo no he hecho caso y sólo pensaba en cómo Jesús me había expulsado de Sí. Entonces, hacia la tarde ha venido el confesor, y encontrándome en mí misma me ha dicho que se habían helado las viñas. He quedado afligidísima al pensar en la pobre gente, y en el temor de que no me hiciera caer en mi acostumbrado estado para poder libremente castigar. Sin embargo esta mañana el bendito Jesús ha venido haciéndome caer en mi acostumbrado estado, y yo apenas lo vi le he dicho:

(2) "¡Ah! Señor, ¿y ayer que hiciste? Así que te saliste con la tuya, y además, ni siquiera me dijiste nada, que al menos habría rogado para evitar en parte el castigo".

(3) Y Él: "Hija mía, era necesario que te suspendiera, de otra manera tú me habrías obstaculizado, y Yo no podría estar libre; y además, ¿cuántas veces no he hecho Yo lo que tú has querido? ¡Ah! hija mía, es necesario que en el mundo lluevan los flagelos, de otra manera por cuidar los cuerpos se perderán las almas".

(4) Dicho esto ha desaparecido y yo me he encontrado fuera de mí misma, sin mi dulce Jesús, por eso lo iba buscando, y en ese momento veía en el cielo un Sol diferente del sol que nosotros vemos, y junto una multitud de santos, los cuales al ver el estado del mundo, la corrupción, y cómo se hacen befas de Dios, todos a una voz gritaban: "Venganza de tu honor, de tu gloria, haz uso de la justicia mientras el hombre no quiere reconocer más los derechos

de su Creador; pero como hablaban en latín, yo pensaba que fuera éste el significado; al oír esto yo temblaba, me sentía helar e imploraba piedad y misericordia.

+ + + +

5-9
Mayo 8, 1903

Cuando el hombre se dispone al bien, recibe el bien;
y si se dispone al mal, el mal recibe.

(1) Continuando mi amarguísimo estado de privaciones, en que a lo más Jesús se dejaba ver taciturno y por breves instantes. Esta mañana, empeñándose el confesor en hacerlo venir, al perder los sentidos, por poco y casi por la fuerza se hacía ver y volteándose hacia el confesor le ha dicho con aspecto serio y afligido:

(2) "¿Qué cosa quieres?"

(3) El padre parecía que quedaba confundido y no sabía decir nada, entonces yo he dicho: "Señor, tal vez es el hecho de la misa lo que quiere".

(4) Y el Señor ha agregado: "Disponte y la tendrás, y además tú tienes la víctima, cuanto más próximo estés con el pensamiento y con la intención, tanto más te sentirás fuerte y libre para poder hacer lo que quieres".

(5) Después he dicho: "Señor, ¿por qué no vienes?" Y Él ha continuado:

(6) "¿Quieres oír? Escucha".

(7) Y en ese momento, se oían tantos gritos de voces de todas las partes del mundo que decían: "Muerte al Papa, destrucción de

religión, iglesias echadas por tierra, destrucción de todo dominio, ninguno debe existir sobre nosotros", y tantas otras voces satánicas que me parece inútil decirlas. Entonces nuestro Señor ha agregado:

(8) "Hija mía, el hombre cuando se dispone al bien recibe el bien, y si se dispone al mal, el mal recibe. Todas estas voces que escuchas llegan a mi trono, y no una vez sino reiteradas veces, y mi justicia cuando ve que el hombre no sólo quiere el mal, sino con duplicada insistencia lo demanda, con justicia estoy obligado a concederlo para hacerle conocer el mal que quiere, porque sólo entonces se conoce verdaderamente el mal, cuando en el mismo mal se encuentra. He aquí la causa por la que mi justicia va buscando vacíos para castigar al hombre, pero no ha llegado todavía el tiempo de tu suspensión, a lo más algún día por ahora, para hacer que la justicia ponga su mano un poco sobre el hombre, no pudiendo más resistir al peso de tanta atrocidad, y al mismo tiempo hacer agachar la frente del hombre muy ensoberbecida".

+ + + +

5-10
Mayo 11, 1903

La paz pone en su lugar a las pasiones. La recta intención todo santifica.

(1) Encontrándome en mi habitual estado, cuando apenas he visto a mi adorable Jesús me ha dicho:

(2) "La paz pone en su lugar a todas las pasiones, pero lo que triunfa sobre todo, que establece todo el bien en el alma y que todo santifica, es el hacer todo por Dios, es decir, obrar con recta intención de agradar sólo a Dios. El recto obrar es lo que dirige, lo que domina, que rectifica las mismas virtudes, hasta la misma

obediencia; en suma es como un maestro que dirige la música espiritual del alma".

(3) Dicho esto, como un relámpago ha desaparecido.

+ + + +

5-11
Mayo 20, 1903

Ofrece su vida por la Iglesia y por el triunfo de la verdad.

(1) Encontrándome en mi habitual estado, me he encontrado fuera de mí misma, con el bendito Jesús en brazos en medio de mucha gente, las cuales con fierros, espadas, cuchillos, trataban, quién de golpear, quién herir, y quién cortar los miembros de Nuestro Señor; pero por cuanto hacían y se esforzaban no podían hacer ningún mal, por el contrario, los mismos cuchillos, por cuan afilados y cortantes, perdían su actividad y se volvían inútiles. Jesús y yo estábamos sumamente afligidos al ver la brutalidad de aquellos corazones deshumanizados, que si bien veían que no podían hacer nada, al mismo tiempo repetían los golpes tratando de tener éxito en su intento; y que si ningún daño hacían era porque no podían. Aquellos se enfadaban porque sus armas resultaban inútiles, y no podían efectuar su resuelta voluntad de hacer daño a Nuestro Señor, y decían entre ellos: "¿Y por qué no podemos hacer nada? ¿Cuál es la causa? Parece que otras veces habíamos podido alguna cosa, pero encontrándose en brazos de ésta no podemos hacer nada; probemos para ver si podemos hacer daño a ésta y quitárnosla de enfrente". Mientras esto decían, Jesús se ha puesto a mi lado y ha dado libertad a aquellos de hacer lo que quisieran. Entonces, antes que aquellos me pusieran la mano encima he dicho: "Señor, ofrezco mi vida por la Iglesia y por el triunfo de la verdad, acepta te ruego mi sacrificio".

(2) Y aquellos han tomado una espada y me truncaban la cabeza. Jesús bendito aceptaba mi sacrificio, pero mientras esto hacían, en el acto de cumplir el sacrificio me he encontrado en mí misma con sumo disgusto mío, mientras creía haber llegado al punto de mis deseos, por el contrario he quedado desilusionada.

+ + + +

5-12
Junio 6, 1903

Jesús le enseña cómo debe comportarse en el estado de abandono y de sufrimiento.

(1) Después de haber pasado días amargos de privaciones y sufrimientos, esta mañana me he encontrado fuera de mí misma con el niño Jesús en brazos, y yo apenas lo he visto he dicho: "¡Ah querido Jesús, cómo me dejaste sola, al menos enséñame cómo debo comportarme en este estado de abandono y de sufrimiento!".

(2) Y Él: "Hija mía, todo lo que tú sufres en los brazos, en las piernas y en el corazón, ofrécelo junto con los sufrimientos de mis miembros recitando cinco gloria patri, y ofrécelo a la divina justicia por la satisfacción de las obras, de los pasos, y de los malos deseos de los corazones, que continuamente son cometidos por las criaturas; une además los sufrimientos de las espinas y de los hombros recitando tres gloria patri y ofrécelos por la satisfacción de las tres potencias del hombre, tan deformadas, de no reconocer más mi imagen en ellos, y trata de mantener tu voluntad siempre unida a Mí, y en continua actitud de amarme; tu memoria sea la campana que continuamente resuena en ti y te recuerde lo que he hecho y sufrido por ti, y cuántas gracias he hecho a tu alma, para serme agradecida, porque el agradecimiento es la llave que abre los tesoros divinos; tu inteligencia no piense, no se ocupe en otra cosa que en Dios. Si esto haces encontraré en ti mi imagen y en ella tomaré la satisfacción que no puedo recibir de las otras

criaturas; esto lo harás continuamente, porque si continua es la ofensa, continua debe ser la satisfacción".

(3) Entonces yo he continuado: "¡Ah! Señor, cómo me he hecho mala, hasta golosa me he vuelto.

(4) Y Él: "Hija mía, no temas, cuando un alma hace todo por Mí, todo lo que toma, hasta los mismos consuelos, Yo lo recibo como si restaurase mi cuerpo sufriente, y aquellos que le son dados los considero como si los dieran a Mí mismo, tanto que si no los dieran Yo sentiría pena por ello; pero para quitarte toda duda, cada vez que te den algún alivio y sientas la necesidad de tomarlo, no sólo lo harás por Mí, sino que agregarás: "Señor, intento reconfortar tu cuerpo sufriente en el mío".

(5) Mientras esto decía, poco a poco se ha retirado en mi interior, y yo no lo veía más y no podía hablarle más. Sentía tal pena, que por el dolor me habría hecho pedazos para poderlo encontrar de nuevo, entonces me he puesto a rasgar en la parte del interior porque se había encerrado, y así lo he encontrado y con sumo dolor he dicho: "¡Ah! Señor, ¿me dejas? ¿No eres tal vez Tú mi vida, y sin Ti no sólo el alma, sino también el cuerpo se destroza todo y no resiste la fuerza del dolor de tu privación? Tanto, que entonces, en este caso me parece que deba morir, mi único y solo consuelo es la muerte". Pero mientras esto decía Jesús me ha bendecido, y de nuevo se ha retirado en mi interior y ha desaparecido, y yo me he encontrado en mí misma.

+ + + +

5-13
Junio 15, 1903

Quien se sirve de los sentidos para glorificar a
Nuestro Señor, conserva en sí su obra Creadora.

(1) Encontrándome en mi habitual estado, mi adorable Jesús, no sé cómo, lo veía dentro de mi ojo. Entonces yo me he maravillado y Él me ha dicho:

(2) "Hija mía, quien se sirve de los sentidos para ofenderme deforma en sí mi imagen, por eso el pecado da la muerte al alma, no porque verdaderamente muera, sino porque da la muerte a todo lo que es Divino. Si por el contrario se sirve de los sentidos para glorificarme, puedo decir: "Tú eres mi ojo, mi oído, mi boca, mis manos y mis pies". Y con esto conserva en sí mi obra Creadora, y si al glorificarme agrega el sufrir, el satisfacer, el reparar por otros, conserva en sí mi obra redentora, y perfeccionando estas mis obras en sí misma, resurge mi obra santificadora, santificando todo y conservándolo en la propia alma, porque de todo lo que he hecho en la obra creadora, redentora y santificadora, he transfundido en el alma una participación de mi mismo obrar, pero todo está en si el alma corresponde a mi obra".

+ + + +

5-14
Junio 16, 1903

Lo que vuelve al alma más amada, más bella, más amable y más íntima con Dios, es la perseverancia en el obrar sólo por agradarle a Él.

(1) Continuando mi habitual estado, me he encontrado fuera de mí misma, y veía al niño Jesús que tenía en la mano una taza llena de amargura y una vara, y Él me ha dicho:

(2) "Mira hija mía que copa de amargura me da a beber continuamente el mundo".

(3) Y yo: "Señor, particípame algo a mí, así no sufrirás solo".

(4) Entonces me ha dado a beber un poquito de aquella amargura, y después con la vara que tenía en la mano se ha puesto a traspasarme el corazón, tanto, que hacía un agujero de donde salía un río de aquella amargura que había bebido, pero cambiada en leche dulce, e iba a la boca del niño, el cual todo se endulzaba y reconfortaba, y después me ha dicho:

(5) "Hija mía, cuando doy al alma lo amargo, las tribulaciones, si el alma se uniforma a mi Voluntad, si me agradece por ello, y de eso me hace un presente ofreciéndomelo a Mí mismo, para ella es amargo, es sufrimiento, y para Mí se cambia en dulzura y alivio, pero lo que más me alegra y me da placer, es ver si el alma cuando obra y padece está atenta a agradarme solamente a Mí, sin otro fin o propósito de recompensa, sin embargo lo que hace más querida al alma, más bella, más amable, más íntima en el Ser Divino, es la perseverancia en este modo de comportarse, volviéndola inmutable junto con el inmutable Dios; porque si hoy hace y mañana no; si una vez tiene un fin, y otra vez otro; hoy trata de agradar a Dios, mañana a las criaturas, es imagen de quien hoy es reina y mañana es vilísima sierva, hoy se alimenta de exquisitos alimentos y mañana de porquerías".

(6) Poco después ha desaparecido, pero luego ha regresado agregando:

(7) "El sol está para beneficio de todos, pero no todos gozan sus benéficos efectos. Así el Sol Divino, a todos da su luz, ¿pero quién goza sus benéficos efectos? Quien tiene abiertos los ojos a la luz de la verdad, todos los otros, a pesar de que el Sol está expuesto quedan en la oscuridad; pero propiamente goza, recibe toda la plenitud de este Sol, quien está todo ocupado en agradarme".

+ + + +
5-15
Junio 30, 1903

Belleza del alma interior.

(1) Encontrándome fuera de mí misma, he visto a la Reina Madre, y postrándome a sus pies le he dicho: "Dulcísima Madre mía, en qué terrible estrechez me encuentro privada del único bien mío y de mi misma vida, me siento llegar a los extremos".

(2) Y mientras esto decía lloraba, y la Virgen Santísima abriéndose una parte del corazón, como si se abriera una custodia ha tomado al niño de dentro y me lo ha dado diciéndome:

(3) "Hija mía, no llores, aquí está tu bien, tu vida, tu todo, tómalo y tenlo siempre contigo, y mientras lo tengas contigo, ten tu mirada fija en tu interior sobre Él, no te preocupes si no te dice nada, o si tú no sabes decir nada, sólo míralo en tu interior, porque con mirarlo comprenderás todo, harás todo, y satisfarás por todos; esta es la belleza del alma interior, que sin voz, sin instrucciones, como no hay ninguna cosa externa que la atraiga o la inquiete, sino que toda su atracción, todos sus bienes están encerrados en el interior, fácilmente, con el simple mirar a Jesús todo entiende y todo obra. En este modo caminarás hasta a la cumbre del Calvario, y una vez que hayas llegado, no más como niño lo verás, sino Crucificado y tú quedarás junto con Él crucificada".

(4) Por eso parecía que con el niño en brazos y la Virgen Santísima hacíamos el camino del Calvario; mientras se caminaba alguna vez encontraba alguno que me quería quitar a Jesús, y llamaba en ayuda a la Reina Madre diciéndole: "Mamá mía, ayúdame, que quieren quitarme a Jesús". Y Ella me respondía: "No temas, tu empeño sea tener la mirada interna fija sobre Él, y esto tiene tanta fuerza, que todas las otras fuerzas humanas y diabólicas quedarán debilitadas y derrotadas".

(5) Ahora, mientras se caminaba hemos encontrado un templo en el que se celebraba la santa misa, en el momento de recibir la comunión yo he volado con el niño en los brazos al altar para recibirla, pero cuál no ha sido mi sorpresa, que en cuanto

Jesucristo ha entrado dentro de mí, me ha desaparecido de los brazos, y poco después me he encontrado en mí misma.

+ + + +

5-16
Julio 3, 1903

Quien se da a Jesús en vida, Jesús se da a ella en la muerte y la exenta del purgatorio.

(1) Esta mañana encontrándome sumamente afligida por la pérdida de mi adorable Jesús, se ha hecho ver en mi interior, que llenaba toda mi persona, es decir mi cabeza, mis brazos y así de todo lo demás. Y mientras esto veía me ha dicho, como queriéndome explicar el significado de cómo se hacía ver:

(2) "Hija mía, ¿por qué te afliges siendo Yo el dueño de toda tú? Cuando un alma llega a hacerme dueño de su mente, de los brazos, del corazón y de los pies, el pecado no puede reinar, y si alguna cosa involuntaria entra en ella, siendo Yo el dueño, y el alma estando bajo el influjo de mi dominio, está en continua actitud de expiación y rápidamente sale. Además de esto, siendo Yo santo, resulta difícil retener en sí cualquier cosa que no sea santa; además, habiéndome dado a toda sí misma en vida, es justicia que Yo le dé a todo Yo mismo en la muerte, admitiéndola sin ninguna tardanza a la visión beatífica. Así que a quien todo a Mí se da, las llamas del purgatorio nada tienen que hacer con ella".

+ + + +

5-17
Agosto 3, 1903

Cuanto más el alma se despoja de las cosas naturales,
tanto más adquiere las cosas sobrenaturales y divinas.

(1) Encontrándome en mi habitual estado, en cuanto ha venido mi adorable Jesús me hacía oír su dulcísima voz que decía:

(2) "Por cuanto más el alma se despoja de las cosas naturales, tanto más adquiere las cosas sobrenaturales y divinas; por cuanto más se despoja del amor propio, tanto más conquista del amor de Dios; cuanto menos se fatiga en conocer las ciencias humanas, en gozar los placeres de la vida, tanto de conocimiento de más adquiere de las cosas del Cielo, de la virtud, y tanto más las gustará convirtiendo las amargas en dulces. En suma, todas son cosas que van de la mano, de modo que si nada se siente de sobrenatural, si el amor de Dios está apagado en el alma, si no se conoce nada de las virtudes y de las cosas del Cielo, y ningún gusto se siente por ellas, la razón es bien conocida".

+ + + +

5-18
Octubre 2, 1903

Quien busca de estar unido con Jesús, crece en su misma vida y da el desarrollo al injerto hecho por Él en la Redención, agregando otras ramas al árbol de su Humanidad.

(1) Encontrándome en mi habitual estado, toda amargada y afligida y casi aturdida por la privación de mi adorable Jesús, no sabiendo yo misma dónde me encontrase, si en el infierno o sobre la tierra, como rayo que huye apenas lo he visto que decía:

(2) "Quien se encuentra en el camino de las virtudes está en mi misma vida, y quien se encuentra en el camino del vicio, se encuentra en contradicción Conmigo". Y ha desaparecido.

(3) Poco después, en otra aparición como de rayo ha agregado:

(4) "Mi Encarnación injertó la humanidad a la Divinidad, y quien busca estar unido Conmigo, con la voluntad, con las obras y con el corazón, tratando de desenvolver su vida a norma de la mía, se puede decir que crece en mi misma vida y da el desarrollo al injerto hecho por Mí, agregando otras ramas al árbol de mi Humanidad. Si no se une Conmigo, además de que no crece en Mí, no da ningún desarrollo al injerto, pero como quien no está Conmigo no puede tener vida, entonces con la perdición se pierde este injerto".

(5) Y de nuevo ha desaparecido. Después de esto me he encontrado fuera de mí misma, dentro de un jardín donde estaban varios matorrales de rosas, alguna bellas, abiertas en justa proporción, otras semicerradas, y otras con todas las hojas cayéndose, que apenas se necesitaba un ligero movimiento para hacerlas deshojar quedando solamente el tallo de la rosa desnudo, y un joven, no sabiendo quién fuese, me ha dicho:

(6) "Las primeras rosas son las almas interiores, que obran en su interior, son símbolo de las hojas de la rosa que se contienen en el interior, dando un contraste de belleza, de frescura y de solidez, sin temer que alguna hoja caiga por tierra; las hojas externas son símbolo del desahogo que hace el alma interior al exterior, porque teniendo vida por dentro son obras perfumadas de caridad santa, que casi como luces golpean los ojos de Dios y del prójimo. Las segundas matas de rosas son las almas exteriores, que el poco bien que hacen todo es externo, y a la vista de todos, por eso, no siendo un desahogo del interior, no puede estar la sola finalidad del amor de Dios, por eso, donde no hay esto, las hojas no pueden estar fijas, es decir las virtudes, por lo que llegando el ligero soplo de la soberbia, el soplo de la complacencia, del amor propio, del respeto humano, de las contradicciones, de las mortificaciones, hacen caer las hojas apenas las tocan, así que la pobre rosa queda siempre desnuda, sin hojas, quedándole solamente espinas que le punzan la conciencia".

(7) Después de esto me he encontrado en mí misma.

+ + + +

5-19
Octubre 3, 1903

Jesús continúa su Vida en el mundo no sólo en el Santísimo Sacramento, sino también en las almas que se encuentran en gracia.

(1) Mientras estaba pensando en la hora de la Pasión cuando Jesús se despidió de su Madre para ir a la muerte y se bendijeron mutuamente, y estaba ofreciendo esta hora para reparar por aquellos que no bendicen en cada cosa al Señor, sino más bien lo ofenden, para impetrar todas aquellas bendiciones que son necesarias para conservarnos en gracia de Dios y para llenar el vacío de la gloria de Dios, como si todas las criaturas lo bendijeran. Mientras esto hacía, lo he sentido moverse en mi interior, y decía:

(2) "Hija mía, en el acto de bendecir a mi Madre intenté también bendecir a cada una de las criaturas en particular y en general, de modo que todo está bendecido por Mí: Los pensamientos, las palabras, los latidos, los pasos, los movimientos hechos por Mí, todo, todo está avalado con mi bendición. También te digo que todo lo bueno que hacen las criaturas, todo fue hecho por mi Humanidad, para hacer que todo el obrar de las criaturas fuera primero divinizado por Mí. Además de esto, mi vida continúa todavía real y verdadera en el mundo, no sólo en el Santísimo Sacramento, sino también en las almas que se encuentran en mi Gracia, y siendo muy restringida la capacidad de la criatura, no pudiendo tomar de una sola todo lo que Yo hice, hago de manera que un alma continúe mis reparaciones, otra las alabanzas, alguna otra el agradecimiento, alguna otra el celo de la salud de las almas, otra mis sufrimientos y así de todo lo demás, y según me correspondan así desarrollo mi vida en ellas, así que piensa en que

estrechuras y penas me ponen, pues mientras Yo quiero obrar en ellos, ellos no me hacen caso".

(3) Dicho esto ha desaparecido, y yo me he encontrado en mí misma.

+ + + +

5-20
Octubre 7, 1903

Las almas víctima, son los ángeles humanos que deben reparar, impetrar y proteger a la humanidad.

(1) Habiendo dicho al confesor que me dejara en la Voluntad de Nuestro Señor, quitándome la obediencia de que sin importar si Él me quería o no, debía continuar en este estado de víctima, y él, primero que no quería, y después que sí, si yo asumía la responsabilidad de responder a Jesucristo de lo que podía suceder en el mundo, por eso, que pensara primero y después respondiera, y queriendo decir que yo no quería oponerme al Querer Divino, sólo que si el Señor lo quiere yo quiero, y si no quiere yo no quiero; ¿en qué aprovecha esta responsabilidad? Y él: "Piensa primero y mañana responderás". Así que pensando en mi interior, Jesús me ha dicho:

(2) "La justicia lo quiere, el amor no".

(3) Después, encontrándome en mi habitual estado, cuando apenas lo he visto me ha dicho:

(4) "Los ángeles, obtengan o no obtengan, hacen siempre su oficio, no se retiran de la obra confiada por Dios, de la custodia de las almas, y a pesar de que vean que casi a despecho de su cuidado, diligencia, industria, sus continuas asistencias, las almas se

pierden, están siempre allá, en sus puestos; ni si obtienen o no obtienen dan mayor o menor gloria de Dios, porque su voluntad es siempre estable para cumplir el trabajo confiado a ellos. Las almas víctimas, son los ángeles humanos que deben reparar, impetrar, proteger a la humanidad, y si obtienen o no obtienen, no deben cesar en su trabajo; a menos que les sea asegurado de lo alto".

+ + + +

5-21
Octubre 12, 1903

Significado de la coronación de espinas.

(1) Esta mañana veía a mi adorable Jesús en mi interior coronado de espinas, y viéndolo en aquel modo le he dicho: "Dulce Señor mío, ¿por qué vuestra cabeza envidió a vuestro flagelado cuerpo que había sufrido tanto y tanta sangre había derramado, y no queriendo la cabeza quedarse atrás del cuerpo, honrado con el adorno del sufrir, instigaste Tú mismo a los enemigos a coronarte con una corona de espinas tan dolorosa y tormentosa?".

(2) Y Jesús: "Hija mía, muchos significados tiene esta coronación de espinas, y por cuanto dijera queda siempre mucho por decir, porque es casi incomprensible a la mente creada el por qué mi cabeza quiso ser honrada con tener su porción distinta y especial, no general, de un sufrimiento y esparcimiento de sangre, haciendo casi competencia con el cuerpo, el por qué fue que siendo la cabeza la que une todo el cuerpo y toda el alma, de modo que el cuerpo sin la cabeza es nada tanto que se puede vivir sin los otros miembros, pero sin la cabeza es imposible, siendo la parte esencial de todo el hombre, tan es verdad, que si el cuerpo peca o hace el bien, es la cabeza la que dirige, no siendo el cuerpo otra cosa que un instrumento, entonces, debiendo mi cabeza restituir el régimen y el dominio, y merecer que en las mentes humanas entraran nuevos cielos de gracias, nuevos mundos de verdad, y destruir los nuevos

infiernos de pecados, por los que llegarían hasta hacerse viles esclavos de viles pasiones, y queriendo coronar a toda la familia humana de gloria, de honor y de decoro, por eso quise coronar y honrar en primer lugar mi Humanidad, si bien con una corona de espinas dolorosísima, símbolo de la corona inmortal que restituía a las criaturas, quitada por el pecado. Además de esto, la corona de espinas significa que no hay gloria y honor sin espinas, que no puede haber jamás dominio de pasiones, adquisición de virtudes, sin sentirse pinchar hasta dentro de la carne y el espíritu, y que el verdadero reinar está en el donarse a sí mismo, con las pinchaduras de la mortificación y del sacrificio; además estas espinas significaban que verdadero y único Rey soy Yo, y sólo quien me constituye Rey del propio corazón, goza de paz y felicidad, y Yo la constituyo reina de mi propio reino. Además, todos aquellos ríos de sangre que brotaban de mi cabeza eran tantos riachuelos que ataban la inteligencia humana al conocimiento de mi supremacía sobre ellos".

(3) ¿Pero quién puede decir todo lo que oigo en mi interior? No tengo palabras para expresarlo; más bien lo poco que he dicho me parece haberlo dicho incoherente, y así creo que debe ser al hablar de las cosas de Dios, por cuan alto y sublime uno pueda hablar, siendo Él increado y nosotros creados, no se puede decir de Dios mas que balbuceos.

+ + + +

5-22
Octubre 16, 1903

La Divina Voluntad es luz, y quien la hace se nutre de luz.

(1) Encontrándome en mi habitual estado me sentía toda llena de pecados y de amarguras, entonces se ha hecho como un destello de luz en mi interior, y apenas he visto a mi adorable Jesús, sin embargo ante su presencia los pecados han desaparecido, y yo

temiendo he dicho: "Señor mío, ¿cómo es que ante tu presencia, con la cual yo debo conocer más mis pecados, sucede lo contrario?

(2) Y Él: "Hija mía, mi presencia es mar que no tiene confines, y quien se encuentra en mi presencia es como una gotita, que ya sea negra o blanca, en mi mar se pierde, ¿cómo se puede reconocer más? Además mi toque divino purga todo, y lo negro lo hace blanco, ¿cómo temes entonces? Además de esto mi Voluntad es luz, y tú, haciendo siempre mi Voluntad te nutres de luz, convirtiéndose tus mortificaciones, privaciones y sufrimientos en alimento de luz para el alma, porque sólo el alimento sustancioso y que da verdadera vida es mi Voluntad. ¿Y no sabes tú que con este continuo nutrirse de luz, aun cuando el alma contraiga cualquier defecto, la purga continuamente?".

(3) Dicho esto ha desaparecido.

+ + + +

5-23
Octubre 18, 1903

El pecado es un acto opuesto de la voluntad humana a la Divina. El verdadero amor es vivir en la voluntad del amado.

(1) Continuando mi habitual estado, por breves instantes he visto a mi adorable Jesús, y me ha dicho:

(2) "Hija mía, ¿sabes tú qué cosa forma el pecado? Un acto opuesto de la voluntad humana a la Divina. Imagínate dos amigos que están en contradicción, si la cosa es leve tú dices que no es perfecta y leal su amistad, aunque fuesen cosas pequeñas; ¿cómo amarse y contradecirse? El verdadero amor es vivir en la voluntad del otro, incluso a costa de sacrificio; pero si la cosa es grave, no sólo no son amigos, sino feroces enemigos. Tal es el pecado. Oponerse al Querer Divino es lo mismo que hacerse enemigo de

Dios, aunque sea en cosas pequeñas, es siempre la criatura que se pone en contradicción con el Creador".

+ + + +

5-24
Octubre 24, 1903

Imagen de la Iglesia.

(1) Habiendo dicho al confesor mis temores de que no fuera Voluntad de Dios mi estado, y que al menos como prueba quisiera tratar a esforzarme en salir, y ver si lo conseguía o no. Y el confesor, sin poner su acostumbrada dificultad ha dicho: "Está bien, mañana probarás".

(2) Entonces yo he quedado como si hubiera sido liberada de un peso enorme. Ahora, habiendo oído la santa misa y recibido la comunión, en cuanto he visto a mi adorable Jesús en mi interior que me miraba fijamente, con las manos juntas, en acto de pedir piedad y ayuda. Y en ese momento me he encontrado fuera de mí misma, dentro de una estancia donde estaba una mujer majestuosa y venerable, pero gravemente enferma, dentro de un lecho con la cabecera tan alta que casi tocaba el techo; y yo era obligada a estar encima de esta cabecera en brazos de un sacerdote para tenerla firme, y mirar a la pobre enferma. Entonces yo, mientras estaba en esta posición, veía a unos pocos religiosos que rodeaban y daban cuidados a la paciente, y con profunda amargura decían entre ellos: "Está mal, está mal, no se necesita otra cosa que una pequeña sacudida". Y yo pensaba en tener firme la cabecera del lecho por temor de que moviéndose el lecho pudiese morir. Pero viendo que la cosa iba para largo y casi fastidiándome del mismo ocio, decía a aquel que me tenía, por caridad, bájame, no estoy haciendo ningún bien, ni dando ninguna ayuda, ¿en qué aprovecha el estarme así inútil?, si bajo al menos puedo servirla, ayudarla".

(3) Y aquél: "¿No has oído que aun con una pequeña sacudida puede empeorar y sucederle cosas tristísimas? Así que si tú desciendes, no habiendo quien mantenga firme el lecho puede incluso morir".

(4) Y yo: "¿Pero puede ser posible que haciendo sólo esto le pueda venir este bien? Yo no lo creo, por piedad bájame". Entonces, después de haber repetido varias veces estas palabras, me ha bajado al piso, y yo sola, sin que ninguno me detuviera me he acercado a la enferma, y con sorpresa y dolor veía que el lecho se movía. A aquellos movimientos se le ponía lívida la cara, temblaba, aparecía el estertor de la agonía. Aquellos pocos religiosos lloraban y decían: "No hay más tiempo, está ya en los momentos extremos". Después entraban personas enemigas, soldados, capitanes para golpear a la enferma, y aquella mujer moribunda se ha levantado con intrepidez y majestad para ser llagada y golpeada. Yo al ver esto temblaba como una caña y decía entre mí: "He sido yo la causa, yo he dado el empujón para que sucediera tanto mal". Y comprendía que aquella mujer representaba la Iglesia enferma en sus miembros, con tantos otros significados que me parece inútil explicar, porque se comprende leyendo lo que he escrito. Entonces me he encontrado en mí misma y Jesús en mi interior ha dicho:

(5) "Si te suspendo para siempre, los enemigos comenzarán a hacer derramar sangre a mi Iglesia".

(6) Y yo: "Señor, no es que no quiera estar, el Cielo me guarde que yo me aleje de tu Voluntad aun por un abrir y cerrar de ojos, sólo que si quieres me estaré, si no quieres me quitaré".

(7) Y Él: "Hija mía, apenas el confesor te ha liberado, esto es, cuando te dijo: "Está bien, mañana probamos". El nudo de víctima se ha soltado, porque sólo el adorno de la obediencia es lo que constituye la víctima, y jamás la aceptaría por tal sin este adorno, aun a costa, si fuese necesario, de hacer un milagro de mi omnipotencia para dar luz a quien dirige, para hacer dar esta obediencia. Yo sufrí, sufrí voluntariamente, pero quien me

constituyó víctima fue la obediencia a mi amado Padre, que quiso adornar todas mis obras, desde la más grande hasta la más pequeña con el adorno honorífico de la obediencia".

(8) Mas tarde encontrándome en mí misma, sentía temor de tratar de salir, pero después me las arreglaba diciendo: "Debía pensar quien me ha dado la obediencia, y además, si el Señor lo quiere, yo estoy dispuesta".

+ + + +

5-25
Octubre 25, 1903

El alma en Gracia enamora a Dios.

(1) Llegando la hora de mi habitual estado, pensaba entre mí, que si el Señor no venía debía intentar esforzarme al menos para ver si lo lograba. Entonces primero resultaba, pero después ha venido mi adorable Jesús y me hacía ver que cuando yo pensaba en estarme, Él se acercaba y me encadenaba a Sí, de modo que yo no podía; pero cuando pensaba en quitarme, Él se alejaba y me dejaba libre; de modo que podía hacerlo, así que no me sabía decidir y decía entre mí: "Cómo quisiera ver al confesor para preguntarle qué cosa debo hacer". Entonces, poco después he visto al confesor junto con Nuestro Señor y rápido he dicho: "Dime, ¿debo estar, sí o no?" Y mientras esto decía veía en el interior del confesor que había retirado la obediencia que me había dado el día anterior, entonces me decidí a estarme, pensando entre mí que si fuera verdad que había retirado la obediencia, estaba bien; pero si era mi fantasía que esto veía, mientras podía ser falso, cuando el confesor viniera entonces se pensaría, pudiendo probar otro día, y así me he tranquilizado. Después, continuando a hacerse ver, el bendito Jesús me ha dicho:

(2) "Hija mía, la belleza del alma en gracia es tanta, de enamorar al mismo Dios, los ángeles y los santos quedan asombrados al ver este prodigioso portento, de un alma aún terrenal poseída por la gracia, ante la fragancia del olor celestial le corren en torno, y con sumo placer encuentran en ella a aquel mismo Jesús que los beatifica en el Cielo, de modo que para ellos es indiferente tanto estar arriba en el Cielo, como acá abajo junto a esta alma. ¿Pero quién mantiene y conserva este portento, dándole continuamente nuevas tintas de belleza al alma que vive en mi Voluntad? ¿Quién quita cualquier herrumbre e imperfección y le suministra el conocimiento del objeto que posee? Mi Voluntad. ¿Quién consolida, establece y la hace quedar confirmada en la gracia? Mi Voluntad. El vivir en mi Querer es todo el punto de la Santidad, y da continuo crecimiento de gracia. Pero quien un día hace mi Voluntad, y otro la suya, jamás quedará confirmado en la gracia, no hace otra cosa que crecer y decrecer; y esto cuánto mal acarrea al alma, de cuánta alegría priva a Dios y a sí misma. Es imagen de quien hoy es rica y mañana pobre, no quedará confirmada ni en la riqueza ni en la pobreza, por lo tanto no se puede saber dónde irá a terminar".

(3) Dicho esto ha desaparecido, y poco después ha venido el confesor y habiendo dicho lo que he escrito, me ha asegurado que verdaderamente había retirado la obediencia que me había dado.

(4) Para obedecer al confesor regreso a decir los otros significados que comprendí el día 24 del corriente: La mujer representaba la Iglesia que estando enferma, no en sí misma sino en sus miembros, y si bien abatida y ultrajada por los enemigos, y enferma en sus mismos miembros, jamás pierde su majestad y veneración; de la cama donde se encontraba, comprendía que la Iglesia mientras parece oprimida, enferma e impedida, también reposa con un reposo perpetuo y eterno, y con paz y seguridad en el seno paterno de Dios, como un niño en el seno de su propia madre; el respaldo del lecho que tocaba el techo, comprendía que era la protección divina que asiste siempre a la Iglesia, y que todo lo que ella contiene, todo ha venido del Cielo: Sacramentos, doctrina y

todo lo demás, todo es celestial, santo y puro, de modo que entre el Cielo y la Iglesia hay continua comunicación, jamás interrumpida. En los pocos religiosos que prestaban cuidados, asistencia a la mujer, comprendía que pocos son aquellos que a capa y espada defienden a la Iglesia, teniendo como propios los males que recibe, la recámara donde estaba, compuesta de piedras, representaba la solidez y firmeza y también la dureza de la Iglesia para no ceder a ningún derecho que le pertenece. La mujer moribunda que con intrepidez y coraje se hace golpear por los enemigos, representaba la Iglesia, que mientras parece que muere, entonces resurge más intrépida, ¿pero cómo? Con los sufrimientos y el derramamiento de sangre, verdadero espíritu de la Iglesia, siempre pronta a las mortificaciones, como lo estuvo Jesucristo.

+ + + +

5-26
Octubre 27, 1903

El modo de obrar divino es por el solo amor del Padre y de los hombres.

(1) Encontrándome en mi habitual estado, por poco tiempo he visto a mi adorable Jesús diciéndome:

(2) "Hija mía, el aceptar las mortificaciones y sufrimientos como penitencia y como castigo, es laudable, es bueno, pero no tiene ningún nexo con el modo de obrar divino, porque Yo hice mucho, sufrí mucho, pero el modo que tuve en todo esto fue sólo el amor del Padre y de los hombres. Así que, se descubre rápidamente si la criatura tiene el modo de obrar y de sufrir a lo divino, si sólo el amor y a sufrir la empuja. Si tiene otros modos, aunque fueran buenos, es siempre modo de criatura, por eso se encontrará el mérito que puede adquirir una criatura, no el mérito que puede adquirir el Creador, no habiendo unión de modos. Mientras que si tiene mi

modo, el fuego del amor destruirá toda disparidad y desigualdad, y formará una sola cosa entre mi obra y la de la criatura.

+ + + +

5-27
Octubre 29, 1903

Cuando el alma tiene en sí misma impreso el fin de la Creación, Jesús le corresponde dándole parte de la felicidad celestial.

(1) Esta mañana mi adorable Jesús se hacía ver en mi interior, como si se hubiese encarnado en mi misma persona, y mirándome ha dicho:

(2) "Hija mía, cuando veo en el alma impreso el carácter del fin de mi Creación, sintiéndome satisfecho de ella, porque veo cumplida muy bien la obra creada por Mí, me siento en deber, esto es, no deber, ha agregado rápidamente, porque en Mí no hay deberes, sino que mi deber es un amor más intenso de corresponderla, anticipando para ella parte de la felicidad celestial, esto es, manifestando a su inteligencia el conocimiento de mi Divinidad, y atrayéndola con el alimento de las verdades eternas; a su vista recreándola con mi belleza; a su oído haciendo resonar la suavidad de mi voz; a la boca con mis besos; al corazón los abrazos y todas mis ternuras, y esto corresponde al fin de haberla creado, el cual es: Conocerme, amarme, servirme".

(3) Y ha desaparecido.

(4) Entonces yo, encontrándome fuera de mí misma, veía al confesor y le decía lo que el bendito Jesús me ha dicho; le preguntaba si estaba en lo correcto, y me decía: "Sí". No sólo esto, sino que añadía que se conocía bien el hablar Divino, porque cuando habla Dios y el alma lo relata, el que escucha no sólo ve la

verdad de las palabras, sino que siente en su interior una emoción que sólo el Espíritu Divino posee.

+ + + +

5-28
Octubre 30, 1903

Enseñanzas sobre la paz.

(1) Esta mañana, no viniendo mi adorable Jesús, estaba pensando en mi interior: "Quién sabe si fuera verdad que era nuestro Señor el que venía, o más bien el enemigo para engañarme; ¿cómo Jesucristo debía dejarme tan feamente sin ninguna piedad?" Ahora mientras esto pensaba, por pocos instantes se ha hecho ver levantando su diestra, y oprimiéndome la boca con el pulgar me ha dicho:

(2) "Calla, calla, y además, sería gracioso que uno que ha visto el sol, sólo porque no lo ve dice que no era sol lo que había visto; ¿no sería más verdadero y razonable si dijera que el sol se ha escondido?" Y ha desaparecido.

(3) Pero aunque no lo veía, sentía que con sus manos me iba tocando toda y frotando la boca, la mente y demás cosas, y me dejaba toda luminosa; y como no lo veía, la mente seguía dudando, y Él haciéndose ver de nuevo ha agregado:

(4) "¿Todavía no quieres terminar con esto? Tú quieres hacer desaparecer mi obra en ti, porque dudando no estás en paz, y siendo Yo fuente de paz, no viéndote en paz harás dudar a quien te guía, que no es el Rey de la paz el que habita en ti. ¡Ah, no quieres estar atenta! Es verdad que Yo hago todo en el alma, de modo que sin Mí no haría nada, pero es también verdad que dejo siempre un hilo de voluntad al alma, para que también ella pueda decir: "Todo lo hago por mi propia voluntad". Así que, estando inquieta rompes

aquel hilo de unión Conmigo, y me atas los brazos sin que Yo pueda obrar en ti, esperando hasta que te pongas en paz para volver a tomar el hilo de tu voluntad y continuar mi obra".

+ + + +

Deo Gratias.

[1] Este libro ha sido traducido directamente del original manuscrito de Luisa Piccarreta.

[1]

I. M. I.
6-1

Noviembre 1, 1903

Cuando el alma hace todas sus acciones por el único fin de amar a Jesús, camina siempre de día, para ella jamás es noche.

(1) Continuando mi habitual estado, me he encontrado fuera de mí misma, y me veía como un pequeño vaporcito, y yo quedaba toda maravillada al verme reducida en esa forma. Mientras estaba en esto ha venido mi adorable Jesús y me ha dicho:

(2) "Hija mía, la vida del hombre es vapor, y así como al vapor es sólo el fuego el que lo hace caminar, y a medida de que el fuego sea vivo y mucho, así corre más veloz, y si es poco camina a paso lento, y si está apagado queda detenido; así el alma, si el fuego del amor de Dios es mucho, se puede decir que vuela sobre todas las cosas de la tierra, y siempre corre y vuela a su centro que es Dios; ahora, si es poco se puede decir que camina con dificultad, arrastrándose y enfangándose de todo lo que es tierra; si está

apagado queda detenida, sin vida de Dios en ella, como muerta a todo lo que es divino. Hija mía, cuando el alma en todas sus acciones no las hace por otra cosa más que con el único fin de amarme, y ninguna otra recompensa quiere de su obrar más que mi amor, camina siempre de día, jamás para ella es noche, más bien camina en el mismo sol, que casi como vapor la circunda para hacerla caminar en él, haciéndole gozar toda la plenitud de la luz, y no sólo eso, sino que sus mismas acciones le sirven de luz para su camino y le agregan siempre nueva luz".

+ + + +

6-2

Noviembre 8, 1903

Jesús dice cómo debe ser el amor del prójimo.

(1)Encontrándome en mi habitual estado, estaba rogando por ciertas necesidades del prójimo, y el bendito Jesús moviéndose en mi interior me ha dicho:

(2) "¿Con qué fin rezas por estas personas?"

(3) Y yo: "Señor, ¿y Tú por cuál fin nos amaste?"

(4) Y Él: "Os amo porque sois cosa mía, y cuando el objeto es propio, se siente como obligado, es como una necesidad el amarlo".

(5) Y yo: "Señor, estoy rezando por estas personas porque son cosa tuya, de otra manera no me habría interesado". Y Él poniéndome la mano en la frente, casi oprimiéndola ha agregado:

(6) "¡Ah! ¿Entonces es porque son cosa mía? Así está bien el amor del prójimo".

+ + + +

6-3

Noviembre 10, 1903

Cómo el verdadero amor se olvida de sí mismo.

(1) Continuando en mi habitual estado, en cuanto he visto al bendito Jesús, me decía:

(2) "Hija mía, el verdadero amor se olvida de sí mismo y vive a los intereses, a las penas y a todo lo que pertenece a la persona amada".

(3) Y yo: "Señor, ¿cómo se puede olvidar de sí mismo mientras lo sentimos tanto, no es que sea una cosa lejana de nosotros, o bien dividida que fácilmente se pueda olvidar?" Y de nuevo ha agregado que ahí está el sacrificio del verdadero amor, porque mientras se tiene a sí mismo debe vivir a todo lo que pertenece a la persona amada, es más, si se recuerda de sí mismo, este recuerdo debe servir para ingeniarse mayormente en cómo poderse consumir por el objeto amado, y el amado si ve que el alma se da toda a Él, la sabrá recompensar bien dándole todo Sí mismo y haciéndola vivir de su Vida Divina; así que quien todo olvida, todo encuentra. Además de esto, es necesario ver la diferencia que hay entre lo que se olvida y lo que se encuentra: Se olvida lo feo y se encuentra lo bello, se olvida la naturaleza y se encuentra la gracia, se olvidan las pasiones y se encuentran las virtudes, se olvida la pobreza y se encuentra la riqueza, se olvida la ignorancia y se encuentra la sabiduría, se olvida el mundo y se encuentra el Cielo".

+ + + +
6-4

Noviembre 16, 1903

No hay sacrificio sin olvido de sí mismo, y el sacrificio
y el olvido de sí mismo hacen nacer el amor más puro y perfecto.

(1) Esta mañana, encontrándome fuera de mí misma me he encontrado con el niño Jesús en brazos, y una virgen que me ha extendido en tierra para hacerme sufrir la crucifixión, pero no con clavos, sino con fuego, poniéndome un carbón de fuego en las manos y en los pies, y el bendito Jesús que me asistía mientras sufría, me decía:

(2) "Hija mía, no hay sacrificio sin olvido de sí mismo, y el sacrificio y el olvido de sí hace nacer el amor más puro y perfecto, y siendo sagrado el sacrificio, sucede que éste me consagra al alma como digno santuario mío para hacer ahí mi perpetua morada. Entonces haz que el sacrificio trabaje en ti para volverte sagrados el alma y el cuerpo, para que todo sea en ti sagrado, y conságrame todo a Mí".

+ + + +

6-5

Noviembre 19, 1903

Mientras se es nada se puede ser todo.

(1) Continuando mi habitual estado, he visto en mi interior al bendito Jesús, y una luz en mi inteligencia que decía:

(2) "Mientras se es nada se puede ser todo, ¿pero en qué modo? Se llega a ser todo con el sufrir. El sufrir hace que el alma se vuelva pontífice, sacerdote, rey, príncipe, ministro, juez, abogado, reparador, protector, defensor. Y como el verdadero sufrir es el sufrir querido por Dios en nosotros, si el alma se une en todo a su

Querer, esta unión, unida al sufrir, hace que el alma impere sobre la justicia, sobre la misericordia de Dios, sobre los hombres y sobre todas las cosas. Ahora, así como a Cristo el sufrir le dio todas las más bellas cualidades y todos los honores y oficios que naturaleza humana puede contener, así el alma, participando en el sufrir de Cristo participa de las cualidades, de los honores y de los oficios de Cristo, que es el todo".

+ + + +

6-6

Noviembre 23, 1903

No hay belleza que iguale al sufrir sólo por Dios.

(1) En mi interior me sentía impresionada por lo que había escrito arriba, como si no estuviera conforme a la verdad, por eso en cuanto he visto al bendito Jesús he dicho: "Señor, lo que escribí no está bien, ¿cómo puede ser todo eso con el sólo sufrir?"

(2) Y Él: "Hija mía, no te asombres, porque no hay belleza que iguale al sufrir por el solo amor de Dios. De Mí parten continuamente dos saetas, una de mi corazón, que es de amor e hiere a todos aquellos que están en mi regazo, esto es, que están en mi gracia, y esta saeta produce llagas, mortifica, sana, aflige, atrae, revela, consuela y continúa mi Pasión y Redención en aquellos que están en mi regazo; la otra parte de mi trono y la confío a los ángeles, los cuales como ministros míos hacen correr esta saeta sobre cualquier especie de personas, castigándolas y excitando a todos a la conversión".

(3) Ahora, mientras esto decía me ha participado sus penas diciéndome:

(4) "He aquí también en ti la continuación de mi Redención".

+ + + +

6-7

Noviembre 24, 1903

Cómo cada palabra de Jesús son tantos eslabones de gracia.

(1) Continuando mi habitual estado, apenas he visto al bendito Jesús en mi interior, y como si quisiera continuar quitándome las dudas me ha dicho:

(2) "Hija, Yo soy la verdad misma, y jamás puede salir de Mí la falsedad, a lo más alguna cosa que el hombre no comprende, y esto lo hago para hacer ver que si no se comprende bien la palabra, ¿cómo se puede comprender en todo al Creador? Pero sin embargo el alma debe corresponder poniendo en práctica mi palabra, porque cada palabra son tantos eslabones de gracia que salen de Mí, de los cuales hago don a la criatura, y si corresponde, estos eslabones los encadena a los otros ya adquiridos; si no, los regresa a su Creador, y no solo esto, sino que Yo solamente hablo cuando veo la capacidad de la criatura que puede recibir ese don, y correspondiéndome no sólo adquiere tantos eslabones de gracia, sino que adquiere también tantos eslabones de sabiduría divina, y si los veo encadenados con la correspondencia, me dispone a darle otros dones; pero si veo mis dones rechazados, me retiro guardando silencio".

+ + + +

6-8

Diciembre 3, 1903

Con la Divina Voluntad somos todo, sin Ella somos nada.

(1) Continuando mi habitual estado, por poco tiempo ha venido mi bendito Jesús diciéndome:

(2) "Hija mía, cualquier acción humana que no tiene ningún nexo con la Voluntad Divina, pone fuera a Dios de su propia creación; aun el mismo sufrir, por cuán santo, noble y precioso fuese a mis ojos, no obstante, si no es parto de mi Voluntad, en vez de agradarme me indigna y me es desagradable".

(3) ¡Oh! potencia de la Voluntad Divina, cómo eres santa, adorable y amable, Contigo somos todo, aunque nada hagamos, porque tu Voluntad es fecunda y nos da a luz todos los bienes, y sin Ti somos nada, aunque todo hagamos, porque la voluntad humana es estéril y esteriliza todas las cosas.

+ + + +

6-9

Diciembre 5, 1903

Cómo el santo deseo de recibir a Jesús suple
el sacramento, haciendo que el alma respire
a Dios, y que Dios respire al alma.

(1) No habiendo podido recibir la comunión esta mañana, estaba toda afligida, pero resignada, y pensaba entre mí que si no hubiera sido porque me encontraba en esta posición de estar en la cama, y de ser víctima, ciertamente la habría podido recibir, y decía al Señor: "Mira, el estado de víctima me somete al sacrificio de privarme de recibirte en el sacramento, al menos acepta el sacrificio de privarme de Ti para contentarte, como un acto más intenso de amor por Ti, porque al menos el pensar que tu misma privación atestigua de más mi amor por Ti, endulza la amargura de

tu privación". Y mientras esto decía, las lágrimas me descendían de los ojos, pero, oh bondad de mi buen Jesús, no apenas me he adormecido, sin hacerme esperar tanto y buscar según lo acostumbrado, ha venido súbito y poniéndome sus manos en la cara, me acariciaba y me decía:

(2) "Hija mía, pobre hija, ánimo, mi privación excita mayormente el deseo, y en este deseo excitado el alma respira a Dios, y Dios sintiéndose más encendido por esta excitación del alma, respira al alma, y en este respirarse mutuamente Dios y el alma, se enciende mayormente la sed del amor, y siendo el amor fuego, forma el purgatorio del alma, y este purgatorio de amor le sirve no de una sola comunión al día, como permite la Iglesia, sino de una continua comunión, por cuanto es continuo el respiro, pero todas comuniones de purísimo amor, sólo de espíritu y no de cuerpo, y siendo el espíritu más perfecto, sucede que el amor es más intenso. Así recompenso Yo, no a quien no quiere recibirme, sino a quien no puede recibirme, privándose de Mí para complacerme a Mí".

+ + + +

6-10

Diciembre 10, 1903

Quien busca al Señor, cada vez recibe
una tinta un lineamiento divino.

(1) Continuando mi estado, sentía un peso sobre mi alma por la privación del bendito Jesús, como si sobre de mí gravitara todo el peso del mundo, y en mi inmensa amargura hacía cuanto más podía por buscarlo. Después, habiendo venido me ha dicho:

(2) "Hija mía, cada vez que el alma me busca recibe una tinta, un lineamiento divino, y otras tantas veces renace en Mí y Yo renazco en ella".

(3) Mientras esto decía, estaba pensando en lo que había dicho, casi maravillándome y diciendo: "Señor, ¿qué dices?"

(4) Y Él ha agregado: "¡Oh, si supieras la gloria, el gusto que siente todo el Cielo al recibir esta nota de la tierra, de un alma que busca siempre a Dios, toda conforme a la nota de ellos! ¿Qué cosa es la vida de los bienaventurados? ¿Quién la forma? Este renacer continuamente en Dios y Dios en ellos; esto es aquel dicho: "Que Dios es siempre viejo y siempre nuevo". Jamás sienten cansancio, porque están en continua actitud de nueva vida en Dios".

+ + + +

6-11

Diciembre 17, 1903

El verdadero espíritu de adoración consiste en esto:
Que la criatura se pierda a sí misma y se encuentre
en el ambiente divino, y adore todo lo que Dios
obra, y que se una con Él.

(1) Continuando mi habitual estado, por pocos instantes he visto al bendito Jesús con la cruz sobre la espalda, en el momento de encontrarse con su Santísima Madre, y yo le he dicho: "Señor, ¿qué cosa hizo tu Madre en este encuentro dolorosísimo?"

(2) Y Él: "Hija mía, no hizo otra cosa que un acto de adoración profundísimo y simplísimo, y como el acto por cuanto más simple, tanto más fácil para unirse con Dios, Espíritu simplísimo, por eso en este acto se fundió en Mí y continuó lo que obraba Yo mismo en mi

interior; y esto me fue sumamente más grato que si me hubiese hecho cualquier otra cosa más grande, porque el verdadero espíritu de adoración consiste en esto, que la criatura se pierda a sí misma y se encuentre en el ambiente divino, y adore todo lo que obra Dios, y con Él se una. ¿Crees tú que sea verdadera adoración aquella en que la boca adora mientras la mente está en otra parte, o sea, la mente adora y la voluntad está lejos de Mí? O bien, ¿que una potencia me adora y las otras están todas desordenadas? No, Yo quiero todo para Mí, y todo lo que le he dado en Mí, y éste es el acto de culto y de adoración más grande que la criatura puede hacerme".

+ + + +

6-12

Diciembre 21, 1903

Gloria que goza en el Cielo la Celestial Mamá

(1) Esta mañana me he encontrado fuera de mí misma, y viendo en la bóveda del cielo veía siete soles muy resplandecientes, pero la forma era diversa del sol que nosotros vemos, comenzaban en forma de cruz y terminaban en punta, y esta punta estaba dentro de un corazón. Al principio no se veía bien, porque era tanta la luz de estos soles que no dejaba ver quién estaba adentro, pero por cuanto más me acercaba, más se distinguía que dentro estaba la Reina Mamá, y en mi interior iba diciendo: "Cuánto quisiera preguntarle si quiere que me esfuerce en salir de este estado sin que esperara al sacerdote". Mientras esto pasaba me he encontrado a su lado y se lo he dicho, y me ha respondido un "no" tajante. Yo he quedado mortificada por esta respuesta, y la Santísima Virgen se ha volteado hacia una multitud de personas que le hacían corona y les ha dicho:

(2) "Escuchen lo que quiere hacer".

(3) Y todos han dicho: "No, no".

(4) Después, acercándose a mí, toda bondad me ha dicho:

(5) "Hija mía, ánimo en el camino del dolor, ve estos siete soles que me salen del corazón, son mis siete dolores que me fructificaron tanta gloria y esplendor, estos soles, fruto de mis dolores, saetean continuamente el trono de la Santísima Trinidad, la cual, sintiéndose herida me mandan siete canales de gracia continuamente, convirtiéndome en dueña y Yo los dispongo para gloria de todo el Cielo, para alivio de las almas purgantes, y para beneficio de todos los viadores".

(6) Mientras esto decía ha desaparecido, y yo me he encontrado en mí misma.

+ + + +

6-13

Diciembre 22, 1903

La cruz forma la encarnación de Jesús en el seno
de las almas, y la encarnación del alma en Dios.

(1) Encontrándome en mi habitual estado, ha venido mi adorable Jesús crucificado, y habiéndome participado sus penas, mientras yo sufría me ha dicho:

(2) "Hija mía, en la Creación Yo di al alma mi imagen, en la Encarnación di mi Divinidad, divinizando a la humanidad. Y en el mismo acto en que se encarnó la Divinidad en la humanidad, en aquel mismo instante se encarnó en la cruz, así que desde que fui concebido me concebí unido con la cruz, y se puede decir que así como la cruz fue unida Conmigo en la encarnación en el seno de mi

Madre, así la cruz forma otras tantas encarnaciones mías en el seno de las almas; y así como forma mi encarnación en las almas, así la cruz es la encarnación del alma en Dios, destruyéndole todo lo que es de naturaleza, y llenándose tanto de la Divinidad, de formar una especie de encarnación: Dios en el alma y el alma en Dios".

(3) Yo he quedado como extasiada al oír que la cruz es la encarnación del alma en Dios, y Él ha repetido:

(4) "No digo unión, sino encarnación, porque la cruz se entromete tanto en la naturaleza, de llegar a transformar la misma naturaleza en dolor, y donde está el dolor ahí está Dios, sin poder estar separados Dios y el dolor; y la cruz formando esta especie de encarnación vuelve la unión más estable, y muy difícil la separación de Dios con el alma, así como es difícil separar el dolor de la naturaleza. Mientras que con la unión, fácilmente puede ocurrir la separación. Se entiende que no son encarnaciones, sino semejanzas de encarnaciones".

(5) Dicho esto ha desaparecido, pero poco después ha regresado en el momento de su Pasión cuando fue cubierto de oprobios, de ignominias, de escupitajos, y yo le he dicho: "Señor, enséñame que cosa puedo hacer para alejar de Ti estos oprobios y restituirte los honores, las alabanzas y adoraciones".

(6) Y Él ha dicho: "Hija mía, en torno a mi trono hay un vacío, y este vacío debe ser llenado por la gloria que me debe la Creación; por eso, quien me ve despreciado por las otras criaturas y me honra, no sólo por sí, sino por los demás, me hace renacer los honores en este vacío; cuando no me ve amado y me ama, me hace renacer el amor; cuando ve que colmo a las criaturas de beneficios y no me reconocen y ni siquiera me agradecen, y ella me agradece como si se hubieran hecho a ella los beneficios, me hace renacer en este vacío la flor de la gratitud y del agradecimiento, y así de todo lo demás que me debe la Creación, y que con negra ingratitud me niega. Ahora, siendo todo esto una sobreabundancia

de la caridad del alma, que no sólo me devuelve lo que me debe por sí, sino que lo que desborda de sí me lo hace por las otras, siendo esta gloria fruto de la caridad, estas flores que me manda en este vacío en torno a mi trono, reciben un color más bello y a Mí muy agradable".

+ + + +

6-14

Diciembre 24, 1903

El deseo hace que Jesús nazca en
el alma. Lo mismo hace el demonio.

(1) Esta mañana, encontrándome en mi habitual estado ha venido el niño Jesús, y yo viéndolo muy pequeño, como si acabara de nacer, le he dicho: "Querido mío, ¿cuál fue la causa, quién te hizo venir del Cielo y nacer tan pequeño en el mundo?"

(2) Y Él: "El amor fue la causa, y no sólo esto, sino que mi nacimiento en el tiempo fue el desahogo de amor de la Santísima Trinidad hacia las criaturas. En un desahogo de amor de mi Madre nací de su seno, y en un desahogo de amor renazco en las almas. Pero este desahogo es formado por el deseo, en cuanto el alma comienza a desearme, Yo quedo ya concebido, cuanto más se adentra en el deseo, así me voy agrandando en el ama, cuando este deseo llena todo el interior y llega a desbordar fuera, entonces renazco en todo el hombre, esto es, en la mente, en la boca, en las obras y en los pasos.

(3) De igual manera, también el demonio hace sus nacimientos en las almas, en cuanto el alma comienza a desear y a querer el mal, queda concebido el demonio con sus obras perversas, y si este deseo viene alimentado, el demonio se engrandece y llena todo el interior de pasiones, las más feas y asquerosas, y llega a

desbordar fuera, dando el hombre la ruta de todos los vicios. Hija mía, cuantos nacimientos hace el demonio en estos tristísimos tiempos, si tuvieran poder, los hombres y los demonios habrían destruido mis nacimientos en las almas".

+ + + +

6-15

Diciembre 28, 1903

Cómo todas las vidas están en Cristo.

(1) Después de haber esperado mucho, en cuanto ha venido mi bendito Jesús, me hacía ver muchas almas humanas en su Humanidad, y mientras esto veía me ha dicho:

(2) "Hija mía, todas las vidas humanas están en mi Humanidad en el Cielo como dentro de un claustro, y estando dentro de mi claustro, de Mí parte el régimen de sus vidas, no sólo esto, sino que mi Humanidad siendo claustro, hace las vidas de cada alma; cual no es mi alegría cuando las almas se están en este claustro, y el eco que sale de mi Humanidad se combina con el eco de cada vida humana de la tierra; y cual es mi amargura cuando veo que las almas no están contentas y se salen, y otras se están, pero forzadas y de mala gana, no se someten a las reglas y al régimen de mi claustro, por eso los ecos no se combinan juntos".

+ + + +

6-16

Enero 6, 1904

La raza humana es toda una familia; cuando uno

hace alguna obra buena y la ofrece a Dios, toda la
familia humana participa en aquel ofrecimiento,
y para Él es como si todos se la ofrecieran.

(1) Continuando mi habitual estado ha venido el bendito niño Jesús, y después de haberse puesto entre mis brazos y haberme bendecido con sus manitas, me ha dicho:

(2) "Hija mía, siendo la raza humana toda una familia, cuando alguno hace alguna obra buena y me ofrece alguna cosa, toda la familia humana participa en aquel ofrecimiento y me está presente como si todos me la ofrecieran. Como hoy los magos, al ofrecerme sus dones Yo tuve en sus personas presente a toda la generación humana, y todos participaron del mérito de su buena obra. La primera cosa que me ofrecieron fue el oro, y Yo en correspondencia les di la inteligencia y el conocimiento de la verdad; ¿pero sabes tú cuál es el oro que quiero ahora de las almas? No el oro material, no, sino el oro espiritual, esto es, el oro de su voluntad, el oro de los afectos, de los deseos, de los propios gustos, el oro de todo el interior del hombre, este es todo el oro que el alma tiene, y lo quiero todo para Mí. Ahora, para darme esto, al alma le resulta muy difícil dármelo sin sacrificarse y mortificarse, y esta es la mirra, que como hilo eléctrico ata el interior del hombre y lo hace más resplandeciente, y le da la tinta de múltiples colores, dándole al alma todas las especies de bellezas; pero esto no es todo, se requiere quien mantenga siempre vivos los colores, la frescura, que como perfume y vientecillo exhala del interior del alma, se requiere quien ofrezca y quien obtenga dones mayores de aquellos que dona, como también se requiere todavía quien obligue a morar en el propio interior a Aquél que recibe y Aquél que da y tenerlo en continua conversación y en continuo comercio con él, entonces, ¿quién hace todo esto? La oración, en especial el espíritu de oración interior, que sabe convertir no sólo las obras internas en oro, sino también las obras externas, y este es el incienso".

+ + + +

6-17

Febrero 7, 1904

Cómo es difícil encontrar un alma que se dé toda a Dios. Para poder hacer que Dios se dé todo de ella.

(1) He pasado todo el mes pasado muy sufriente, por eso he descuidado el escribir, y continuaba sintiéndome muy débil y sufriente, me viene frecuentemente un temor, porque no es que no pueda escribir, sino que no quiero, y por excusa digo que no puedo; es verdad que siento mucha repugnancia y debo hacer un gran esfuerzo para escribir, y sólo la obediencia podía vencerme. Por lo cual, para quitar cualquier duda me he decidido a no escribir todo, sino sólo algunas palabras que recuerdo, para ver si verdaderamente puedo o no puedo. Recuerdo que un día sintiéndome mal me dijo:

(2) "Hija mía, ¿qué será si cesa la música en el mundo?"

(3) Y yo: "Señor, ¿qué música puede cesar?"

(4) Y Él ha agregado: "Tu música amada mía, porque cuando el alma sufre por Mí, ruega, repara, alaba, agradece continuamente, es una continua música a mi oído, y me quita de sentir la iniquidad de la tierra, y por lo tanto de castigar como conviene, y no sólo eso, sino que es música en las mentes humanas y las aleja de hacer cosas peores. Entonces, si Yo te llevo, ¿no cesará la música? Para Mí es nada, porque no será otra cosa que transportarla de la tierra al Cielo, y en vez de tenerla en la tierra la tendré en el Cielo, ¿pero el mundo cómo hará?"

(5) Entonces yo pensaba para mí: "Estos son los acostumbrados pretextos para no llevarme, hay tantas almas buenas en el mundo y

que tanto hacen por Dios, y que yo entre todas ellas no ocupo sino tal vez el último lugar, sin embargo dice que si me lleva cesará la música. Hay tantas que se la hacen mejor". Mientras esto pensaba, como un rayo ha venido y ha agregado:

(6) "Hija mía, esto que dices es verdad, que hay muchas almas buenas y que mucho hacen por Mí, pero cómo es difícil encontrar una que me dé todo para poderme dar todo; quién se retiene un poco de amor propio, quién la propia estima, quién un afecto incluso a personas aun santas, quién una pequeña vanidad, quién se retiene un poco de apego a la tierra, quién al interés, en suma, quién a una cosita y quién a otra, todos retienen alguna cosa de propio y esto impide que todo sea divino en ellos. Entonces, no siendo todo divino lo que sale de ellos, no podrá su música producir aquellos efectos a mi oído y a las mentes humanas. Por consiguiente, el mucho hacer de ellos no podrá producir aquellos efectos, ni agradarme tanto, como el pequeño hacer de quien no retiene nada para sí y que toda a Mí se da".

+ + + +

6-18

Febrero 8, 1904

Una de las cualidades de Jesús es el dolor.
Para quien vive de su Santísima Voluntad
no existe el purgatorio.

(1) Recuerdo que otro día, continuando con mi sufrimiento, veía que el confesor rogaba a Nuestro Señor que me tocara donde yo sufría para calmarme los sufrimientos, y Jesús bendito me ha dicho:

(2) "Hija mía, tu confesor quiere que te toque para aligerar las penas, pero entre tantas cualidades mías Yo soy puro dolor, y

tocándote, en vez de disminuir puede aumentar el dolor, porque mi Humanidad en la cosa en que más se deleitó fue en el dolor, y se deleita aún en comunicarlo a quien ama".

(3) Y parecía que en realidad me tocaba y me hacía sentir más dolor, entonces yo he agregado: "Dulce bien mío, en cuanto a mí, no quiero otra cosa que tu Santísima Voluntad, yo no miro ni si me duele, ni si gozo, sino que tu Querer es todo para mí".

(4) Y Él ha agregado: Y esto es lo que Yo quiero, y es mi mira sobre ti, y esto me basta y me contenta, y es el culto más grande, más honorable que me puede hacer la criatura, y que me debe como a su Creador, y el alma haciendo así, se puede decir que su mente vive y piensa en mi mente; sus ojos, encontrándose en los míos, miran por medio de mis ojos; su boca habla por medio de mi boca; su corazón ama por medio del mío; sus manos obran en mis mismas manos; los pies caminan en mis pies, y Yo puedo decir: "Tú eres mi ojo, mi boca, mi corazón, mis manos y mis pies". Y el alma puede decir al revés: "Jesucristo es mi ojo, mi boca, mi corazón, mis manos y mis pies". Y el alma encontrándose en esta unión, no sólo de voluntad, sino personal, muriendo, nada le queda por purgar, y por eso el purgatorio no la puede tocar, porque el purgatorio toca a aquellos que viven fuera de Mí, en todo, o en parte".

+ + + +

6-19

Febrero 12, 1904

Lamentos del alma, Jesús la tranquiliza.

(1) Continuando en mi habitual estado, sufriendo más, ha venido el bendito Jesús y de todas partes de su Humanidad salían tantos riachuelos de luz que se comunicaban a todas las partes de mi

cuerpo, y de estos ríos que yo recibía salían de mí otros tantos ríos que se comunicaban a la Humanidad de nuestro Señor. Mientras estaba en esto me he encontrado rodeada por una multitud de santos, que mirándome decían entre ellos: "Si el Señor no concurre con un milagro no podrá vivir más, porque le faltan los humores vitales, el curso de la sangre ya no es natural, por eso, según las leyes naturales debe morir". Y rogaban a Jesús bendito que hiciera este milagro, que yo continuara viviendo, y nuestro Señor les ha dicho:

(2) Por la comunicación de los ríos, como ven, significa que todo lo que ella hace, aun las cosas naturales están identificadas con mi Humanidad, y cuando Yo hago llegar al alma a este punto, de todo lo que obra el alma y el cuerpo nada se pierde, todo permanece en Mí; mientras que si el alma no ha llegado a identificarse en todo con mi Humanidad, muchas obras que hace se pierden. Y habiéndola hecho llegar a este punto, ¿por qué no puedo Yo llevármela?"

(3) Ahora, mientras esto decían, pensaba entre mí: "Parece que todos están en mi contra, la obediencia no quiere que yo muera, estos están rogando al Señor que no me lleve, ¿qué cosa quieren de mí? Yo no sé por qué casi a la fuerza quieren que esté en esta tierra, lejana de mi sumo bien". Y toda me afligía. Mientras esto pensaba Jesús me ha dicho:

(4) "Hija mía amada, no quieras afligirte, las cosas del mundo se ponen tristísimas y siempre más empeorarán, si llega el punto en que deba dar libre desahogo a mi justicia te llevaré, y entonces no escucharé más a ninguno".

+ + + +

6-20

Febrero 21, 1904

Promesa.

(1) Ante la presencia de la Santísima Trinidad, de la Reina Madre María Santísima, de mi ángel custodio, y de toda la corte celestial, y por obedecer a mi confesor, prometo que si el Señor por su infinita misericordia me hiciera la gracia de morir, cuando me encuentre junto con mi Esposo Celestial, rogaré y suplicaré el triunfo de la Iglesia y la confusión y conversión de sus enemigos; que en nuestro país triunfe el partido católico y que la iglesia de San Cataldo se reabra al culto, que mi confesor quede libre de sus acostumbrados sufrimientos, con una santa libertad de espíritu y la santidad de un verdadero apóstol de nuestro Señor, y que si el Señor permite el mandarme a él, al menos una vez al mes para referirle las cosas celestiales y cosas pertenecientes al bien de su alma. Esto prometo, cuanto está de mi parte y lo juro.

+ + + +

6-21

Febrero 22, 1904

El gran don de tener una víctima.

(1) Esta mañana encontrándome en mi habitual estado, en cuanto he visto al bendito Jesús veía personas que sufrían, y yo rogaba a Jesús que las liberara de aquellos sufrimientos aun a costa de sufrir yo en lugar de ellos, y Él me ha dicho:

(2) Si tú quieres sufrir tanto porque eres víctima, qué pasará después cuando no esté la víctima, entonces verán el vacío que sentirán aquellos que te rodean, el propio país y también los reinos. ¡Oh! Cómo conocerán entonces, con la pérdida, el gran bien que Yo les había dado dándoles una víctima".

+ + + +

6-22

Febrero 12, 1904 [2]

Habla con algunos sacerdotes
sobre la iglesia de San Cataldo.

(1) Había olvidado decir cuanto estoy por escribir, que ahora por obediencia lo digo, si bien no son cosas ciertas, sino dudas, porque faltaba la presencia de nuestro Señor:

(2) Me encontraba fuera de mí misma y parecía que me encontraba dentro de una iglesia, donde estaban algunos sacerdotes venerables, y unidas almas del purgatorio y personas santas que estaban discutiendo entre ellos sobre la iglesia de San Cataldo, y decían casi con certeza que se había obtenido elabrirla al culto, y yo escuchando esto he dicho: "Cómo puede ser esto, el otro día corrían rumores de que el Capítulo había perdido la causa, entonces, por medio del tribunal no se ha podido obtener, el municipio no la quiere dar, ¿y ustedes dicen que se debe obtener?" Y ellos han agregado: "A pesar de todas estas dificultades, no obstante no está perdida, y aunque se llegue a poner manos a la obra para derrumbarla, no se podrá decir perdida, porque San Cataldo sabrá defender bien su templo, pero, pobre Corato si a esto llegan". Mientras esto decían han repetido: "Ya se han llevado las primeras cosas, la Virgen coronada ya ha sido llevada a su casa, ve tú ante la Virgen y ruégale que habiendo comenzado la gracia, la cumpla". Yo he salido de aquella iglesia para ir a rogar, pero mientras esto hacía me he encontrado en mí misma.

+ + + +

6-23

Marzo 4, 1904

El alma debe vivir en lo alto. Quien
vive en lo alto no puede ser dañado.

(1) Encontrándome muy afligida y sufriente por la pérdida de mi buen Jesús, en cuanto lo he visto me ha dicho:

(2) "Hija mía, tu alma debe tratar de tener el vuelo del águila, es decir, morar en lo alto, sobre todas las cosas bajas de esta tierra, y tan alto, que ningún enemigo la pueda dañar, porque quien vive en lo alto puede herir a los enemigos, pero no ser herida. Y no sólo debe vivir en lo alto, sino que debe tratar de tener pureza y agudeza de ojos similares a los del águila. Así, teniendo esta vista y viviendo en lo alto, con la agudeza de su vista penetra las cosas divinas, no de paso, sino masticándolas hasta hacer de ellas su alimento predilecto, disgustándose de cualquier otra cosa, pero también penetra las necesidades del prójimo y no teme descender entre ellos y hacerles el bien, y si es necesario pone su propia vida. Y con la pureza de la vista, de dos amores hace uno, el amor de Dios y el amor del prójimo, haciéndolo todo por Dios, tal debe ser el alma si quiere agradarme".

+ + + +

6-24

Marzo 5, 1904

La cruz sirve de citatorio, abogado y juez al
alma, para tomar posesión del reino eterno.

(1) Esta mañana sintiéndome muy sufriente, con la añadidura de su privación, después de haber esperado mucho, apenas por pocos instantes ha venido y me ha dicho:

(2) "Hija mía, los sufrimientos, las cruces, son como tantos citatorios que Yo envío a las almas, si el alma acepta estos citatorios, ya sea que anuncien al alma que debe pagar alguna deuda, o que sean un aviso para que haga alguna adquisición para la vida eterna, si el alma me responde con la resignación a mi Voluntad, con el agradecimiento, con la adoración a mis santas disposiciones, inmediatamente nos ponemos de acuerdo, y el alma evitará muchos inconvenientes, como ser citada nuevamente, poner abogados, hacer juicio y sufrir la condena del juez. Con sólo responder a la cita con la resignación y con el agradecimiento suplirá a todo esto, porque la cruz le será citatorio, abogado y juez, sin necesitar otra cosa para tomar posesión del reino eterno. Pero si no acepta estos citatorios, piénsalo tú misma, en cuántos abismos de desgracias, de problemas se mete el alma, y cuál será el rigor del juez al condenarla por no haber aceptado a la cruz por juez, la cual es mucho más moderada, más compasiva, más inclinada a enriquecerla en vez de juzgarla, más atenta a embellecerla que a condenarla".

+ + + +

6-25

Marzo 12, 1904

Amenaza de guerras. Toda Europa está sobre los hombros de Luisa.

(1) Estando enferma Luisa, le he ordenado que ella dictara, y no pudiendo desobedecer ha dictado cuanto sigue, con gran repugnancia.

(2) Habiéndome lamentado con nuestro Señor de que sintiéndome sufriente, sin embargo no me llevaba al Cielo, el bendito Jesús me ha dicho:

(3) "Hija mía, ánimo en el sufrir, no quiero que te abata el no verte todavía llevada al Cielo. Debes saber que toda Europa está sobre tus hombros, y el éxito bueno o malo para Europa pende de tus sufrimientos. Si tú eres fuerte y constante en el sufrir, las cosas serán más soportables; si tú no eres fuerte y constante en el sufrir, o bien Yo te llevo al Cielo, serán tan graves que estará la amenaza de ser invadida y gobernada por los extranjeros".

(4) Es más, agregó que: "Si tú permaneces en la tierra y sufres mucho con deseo y constancia, todo lo que sucederá de castigos en Europa servirá para que venga el triunfo de la Iglesia. Y si a pesar de todo esto Europa no lo aprovecha y queda obstinada en el pecado, tus sufrimientos servirán como preparativo a tu muerte, sin que Europa lo aproveche".

Sac. Gennaro Di Gennaro

+ + + +

6-26

Marzo 14, 1904

Por la necesidad de los tiempos, Jesús
pide el silencio porque quiere castigar.

(1) Encontrándome en mi habitual estado, después de mucho esperar, el bendito Jesús ha salido de mi interior, y yo queriendo hablar me ha puesto el dedo en la boca diciéndome:

(2) "Calla, calla".

(3) Yo he quedado mortificadísima y no he tenido más valor de abrir la boca, y el bendito Jesús viéndome tan mortificada ha agregado:

(4) "Hija mía queridísima, la necesidad de los tiempos trae el silencio, porque si tú me hablas, tu palabra ata mis manos y jamás llego a los hechos de castigar como conviene, y estamos siempre de cabeza, por eso es necesario que entre tú y Yo tenga lugar por algún tiempo el silencio".

(5) Y mientras esto decía ha sacado un cartel en el cual estaba escrito: "Están decretados flagelos, penas y guerras". Y ha desaparecido.

+ + + +

6-27

Marzo 16, 1904

La verdadera resignación no pone a escrutinio las cosas, sino que adora en silencio las divinas disposiciones. La cruz es alegre, jubilosa, gozosa, anhelante.

(1) Esta mañana encontrándome fuera de mí misma, me he encontrado sobre una persona que tenía el aspecto como si estuviera vestida como una oveja, y yo era llevada sobre sus espaldas, pero iba a paso lento; adelante iba una especie de máquina más veloz, y yo en mi interior he dicho: "Éste va lento, quisiera ir dentro de aquella máquina que camina más veloz". No sé el por qué, pero apenas pensado esto me he encontrado dentro de ella en compañía de los que iban en ella, y ellos me han dicho: "¿Qué has hecho? ¿Cómo has dejado al pastor? Y qué pastor, pues estando su vida en los campos son suyas todas las hierbas medicinales, nocivas y salutíferas, y estando con Él se puede estar siempre con buena salud, y si lo ves vestido de oveja es para volverse similar a las ovejas, haciendo que ellas se le acerquen sin ningún temor, y si bien va a paso lento, pero es más seguro". Yo al oír esto he dicho en mi interior: "Ya que es así, quisiera decirle alguna cosa sobre mi enfermedad". Mientras esto pensaba me lo

he encontrado cerca de mí, y yo toda contenta me he acercado a su oído y le he dicho: "Pastor bueno, si eres tan experto dame algún remedio para mis males, pues yo me encuentro en este estado de sufrimientos". Y queriendo decir más, me ha callado al decirme:

(2) "La verdadera resignación, no fantástica, no pone a escrutinio las cosas, sino que adora en silencio las divinas disposiciones".

(3) Y mientras esto decía, parecía que se rompía la piel de lana y veía el rostro de Nuestro Señor, y su cabeza coronada de espinas. Yo al oír que me decía esto, no sabía más qué decir, me quedaba en silencio contenta de estar junto con Él, y Él ha continuado:

(4) "Tú has olvidado decirle al confesor otra cosa sobre la cruz".

(5) Y yo: "Adorable Señor mío, yo no recuerdo, repítemela y la diré".

(6) Y Él: "Hija mía, entre tantos títulos que tiene la cruz, tiene el título de un día festivo, porque cuando se recibe un don, ¿qué cosa sucede? Se hace fiesta, se goza, se está más alegre; ahora, la cruz siendo el don más precioso, más noble y hecho por la persona más grande y única que existe, resulta más agradable y lleva más fiesta, más gozo que todos los otros dones. Entonces, tú misma puedes decir qué otros títulos se puede dar a la cruz".

(7) Y yo: "Como Tú dices, se puede decir que la cruz es festiva, jubilosa, gozosa, anhelante".

(8) Y Él: "Bien, has dicho bien, pero el alma llega a experimentar estos efectos de la cruz cuando está perfectamente resignada a mi Voluntad, y se ha dado toda sí misma a Mí, sin retener nada para sí, y Yo para no dejarme vencer en amor por la criatura, le doy todo Yo mismo, y en el donarme a Mí mismo dono también mi cruz, y el alma reconociéndola como don mío hace fiesta y goza".

+ + + +

6-28

Marzo 20, 1904

Todas las cosas tienen origen en la fe.

(1) Esta mañana me sentía desanimada y entristecida por la pérdida de mi adorable Jesús, y mientras estaba en este estado, ha hecho oír su dulcísima voz que me decía:

(2) "Hija mía, todas las cosas tienen origen en la fe. Quien es fuerte en la fe es fuerte en el sufrir, la fe hace encontrar a Dios en cada lugar, hace que se descubra en cada acción, lo toca en cada movimiento, y cada nueva ocasión que se presenta es una nueva revelación divina que recibe. Por eso sé fuerte en la fe, porque si estás fuerte en ella en todos los estados y vicisitudes, la fe te suministrará la fuerza y te hará estar siempre unida con Dios".

+ + + +

6-29

Abril 9, 1904

Basta un acto perfecto de resignación a la Voluntad Divina para quedar purgado de todas las imperfecciones en las cuales el alma no ha puesto nada de lo suyo.

(1) Debiendo recibir esta mañana la comunión, estaba pensando entre mí: "¿Qué dirá mi bendito Jesús cuando venga a mi alma? Dirá: "Cómo es fea esta alma, mala, fría, abominable". Cuan rápido hará consumir las especies para no estar en contacto con esta alma tan fea, ¿pero qué quieres de mí? A pesar de que soy

tan mala, sin embargo debes tener paciencia para venir, porque de todos modos me eres necesario, y no puedo hacer otra cosa". Mientras esto decía ha salido de dentro de mi interior y me ha dicho:

(2) "Hija mía, no quieras afligirte por esto, no se requiere nada para remediarlo, basta un acto perfecto de resignación a mi Voluntad para poder quedar purgado de todas estas fealdades que tú dices, y Yo te diré lo contrario de lo que piensas, te diré: "Cómo eres bella, siento el fuego de mi amor en ti, y el perfume de mis fragancias, en ti quiero hacer mi perfecta morada".

(3) Y ha desaparecido. Entonces, habiendo venido el confesor le he dicho todo, y él me ha dicho que no estaba bien, porque es el dolor el que purga al alma, y que la resignación no entraba en esto. Por eso, después de haber recibido la comunión he dicho: "Señor, el padre me ha dicho que no está bien lo que me has dicho, explícate mejor y hazme conocer la verdad". Y Él bondadosamente ha agregado:

(4) "Hija mía, cuando se trata de pecado voluntario, entonces se requiere el dolor, pero cuando se trata de imperfecciones, de debilidades, de frialdades y otras cosas, y que el alma no ha puesto nada de lo suyo, entonces basta un acto de perfecta resignación, y se tiene necesidad también de este estado para quedar purgado, porque el alma al hacer este acto primero se encuentra con la Voluntad Divina que purga la voluntad humana y la embellece con sus cualidades, y después se funde conmigo".

+ + + +

6-30

Abril 10, 1904

Las tres cuerdas que atan por todos lados y estrechan

más íntimamente a Jesús con el alma, son: Sufrimientos asiduos, reparación perpetua, amor perseverante.

(1) Esta mañana, encontrándome con el temor de que el bendito Jesús viéndome aún tan mala me hubiera dejado, lo he sentido salir de dentro de mi interior y me ha dicho:

(2) "Hija mía, ¿por qué te ocupas en pensamientos inútiles y en cosas que no existen? Debes saber que hay tres títulos ante Mí que como tres cuerdas me atan por todas partes y me estrechan más íntimamente a ti, de modo que no puedo dejarte, y son: Sufrimientos asiduos, reparación perpetua, amor perseverante. Si tú como criatura eres continua en esto, ¿tal vez el Creador será menos que la criatura? ¿O se dejará vencer por ella? Esto no es posible".

+ + + +

6-31

Abril 11. 1904

Jesús agradece a Luisa.

(1) Continuando mi acostumbrado estado, después de haber esperado mucho, en cuanto he visto a mi adorable Jesús me ha dicho:

(2) "Tú que tanto me querías contigo, ¿qué cosa quieres, qué te importa más?"

(3) Y yo: "Señor, nada quiero, lo que más me importa eres sólo Tú".

(4) Y Él ha repetido: "Cómo, ¿no quieres nada? Pídeme cualquier cosa, la santidad, mi gracia, las virtudes, que Yo todo te puedo dar".

(5) Y yo de nuevo he dicho: "Nada, nada, te quiero sólo a Ti y lo que quieres Tú".

(6) Y de nuevo ha agregado: "¿Entonces no quieres nada más? ¿Yo solo te basto? ¿Tus deseos no tienen otra vida en ti que Yo sólo? Entonces toda tu confianza debe estar sólo en Mí, y a pesar de que no quieres nada obtendrás todo".

(7) Y sin darme más tiempo, como relámpago ha desaparecido. Entonces yo he quedado muy disgustada, especialmente porque por cuanto más lo llamaba, no regresaba, y pensaba entre mí: "Yo no quiero nada, no pienso, no me ocupo sino solamente de Él, y Él parece que no se interesa de mí, no sé como su buen corazón puede llegar a tanto". Y tantos otros disparates que yo decía. Ahora, mientras estaba en esto, ha regresado y me ha dicho:

(8) "Gracias, gracias. ¿Qué es más, cuando el Creador agradece a la criatura o cuando la criatura agradece al Creador? Ahora, debes saber que cuando tú me esperas y tardo en venir, Yo te agradezco a ti; cuando vengo pronto, tú estás obligada a agradecerme a Mí. Entonces, ¿te parece poco que tu Creador te dé la ocasión de poder quedar obligado contigo y agradecerte?"

(9) Yo he quedado toda confundida.

+ + + +

6-32

Abril 12, 1904

La paz es el más grande tesoro.

(1) Esta mañana me sentía turbada por la ausencia del bendito Jesús, entonces después de haber esperado mucho, en cuanto lo he visto me ha dicho:

(2) "Hija mía, cuando un río está expuesto a los rayos del sol, viendo dentro de él se ve el mismo sol que está en el cielo, pero esto sucede cuando el río está calmado, sin que ningún viento perturbe las aguas; pero si las aguas están turbadas, a pesar de que el río está todo expuesto al sol, nada se ve, todo es confusión. Así el alma cuando está expuesta a los rayos del Sol Divino, si está calmada advierte el Sol divino en sí misma, siente el calor, ve la luz y comprende la verdad; pero si está turbada, a pesar de que lo tiene en sí misma, no siente otra cosa que confusión y turbación. Por eso considera a la paz como el más grande tesoro, si ansías estar unida Conmigo".

+ + + +

6-33

Abril 14, 1904

Si el alma da a Dios el alimento del amor
paciente, Dios dará el pan dulce de la Gracia.

(1) Continuando mi habitual estado, pero siempre con inmensa amargura en mi alma por la privación del bendito Jesús, y que a lo más viene cuando ya no puedo más, y después de que casi estoy persuadida de que no vendrá más. Entonces, cuando apenas lo he visto llevando un cáliz en la mano me ha dicho:

(2) "Hija mía, si además del alimento del amor me das el pan de tu paciencia, porque el amor paciente y sufriente es alimento más sólido, más sustancioso y tonificante, porque si el amor no es paciente se puede decir que es amor vacío, ligero y sin ninguna

sustancia, así que se puede decir que faltan las materias necesarias para formar el pan de la paciencia. Por eso si tú me das este pan, Yo te daré el pan dulce de la gracia".

(3) Y mientras esto decía me ha dado a beber lo que estaba dentro del cáliz que llevaba en la mano, que parecía dulce, como una especie de licor que no sé distinguir, y ha desaparecido.

(4) Después de esto veía en torno a mi lecho a muchas personas forasteras: sacerdotes, hombres de bien, mujeres que parecía que debían venir a encontrarme, y algunos de ellos parecía que decían al confesor: "Danos noticias de esta alma, de todo lo que el Señor le ha manifestado, las gracias que le ha hecho, porque nos ha manifestado el Señor desde 1882 que escogía una víctima, y la señal de esta víctima sería que el Señor la habría mantenido siempre en este estado como jovencita, tal cual como cuando la eligió, sin envejecerse o cambiarse la misma naturaleza". Ahora, mientras esto decían, no sé cómo yo me veía tal cual como cuando me acosté en el lecho, sin que hubiera cambiado en nada por haber estado tantos años en este estado de sufrimiento".

+ + + +

6-34

Abril 16. 1904

Jesús y Dios Padre hablan sobre la Misericordia.

(1) Continuando mi habitual estado me he encontrado fuera de mí misma, y veía una multitud de gentes, y en medio de ellas se oían rumores de bombas y estallidos, y las personas caían muertas y heridas, los que quedaban huían a un palacio cercano, pero los enemigos lo asaltaban y los mataban con más seguridad que a aquellos que permanecían al descubierto. Entonces yo decía entre mí: "Cómo quisiera ver si está el Señor entre estas gentes para

decirle: "Ten misericordia, piedad de esta pobre gente". Entonces he girado y vuelto a girar y lo he visto como pequeño niñito, pero poco a poco iba creciendo hasta que ha llegado a edad perfecta, entonces yo me he acercado y le he dicho: "Amable Señor, ¿no ves la tragedia que sucede? ¿No quieres hacer más uso de la misericordia, tal vez quieres tener inútil este atributo que siempre ha glorificado con tanto honor tu Divinidad encarnada, haciendo con ella una corona especial a tu augusta cabeza y adornándote una segunda corona tan querida y amada por Ti, como son las almas?" Ahora, mientras esto decía, Él me ha dicho:

(2) "Basta, basta, no sigas adelante, tú quieres hablar de misericordia, ¿y de la justicia qué haremos? Lo he dicho y te lo repito, es necesario que la justicia tenga su curso".

(3) Por lo tanto he repetido: "No hay remedio, ¿y para qué dejarme en esta tierra cuando no puedo aplacarte más y sufrir yo en lugar de mi prójimo? Siendo así es mejor que me hagas morir". Mientras estaba en esto veía a otra persona detrás de las espaldas de Jesús bendito, y me ha dicho casi haciéndome señas con los ojos: "Preséntate a mi Padre y ve qué cosa te dice". Yo me he presentado toda temblando, y apenas me ha visto me ha dicho:

(4) "¿Qué quieres que has venido a Mí?"

(5) Y yo: "Bondad adorable, misericordia infinita, sabiendo que Tú eres la misma misericordia, he venido a pedirte misericordia, misericordia para tus mismas imágenes, misericordia para las obras creadas por Ti, misericordia no para otros, sino para tus mismas criaturas". Y Él me ha dicho:

(6) "¿Entonces es misericordia lo que tú quieres? Pero si quieres verdadera misericordia, la justicia después de que se haya desahogado, producirá grandes y abundantes frutos de misericordia".

(7) Entonces, no sabiendo más qué decir, he dicho: "Padre infinitamente santo, cuando los siervos, los necesitados se presentan a los patrones, a los ricos, si son buenos, si no dan todo lo que es necesario, les dan siempre alguna cosa, y yo, que he tenido el bien de presentarme ante Ti, dueño absoluto, rico sin término, bondad infinita, nada quieres dar a esta pobrecita de lo que te ha pedido, ¿no queda acaso más honrado y contento el patrón cuando da que cuando niega lo que es necesario a sus siervos? Después de un momento de silencio ha agregado:

(8) "Por amor tuyo, en vez de hacer por diez haré por cinco".

(9) Dicho esto han desaparecido, y yo veía en más partes de la tierra, y especialmente en Europa, multiplicarse guerras, guerras civiles y revoluciones.

+ + + +

6-35

Abril 21, 1904

Quien tiene el título de víctima puede luchar con la justicia.

(1) Continuando mi habitual estado, oía alrededor de mi lecho a personas que rogaban a nuestro Señor, yo no ponía atención a escuchar qué cosa querían, ponía atención sólo a que ya era tarde y que Jesús bendito no se hacía ver todavía. ¡Oh! cómo se destrozaba mi corazón temiendo que no viniera, y decía entre mí: "Señor bendito, estamos ya en la última hora, ¿y no vienes aún? ¡Ay! no me des este disgusto, al menos hazte ver". Mientras esto decía ha salido de dentro de mi interior y ha dicho a aquellos que estaban a mi alrededor:

(2) "Luchar con mi justicia no es lícito a las criaturas, sino sólo le es lícito a quien tiene el título de víctima, y no sólo de luchar sino de

jugar con la justicia, y esto porque al luchar o jugar fácilmente se reciben los golpes, las derrotas, las pérdidas, y la víctima está pronta a recibir sobre sí los golpes, resignarse en las derrotas y pérdidas sin que ponga atención a sus pérdidas, a los sufrimientos, sino sólo a la gloria de Dios y al bien del prójimo. Si Yo me quisiera aplacar, tengo aquí a mi víctima que está pronta a luchar y a recibir sobre sí todo el furor de mi justicia".

(3) Se ve que estaban rogando para aplacar al Señor, yo he quedado mortificada y más amargada al escuchar esto de nuestro Señor.

+ + + +

6-36

Abril 26, 1904

El hábito no hace al monje.

(1) Esta mañana, encontrándome fuera de mí misma me he encontrado con el niño Jesús en brazos, rodeada de varias personas devotas, sacerdotes, muchos de los cuales estaban atentos a la vanidad, al lujo y a la moda, y parecía que decían entre ellos aquel dicho antiguo: "El hábito no hace al monje". Y el bendito Jesús me ha dicho:

(2) "Amada mía, ¡oh! cuán defraudado me siento por la gloria que me debe la criatura, y que con tanta desfachatez me niega, y hasta por las personas que se dicen devotas".

(3) Yo al oír esto he dicho: "Querido de mi corazón, recitemos tres Gloria Patri poniendo la intención de dar toda la gloria que debe la criatura a vuestra Divinidad, así recibirá al menos una reparación".

(4) Y Él: "Sí, sí, recitémoslas".

(5) Y las hemos recitado juntos, después hemos recitado un Ave María, poniendo también la intención de dar a la Reina Madre toda la gloria que le deben las criaturas. ¡Oh! cómo era bello rezar con el bendito Jesús, me encontraba tan bien que he continuado: "Amado mío, cómo quisiera hacer la profesión de fe en tus manos al recitar junto contigo el Credo".

(6) Y Él: "El Credo lo recitarás tú sola, porque a ti te corresponde, no a Mí, y lo dirás a nombre de todas las criaturas para darme más gloria y honor".

(7) Entonces yo he puesto mis manos en las suyas y he recitado el Credo, después de esto el bendito Jesús me ha dicho:

(8) "Hija mía, parece que me siento más aliviado y alejada aquella nube negra de la ingratitud humana, especialmente de las devotas. ¡Ah! hija mía, la acción externa tiene tanta fuerza de penetrar en el interior, que forma un vestido material al alma, y cuando el toque divino la toca, no lo sienten vivo, porque tienen la vestidura fangosa invistiendo al alma, y no sintiendo la vivacidad de la gracia, la gracia, o es rechazada o queda infructuosa. ¡Oh! cómo es difícil gozar los placeres, vestir de lujo externamente, y despreciarlos internamente, más bien sucede lo contrario, esto es, amar en el interior y gozar de lo que externamente nos rodea. Hija mía, considera tú misma cuál no es el dolor de mi corazón en estos tiempos, ver mi gracia rechazada por todo tipo de gente, mientras que todo mi consuelo es el socorrer a las criaturas, y toda la vida de las criaturas es la ayuda divina, y las criaturas me rechazan mi socorro y mi ayuda. Entra tú a tomar parte de mi dolor y compadece mis amarguras".

(9) Dicho esto ha desaparecido, quedando toda afligida por las penas de mi adorable Jesús.

+ + + +

6-37

Abril 29, 1904

La vida de Dios se manifiesta en las criaturas con las palabras, con las obras y con los sufrimientos, pero lo que la manifiesta más claramente son los sufrimientos.

(1) Continuando mi habitual estado, me he encontrado rodeada por tres vírgenes, las cuales tomándome querían a viva fuerza crucificarme sobre una cruz, y yo como no veía al bendito Jesús, temiendo, ponía resistencia, y ellas viendo mi resistencia me han dicho: "Hermana queridísima, no temas que no esté nuestro Esposo, deja que te comencemos a crucificar, que el Señor atraído por la virtud de los sufrimientos vendrá, nosotras venimos del Cielo, y como hemos visto males gravísimos que están por suceder en Europa, para hacer que al menos sucedan más benignos hemos venido a hacerte sufrir". Mientras tanto me han traspasado con clavos las manos y los pies, pero con tal crudeza de dolor que me sentía morir. Ahora, mientras sufría ha venido el bendito Jesús, y viéndome con severidad me ha dicho:

(2) "¿Quién te ha ordenado ponerte en estos sufrimientos? Entonces ¿para qué me sirves? ¿Para no poder ni siquiera ser libre de hacer lo que quiero, y para ser un continuo estorbo a mi justicia?"

(3) Yo en mi interior decía: "Qué quiere de mí, yo ni siquiera quería, han sido ellas las que me han inducido, y la toma contra mí". Pero no podía hablar por lo acerbo del dolor; aquellas vírgenes viendo la severidad de nuestro Señor, más me hacían sufrir sacando y volviendo a meter los clavos, y me acercaban a Él mostrándole mis sufrimientos, y cuanto más sufría, más parecía que el Señor se apaciguaba, y cuando lo han visto más apaciguado y casi enternecido por mi sufrir, me han dejado y se han ido,

dejándome sola con nuestro Señor. Entonces Él mismo me asistía y sostenía, y viéndome sufrir, para reanimarme me ha dicho:

(4) "Hija mía, mi Vida se manifiesta en las criaturas con las palabras, con las obras y con los sufrimientos, pero lo que la manifiesta más claramente son los sufrimientos".

(5) Mientras estaba en esto ha venido el confesor para llamarme a la obediencia, y en parte por los sufrimientos, y en parte porque el Señor no me dejaba, no podía obedecer. Entonces me he lamentado con mi Jesús, diciéndole: "Señor, ¿Cómo es que se encuentra el confesor a esta hora? ¿Justo ahora debía venir?"

(6) Y Él: "Hija mía, déjalo que esté un poco con nosotros y que participe también en mis gracias. Cuando uno continuamente frecuenta una casa, participa del llanto y de la risa, de la pobreza y de la riqueza; así es del confesor, ¿no ha participado de tus mortificaciones y privaciones? Ahora participa de mi presencia".

(7) Entonces parecía que le participaba la fuerza divina diciéndole: "La Vida de Dios en el alma es la esperanza, y por cuanto esperes, tanto de Vida Divina contienes en ti mismo, y así como la Vida Divina contiene potencia, sabiduría, fortaleza, amor y otras cosas, así el alma se siente regar por tantos arroyos por cuantas son las virtudes divinas, y la Vida Divina crece siempre en ti mismo; pero si no esperas, en lo espiritual, y por lo espiritual participará también lo corporal, la Vida Divina se irá consumiendo hasta apagarse del todo, por eso espera, espera siempre".

(8) Después, con esfuerzo he recibido la comunión, y después me he encontrado fuera de mí misma y veía tres hombres en forma de tres caballos indómitos que se desenfrenaban en Europa, haciendo tantos estragos de sangre, y parecía que querían envolver como dentro de una red a la mayor parte de Europa en guerras encarnizadas, todos temblaban a la vista de estos diablos encarnados, y muchos quedaban destruidos.

+ + + +

6-38

Mayo 1, 1904

El ojo que se deleita sólo de las cosas del Cielo, tiene la virtud de ver a Jesús, y quien se deleita de las cosas de la tierra, tiene la virtud de ver las cosas de la tierra.

(1) Encontrándome en mi habitual estado, estaba pensando en nuestro Señor, cuando habiendo llegado al monte calvario fue desnudado del todo y amargado con hiel, y le rogaba diciéndole: "Adorable Señor mío, no veo en Ti mas que una vestidura de sangre adornada de llagas, y por gusto y deleite amarguras de hiel, por honor y gloria confusiones, oprobios y cruces. ¡Ah! no permitas que después de que Tú has sufrido tanto, que yo no vea las cosas de esta tierra más que como estiércol y fango, que no me tome otro placer que en Ti sólo, y que todo mi honor no sea otro que la cruz". Y Él haciéndose ver me ha dicho:

(2) "Hija mía, si tú hicieras de manera diferente perderías la pureza de la mirada, porque haciéndose un velo a la vista perderías el bien de verme, porque el ojo que se recrea sólo de las cosas del Cielo tiene la virtud de verme, y quien se recrea de las cosas de la tierra tiene la virtud de ver las cosas de la tierra, porque el ojo, viéndolas diferentes de lo que son, las ve y las ama".

+ + + +

6-39

Mayo 28, 1904

La mortificación derrumba todo e inmola todo a Dios.

(1) Continuando mi habitual estado, y estando con suma amargura por las continuas privaciones de mi adorable Jesús, se ha hecho ver diciéndome:

(2) "Hija mía, la primera mina que se debe arrojar en el interior del alma es la mortificación, y cuando esta mina se pone en el alma echa por tierra todo, e inmola todo a Dios, porque en el alma hay como tantos palacios, pero todos de vicios, como sería el orgullo, la desobediencia y tantos otros vicios, y la mina de la mortificación derrumbándolo todo reedifica muchos otros palacios de virtudes, inmolándolos y sacrificándolos todos a la gloria de Dios".

(3) Dicho esto ha desaparecido, y después ha venido el demonio que sólo quería molestarme, y yo sin sentir miedo le he dicho: "¿Qué ganas con molestarme? Quieres aparentar ser más valiente, toma un palo y golpéame hasta no dejarme ni siquiera una gota de sangre, entendiendo sin embargo, que cada gota de sangre que derrame es un testimonio de más de amor, de reparación y de gloria que intento dar a mi Dios".

(4) Y aquél: "No encuentro palos para poderte golpear, y si voy a buscarlo tú no me esperas".

(5) Y yo: "Ve entonces que aquí te espero". Y así se ha ido, quedando yo con la firme voluntad de esperarlo, cuando con mi sorpresa he visto que habiéndose encontrado con otro demonio iban diciendo: "Es inútil que regresemos, ¿en qué aprovecha el golpear si debe servir para nuestro daño y con nuestra pérdida? Es bueno hacer sufrir a quien no quiere sufrir, porque éste ofende a Dios, pero a quien quiere sufrir, nos hacemos mal con nuestras manos". Y no ha regresado, quedando yo mortificada.

+ + + +

6-40

Mayo 30, 1904

La Pasión sirve como vestido al hombre. La
soberbia transforma en demonios las imágenes de Dios.

(1) Encontrándome en mi habitual estado, estaba pensando y ofreciendo la Pasión de Nuestro Señor, especialmente la corona de espinas, y le rogaba que diera luz a tantas mentes cegadas, que se hiciera conocer, porque es imposible conocerlo y no amarlo. Mientras esto decía, mi adorable Jesús ha salido de dentro de mi interior y me ha dicho:

(2) "Hija mía, cuánta ruina hace en el alma la soberbia, basta decirte que forma un muro de división entre la criatura y Dios, y de imágenes mías las transforma en demonios. Y además, si tanto te duele y te desagrada que las criaturas sean tan ciegas que ellas mismas no entiendan ni vean el precipicio en el cual se encuentran, y tanto deseas que Yo las ayude, mi Pasión sirve como vestido al hombre, que le cubre las más grandes miserias, lo embellece y le restituye todo el bien que por el pecado se había quitado y había perdido, por lo cual Yo te hago don de mi Pasión, a fin de que te sirva a ti y para quien quieras tú".

(3) Al escuchar esto me ha venido tal temor viendo la grandeza del don, y temiendo que no supiera utilizar este don, y por eso desagradar al mismo Donador; entonces he dicho: "Señor, no siento la fuerza de aceptar tal don, soy muy indigna de tal favor, mejor quédatelo Tú que eres el Todo y todo conoces, conoces a quién es necesario y conviene aplicar este vestido tan precioso y de inmenso valor, porque yo, pobrecita, ¿qué cosa puedo conocer? Y si es necesario aplicarlo a alguien y yo no lo hago, ¿qué rigurosa cuenta no me pedirás?"

(4) Y Jesús: "No temas, el mismo Donador te dará la gracia de no tener inútil el don que te ha dado, ¿crees tú que Yo te hago un don para hacerte daño? No, jamás".

(5) Entonces yo no he sabido qué responder, pero he quedado espantada y en ascuas, reservándome para oír cómo pensaba la señora obediencia. Se entiende sin embargo que este vestido, no quiere significar otra cosa que todo lo que obró, mereció y sufrió nuestro Señor, donde la criatura encuentra el vestido para cubrirse la desnudez despojada de virtud, las riquezas para enriquecerse, las bellezas para volverse bella y embellecerse, y el remedio a todos sus males. Después, habiéndolo dicho a la obediencia, me ha dicho que lo aceptara.

+ + + +

6-41

Junio 3, 1904

Quien se deja dominar por la cruz, destruye en el alma tres reinos malos que son: El mundo, el demonio y la carne, y establece otros tres reinos buenos que son: El reino espiritual, el divino y el eterno.

(1) Esta mañana, como no venía el bendito Jesús, me sentía toda oprimida y cansada. Después, al venir ha dicho:

(2) "Hija mía, no quieras cansarte en el sufrir, haz como si a cada instante comenzaras a sufrir, porque quien se deja dominar por la cruz destruye en el alma tres reinos malos, que son: El mundo, el demonio y la carne, y establece otros tres reinos buenos que son: El reino espiritual, el divino y el eterno".

(3) Y ha desaparecido.

+ + + +

6-42

Junio 6, 1904

Ánimo, fidelidad y suma atención se necesita
para seguir lo que la Divinidad obra en nosotros.

(1) Continuando mi habitual estado, por poco tiempo se ha hecho ver desde dentro de mi interior, primero Él sólo y después las Tres Divinas Personas, pero todas en profundo silencio, y yo continuaba ante su presencia con mi acostumbrado trabajo interior, y parecía que el Hijo se unía conmigo, y yo no hacía otra cosa que seguirlo, pero todo era silencio, y no se hacía otra cosa en este silencio que fundirse con Dios, y todo el interior, afectos, latidos, deseos, respiros, se convertían en profundas adoraciones a la Majestad Suprema. Entonces, después de haber estado un poco de tiempo en este estado, parecía que las Tres hablaban, pero formaban una sola voz, y me han dicho:

(2) "Hija querida nuestra, ánimo, fidelidad y atención suma al seguir lo que la Divinidad obra en ti, porque todo lo que haces no lo haces tú, sino que no haces otra cosa que dar tu alma por habitación a la Divinidad. Te sucede a ti como a una pobre que teniendo un pequeño cuartucho, el rey lo pide por habitación, y ella lo da y hace todo lo que quiere el rey; entonces, habitando el rey aquel pequeño cuartucho, contiene riquezas, nobleza, gloria y todos los bienes, ¿pero de quién son? Del rey, y si el rey lo quiere dejar, a la pobre ¿qué cosa le queda? Le queda siempre su pobreza".

+ + + +

6-43

Junio 10, 1904

Jesús habla de la belleza del hombre.

(1) Continuando mi habitual estado, en cuanto ha venido mi adorable Jesús, todo afligido y doliente me ha dicho:

(2) "¡Ah! hija mía, si el hombre se conociera a sí mismo, ¡oh! cómo se cuidaría de mancharse, porque es tal y tanta su belleza, su nobleza, su hermosura, que todas las bellezas y diversidad de las cosas creadas las reúne en sí, y esto porque siendo creadas todas las otras cosas de la naturaleza para servicio del hombre, y el hombre debía ser superior a todas, por lo tanto, para ser superior debía reunir en sí todas las cualidades de las otras cosas creadas, y no sólo eso, sino que habiendo sido creadas las otras cosas para el hombre y el hombre sólo para Dios y para su delicia, por consecuencia no sólo debía reunir en sí todo lo creado, sino que debía superarlo hasta recibir en sí mismo la imagen de la Majestad Suprema. Y el hombre a pesar de todo esto, no cuidando todos estos bienes, no hace otra cosa que ensuciarse con las más feas porquerías".

(3) Y ha desaparecido. Entonces yo comprendía que a nosotros nos sucede como a una pobre, que habiendo recibido un vestido tejido de oro, enriquecido con gemas y con piedras preciosas, como no entiende ni conoce su valor, lo tiene expuesto al polvo, lo ensucia fácilmente y lo tiene como un vestido tosco y de poco valor, de modo que si se le quita, poco o ningún disgusto siente. Así es nuestra ceguera respecto a nosotros mismos.

+ + + +

6-44

Junio 15, 1904

La criatura no es otra cosa que un pequeño recipiente lleno de dosis de todas las partículas divinas.

(1) Encontrándome en mi habitual estado, en cuanto ha venido me ha dicho:

(2) "Hija amada mía, me es tan querida la criatura y la amo tanto, que si la criatura lo comprendiera le estallaría el corazón de amor, y esto es tan cierto, que al crearla no la hice otra cosa que un pequeño recipiente lleno de partículas de los atributos divinos, de modo que de todo mi Ser, atributos, virtudes, perfecciones, el alma contiene muchas pequeñas partículas de todo ello, según la capacidad dada por Mí, y esto a fin de que pudiera encontrar en ella otros tantos pequeños distintivos correspondientes a mis atributos y así poder deleitarme y juguetear perfectamente con ella. Ahora, este pequeño recipiente lleno de lo divino, cuando el alma se ocupa de las cosas materiales y las hace entrar en ella, hecha afuera alguna cosa de lo divino y toma su lugar alguna cosa material; qué afrenta recibe la Divinidad y qué daño el alma; pero si por necesidad se ocupa de las cosas materiales, ¡cuánta atención se requiere para no hacerlas entrar! Tú, hija, está atenta, de otra manera, si veo en ti alguna cosa que no sea divina, Yo no me haré ver más".

+ + + +

6-45

Junio 17, 1904

La consumación de la voluntad humana en la divina, nos vuelve una sola cosa con Dios, y pone en nuestras manos el divino poder.

(1) Esta mañana, después de mucho esperar, el bendito Jesús ha venido y me ha dicho:

(2) "Hija mía, mira cuántas cosas se dicen de virtud, de perfección, sin embargo van a terminar todas en un solo punto, es decir, en la

consumación de la voluntad humana en la Divina. Así que quien más está consumado en ésta, se puede decir que contiene todo y es el más perfecto de todos, porque todas las virtudes y obras buenas son tantas llaves que nos abren los tesoros divinos, nos hacen adquirir más amistad, más intimidad, más trato con Dios, pero sólo la consumación es la que nos vuelve una cosa con Él y pone en nuestras manos el divino poder, y esto porque la vida debe tener una voluntad para vivir, ahora, viviendo de la Voluntad Divina, naturalmente se vuelve dueña".

+ + + +

6-46

Junio 19, 1904

Habla de castigos.

(1) Encontrándome en mi habitual estado, oía a mi adorable Jesús que decía junto a mí:

(2) "Hija mía, en qué momento tan doloroso está por entrar la Iglesia, pero toda la gloria en estos tiempos es de aquellos espíritus atléticos que no poniendo atención a cuerdas, cadenas y penas, no hacen otra cosa que romper el sendero espinoso que divide la sociedad de Dios".

(3) Después ha continuado: "En el hombre se ve una avidez de sangre humana. Él desde la tierra, y Yo desde el Cielo concurriré con terremotos, incendios, huracanes, desgracias, para hacerlos morir en buena parte".

+ + + +

6-47

Junio 20, 1904

Las almas víctimas son hijas de la Misericordia.

(1) Después de haber esperado mucho, en cuanto ha venido el bendito Jesús me ha dicho:

(2) "Hija mía, ha llegado a tanto la perfidia humana, de agotar por su parte mi misericordia, pero mi bondad es tanta, de constituir las hijas de la misericordia, a fin de que también por parte de las criaturas no quede agotado este atributo, y éstas son las víctimas que están en plena posesión de la Voluntad Divina por haber destruido la propia, porque en éstas, el recipiente dado a ellas por Mí al crearlas está en pleno vigor, y habiendo recibido la partícula de mi Misericordia, siendo hija la suministra a otros. Se entiende sin embargo que para administrar la misericordia a otros se debe encontrar ella en la justicia".

(3) Y yo: "Señor, ¿quién se puede encontrar en la justicia?"

(4) Y Él: "Quien no comete pecados graves y quien se abstiene de cometer pecados veniales ligerísimos, por propia voluntad".

+ + + +

6-48

Junio 29, 1904

Signo para conocer que Dios se retira del hombre.

(1) Esta mañana encontrándome en mi habitual estado, apenas se ha hecho ver mi adorable Jesús me ha dicho:

(2) "Hija mía, la señal de que mi justicia no puede soportar más al hombre y está en acto de mandar graves castigos, es cuando el hombre no puede soportarse más a sí mismo, porque Dios rechazado por el hombre, de él se retira y hace sentir al hombre todo el peso de la naturaleza, del pecado y de las miserias, y el hombre no pudiendo soportar el peso de la naturaleza sin la ayuda divina, busca él mismo el modo de destruirse. En tal estado se encuentra ahora la presente generación".

+ + + +

6-49

Julio 14, 1904

La vida es una consumación continua.

(1) Mis días se van haciendo siempre más dolorosos por las casi continuas privaciones de mi adorable Jesús, yo misma no sé por qué me siento devorar el alma y también el cuerpo por esta separación. ¡Qué duro martirio! Mi único y solo consuelo es la Voluntad de Dios, porque si todo lo he perdido, incluso a Jesús, sólo esta santa y dulcísima Voluntad de Dios está en mi poder, pero como también siento que se me devora el cuerpo, me ilusiono de que no está tan lejana la separación de él, porque lo siento sucumbir, y por eso espero que un día u otro el Señor me llame a Sí y terminar esta dura separación. Por eso, esta mañana después de haber esperado mucho, en cuanto ha venido me ha dicho:

(2) "Hija mía, la vida es una consumación continua, quién la consume por los placeres, quién por las criaturas, quién por pecar, otros por los intereses, alguno por caprichos, hay tantos tipos de consumación. Ahora, quien esta consumación la forma toda en Dios, puede decir con toda certeza: 'Señor, mi vida se ha consumido de amor por Ti, y no sólo me he consumido, sino que estoy muerta sólo por tu amor". Por eso, si tú te sientes consumir

continuamente por mi separación, puedes decir que mueres continuamente en Mí, y tantas muertes sufres por amor mío. Y si tú consumes tu ser por Mí, por cuanto se consume de ti, otro tanto adquieres de divino en ti misma"

+ + + +

6-50

Julio 22, 1904

Sólo la estabilidad es la que hace conocer
el progreso de la Vida Divina en el alma.

(1) Continuando mi habitual estado, en cuanto ha venido el bendito Jesús me ha dicho:

(2) "Hija mía, cuando el alma se propone no pecar, o bien el hacer un bien y no sigue los propósitos hechos, significa que no se hacen con toda la voluntad, y que la luz divina no ha tenido contacto con el alma, porque cuando la voluntad es verdadera y la luz es divina, les hace conocer el mal a evitar o el bien por hacer, y difícilmente el alma no sigue lo que se ha propuesto, y esto porque la luz divina no viendo la estabilidad de la voluntad, no suministra la luz necesaria para evitar lo uno y para hacer lo otro, a lo más pueden ser momentos de desventura, abandonos de criaturas, o cualquier otro accidente por lo que el alma parece que se quisiera destruir por Dios, que quiere cambiar de vida, pero apenas el viento de los accidentes se cambia, qué pronto se cambia la voluntad humana. Así que en lugar de voluntad y luz, se puede decir que hay una mezcla de pasiones según los cambios de los vientos. Así que sólo la estabilidad es la que hace conocer el progreso de la Vida Divina en el alma, porque siendo Dios inmutable, quien lo posee participa de su inmutabilidad en el bien".

+ + + +

6-51

Julio 27, 1904

Todo debe ser sellado por el amor.

(1) Encontrándome en mi habitual estado, mi adorable Jesús ha salido de mi interior, y teniéndome levantada la cabeza, que por lo prolongado del tiempo que lo he esperado estaba muy cansada, me ha dicho:

(2) "Hija mía, a quien verdaderamente me ama, todo lo que le sucede, interior y exterior, devora todo en una sola cosa, en la Voluntad Divina. De todas las cosas ninguna le parece extraña, mirándolas como un producto de Divina Voluntad, por eso en Ella todo consume, su centro, su mira, es única y solamente la Voluntad de Dios; así que en Ella siempre gira como dentro de un anillo, sin encontrar jamás el camino para salirse, haciendo de Ella su alimento continuo".

(3) Dicho esto ha desaparecido, y después habiendo regresado ha agregado:

(4) "Hija, haz que todo te sea sellado por el amor, así que si piensas, debes sólo pensar en el amor, si hablas, si obras, si lates, si deseas; incluso un solo deseo que salga de ti que no sea amor, restríngelo en ti misma y conviértelo en amor, y después dale la libertad de salir".

(5) Y mientras esto decía, parecía que con su mano tocaba toda mi persona, poniendo tantos sellos de amor.

+ + + +

6-52

Julio 28, 1904

El alma desapegada de todo, en todo encuentra a Dios.

(1) Esta mañana encontrándome en mi habitual estado, por unos momentos ha venido el bendito Jesús y me ha dicho:

(2) "Hija mía, cuando el alma está desapegada de todo, en todas las cosas encuentra a Dios, lo encuentra en sí misma, lo encuentra fuera de sí misma, lo encuentra en las criaturas, así que puede decir que todas las cosas se convierten en Dios para el alma desapegada de todo, más aún, no sólo lo encuentra, sino lo mira, lo siente, lo abraza, y como en todo lo encuentra, así todas las cosas le suministran la ocasión de adorarlo, de implorarlo, de agradecerle, de estrecharse más íntimamente a Él, y además, tus lamentos por mi privación no son razonables, pues si tú me sientes en tu interior, es señal de que no sólo estoy fuera, sino también dentro, como en mi propio centro".

(3) He olvidado decir al principio, que me lo ha traído la Reina Mamá, y como le rogaba que me contentara y no me dejara privada de Él, Jesús bendito ha respondido como está escrito arriba.

+ + + +

6-53

Julio 29, 1904

La fe hace conocer a Dios, pero la
confianza lo hace encontrar.

(1) Continuando mi habitual estado, apenas he visto a mi adorable Jesús le he dicho: "Señor mío y Dios mío". Y Él ha dicho:

(2) "Dios, Dios, sólo Dios; hija, la fe hace conocer a Dios, pero la confianza lo hace encontrar, así que la fe sin la confianza es fe estéril. Y a pesar de que la fe posee inmensas riquezas para que el alma pueda enriquecerse, si falta la confianza queda siempre pobre y desprovista de todo".

(3) Entonces, mientras esto decía me sentía atraída a Dios, y quedaba absorbida en Él como una gotita de agua en el inmenso mar, por más que miraba no encontraba ni los confines a lo ancho ni a lo largo, ni a lo alto, Cielos y tierra, viadores y bienaventurados, todos estaban inmersos en Dios. Después veía también las guerras, como la de Rusia con Japón, los miles de soldados que morían o que morirán, y que por justicia, aun natural, la victoria será del Japón;[3] también otras naciones europeas están tramando maquinaciones de guerra contra las mismas naciones de Europa. ¿Pero quién puede decir todo lo que se veía de Dios y en Dios? Para terminar pongo punto.

+ + + +

6-54

Julio 30, 1904

Desapego que deben tener los sacerdotes.

(1) Esta mañana el bendito Jesús no venía, y yo encontrándome fuera de mí misma giraba y volvía a girar en busca de mi sumo y único bien, y no encontrándolo, mi alma se sentía morir a cada instante, pero lo que acrecentaba mi dolor era que mientras me sentía morir, no moría, porque si yo pudiera morir habría alcanzado mi finalidad, al encontrarme para siempre en el centro Dios. ¡Oh! separación, cómo eres amarga y dolorosa, no hay pena que pueda compararse a ti. ¡Oh! privación divina, tú consumes, tú traspasas, tú eres un cuchillo de dos filos, que de un lado corta y del otro

quema, el dolor que provocas es tan inmenso por cuanto es inmenso Dios.

(2) Ahora, mientras andaba vagando me he encontrado en el purgatorio, y mi dolor, mi llanto, parecía que acrecentaba el dolor de aquellas pobres almas privadas de su vida: "Dios". Entonces, entre estas almas parecía que habían sacerdotes, uno de los cuales parecía que sufría más que los otros, y éste me ha dicho:

(3) "Mis graves sufrimientos provienen de que en vida fui muy apegado a los intereses de la familia, a las cosas terrenas y un poco de apego a alguna persona, y esto produce tanto mal al sacerdote, que forma una coraza de fierro enfangada, que como vestido lo envuelve, y sólo el fuego del purgatorio y el fuego de la privación de Dios, que comparado con el primer fuego, desaparece el primero, puede destruir esa coraza. ¡Oh, cuánto sufro! Mis penas son inenarrables, ruega, ruega por mí".

(4) Entonces yo me sentía más afligida y me he encontrado en mí misma, y después, apenas he visto la sombra del bendito Jesús y me ha dicho:

(5) "Hija mía, ¿qué has estado buscando? Para ti no hay otros alivios y ayudas que Yo sólo".

(6) Y como un relámpago ha desaparecido. Y yo he quedado diciendo: ¡Ah! ¿Él mismo me lo dice? Que sólo Él es todo para mí, sin embargo tiene la valor de dejarme privada y sin Él".

+ + + +

6-55

Julio 31, 1904

La voluntad humana falsifica y
profana aun las obras más santas.

(1) Continuando mi pobre estado, parece que Jesús ha venido más de una vez, y parecía que lo veía niño circundado como por una sombra, y me ha dicho:

(2) "Hija, ¿no sientes la frescura de mi sombra? Repósate en ella porque encontrarás alivio".

(3) Y parecía que reposábamos juntos a su sombra, y me sentía toda reanimada junto a Él, y después ha continuado:

(4) "Amada mía, si tú me amas, no quiero que tú mires ni en ti misma ni fuera de ti, ni si estás caliente o fría, ni si haces mucho o poco, ni si sufres o gozas, todo esto debe ser destruido en ti y sólo debes fijarte si haces cuanto más puedes por Mí y todo por agradarme, los otros modos, por cuan altos, sublimes y laboriosos, no pueden agradarme y contentar mi amor. ¡Oh! cuántas almas falsifican la verdadera devoción y profanan las obras más santas con la propia voluntad, buscándose siempre a sí mismas. Y si también en las cosas santas se busca el modo y el gusto propio y la satisfacción de sí misma, se encuentra a sí misma, huye Dios, y no lo encuentra".

+ + + +

6-56

Agosto 4, 1904

La gloria de los bienaventurados en el Cielo será de acuerdo a los modos como se han comportado con Dios en la tierra. Del modo como es Dios para el alma, se puede ver cómo el alma es para Dios.

(1) Esta mañana, habiendo venido el bendito Jesús me ha transportado fuera de mí misma, y tomándome con la mano me ha conducido hasta la bóveda del cielo, desde donde se veían los bienaventurados, se oía su canto. ¡Oh! cómo los bienaventurados nadaban en Dios, se veía la vida de ellos en Dios, y la vida de Dios en ellos, a mí esto me parece que es lo esencial de su felicidad. Me parece también que cada bienaventurado es un nuevo cielo en aquella bienaventurada morada, pero todos distintos entre ellos, no hay uno igual a otro, y esto viene de acuerdo a los modos con que se han comportado con Dios sobre la tierra: Uno ha buscado amarlo más, este lo amará más en el Cielo y recibirá de Dios siempre nuevo y más creciente amor, y este cielo quedará con una tinta y un lineamiento divino todo especial. Otro ha buscado glorificarlo de más, Dios bendito le dará siempre más creciente gloria, para quedar este nuevo cielo más glorioso y glorificado de la misma gloria divina. Y así de todos los otros modos distintos que cada uno ha tenido con Dios en la tierra, que si yo quisiera decirlo todo me alargaría demasiado. Así que se puede decir que lo que se hace para Dios en la tierra, lo continuaremos en el Cielo, pero con mayor perfección, entonces el bien que hacemos no es temporal, sino que durará para toda la eternidad y resplandecerá ante Dios y en torno a nosotros continuamente. ¡Oh! cómo seremos felices viendo que todo nuestro bien y la gloria que dimos a Dios, y la nuestra, viene de aquel poco de bien iniciado imperfectamente sobre la tierra; si todos lo pudieran ver, ¡oh! cómo se apresurarían para amar, alabar, agradecer y más al Señor, para poderlo hacer con mayor intensidad en el Cielo. ¿Pero quién puede decirlo todo? Más bien me parece que estoy diciendo tantos desatinos de aquella bienaventurada morada, la mente lo capta de un modo, la boca no encuentra las palabras para saberse manifestar, por eso paso a otra cosa.

(2) Después me ha transportado a la tierra. ¡Oh! cómo los males de la tierra son espeluznantes en estos tristes tiempos, sin embargo parecen nada aún en comparación de lo que vendrá, tanto en el estado religioso, que parece que sus mismos hijos desgarrarán a pedazos a esta buena y santa madre, la Iglesia;

como en el estado seglar. Entonces, después de esto me ha reanimado y me ha dicho:

(3) "Hija mía, dime un poco qué soy Yo para ti".

(4) Y yo: "Todo, todo eres para mí, ninguna cosa entra en mí excepto Tú solo, todo corre fuera".

(5) Y Él: "Y Yo soy todo, todo para ti, nada de ti sale fuera de Mí, sino que todo me deleito en ti. Así que del mismo modo que Yo soy para ti, puedes ver cómo tú eres para Mí".

(6) Dicho esto ha desaparecido.

+ + + +

6-57

Agosto 5, 1904

Jesús es regidor de los reyes y señor de los dominadores.

(1) Continuando mi habitual estado, el bendito Jesús ha venido en acto de regir y dominar todo, y de reinar con la corona de rey en la cabeza y con el cetro de mando en la mano, y mientras lo veía en esta actitud me ha dicho, pero en latín, por lo que yo lo digo según he entendido:

(2) "Hija mía, Yo soy el regidor de los reyes y Señor de los dominadores, y sólo a Mí me corresponde este derecho de justicia que me debe la criatura, y que no dándomelo, me desconoce como Creador y dueño de todo".

(3) Y mientras esto decía, parecía que tomaba en un puño el mundo y lo agitaba de arriba a abajo para hacer que las criaturas se sometieran a su régimen y dominio. Y al mismo tiempo veía

también cómo nuestro Señor regía y dominaba mi alma con una maestría tal, que me sentía toda abismada en Él, y de Él partía el régimen de mi mente, de los afectos, de los deseos, así que entre Él y yo había tantos hilos eléctricos, que todo dirigía y dominaba.

+ + + +

6-58

Agosto 6, 1904

La privación es pena de fuego que enciende, consume, aniquila, y su finalidad es destruir la vida humana, para dar lugar a la vida divina.

(1) Esta mañana me la he pasado muy amargada por la privación de mi sumo y único bien, era tanto el dolor de la privación, que encontrándome fuera de mí misma, era tanta la pena del alma, que la misma pena le suministraba tal fuerza, que lo que encontraba quería destruir como si fuera un obstáculo para encontrar su todo, Dios, y no encontrándolo gritaba, lloraba, corría más que el viento, quería trastornar todo, poner todo de cabeza para encontrar la vida que le faltaba. ¡Oh! privación, cuán intensa es tu amargura, tu dolor es siempre nuevo, y porque es siempre nuevo el alma siente siempre nueva la acerbidad de la pena; mi alma siente como si una sola carne se separara en tantos pedazos, y todos aquellos pedazos piden con justicia la propia vida, y sólo la encontrarán si encuentran a Dios más que vida propia. Pero ¿quién puede decir el estado en que me encontraba? Mientras estaba en esto han concurrido santos, ángeles, almas purgantes haciéndome corona alrededor e impidiéndome correr, compadeciéndome y asistiéndome, pero para mí era todo inútil, porque entre ellos no encontraba a Aquél que era el único que podía mitigar mi dolor y restituirme la vida, y más gritaba llorando: "Díganme, ¿dónde, dónde lo puedo encontrar? Si quieren tener piedad de mí, no tarden en indicármelo, porque no puedo más". Entonces, después

de esto ha salido del fondo de mi alma, parecía que fingía dormir sin sentir pena de la dureza de mi pobre estado, y a pesar de que Él no sentía pena y dormía, al sólo verlo he respirado la propia vida como se respira el aire, diciendo: "Ah, está aquí conmigo" Sin embargo no exenta de pena al ver que ni siquiera me ponía atención. Por eso, después de mucho penar, como si se hubiera despertado me ha dicho:

(2) "Hija mía, todas las otras tribulaciones pueden ser penitencias, expiaciones, satisfacciones, pero sólo la privación es pena de fuego que enciende, consume, aniquila, y no se rinde si no ve destruida la vida humana, pero mientras consume, vivifica y constituye la Vida Divina".

+ + + +

6-59

Agosto 7, 1904

Los primeros en perseguir a la Iglesia serán los religiosos.

(1) Encontrándome en mi habitual estado, me he encontrado rodeada de ángeles y santos, los cuales me han dicho:

(2) "Es necesario que tú sufras más por las cosas inminentes que están por suceder contra la Iglesia, porque si no suceden inmediatamente, el tiempo las hará suceder más moderadas y con menor ofensa de Dios".

(3) Y yo he dicho: "¿Está acaso en mi poder el sufrir? Si el Señor me lo da, de buena gana sufriré". Mientras tanto me han tomado y me han conducido ante el trono de nuestro Señor, y todos rogaban que me hiciera sufrir, y Jesús bendito, viniendo a nuestro encuentro en forma de crucificado me participaba sus penas, y no sólo una

vez, sino que casi toda la mañana me la he pasado en continuas renovaciones de la crucifixión, y después me ha dicho:

(4) "Hija mía, los sufrimientos desvían mi justo enojo y se renueva la luz de la gracia en las mentes humanas. ¡Ah! hija, ¿crees tú que serán los seglares los primeros en perseguir a mi Iglesia? ¡Ah! no, serán los religiosos, las mismas cabezas, que fingiéndose por ahora hijos, pastores, pero en el fondo son serpientes venenosas que se envenenan a sí mismos y a los demás, los que empezarán a dañar entre ellos mismos a esta buena madre, y después seguirán los seglares".

(5) Y después, habiéndome llamado la obediencia, el Señor se ha retirado pero todo amargado.

+ + + +

6-60

Agosto 8, 1904

Buscar a Jesús en el interior de nosotros, no en el exterior.
Todo debe estar encerrado en una palabra: "Amor".
Quien ama a Jesús es otro Jesús.

(1) Continuaba esperando, y en cuanto ha venido mi adorable Jesús, si bien lo sentía cercano, pero hacía por tocarlo y huía, y casi me impedía salir fuera de mí misma para ir en su busca. Después de haber esperado mucho, en cuanto se ha hecho ver me ha dicho:

(2) "Hija mía, no me busques fuera de ti sino dentro de ti, en el fondo de tu alma, porque si sales fuera y no me encuentras sufrirás mucho y no podrás resistir; si me puedes encontrar con más facilidad, ¿por qué quieres fatigarte?"

(3) Y yo: "Creo que si no te encuentro rápido en mí, puedo encontrarte fuera, es el amor lo que a esto me empuja".

(4) Y Él: "¡Ah! ¿Es el amor lo que a esto te empuja? Todo, todo debería estar encerrado en una sola palabra: "Amor", y quien no encierra todo en esto, se puede decir que del amarme el alma no conoce ni siquiera una jota, y a medida que el alma me ame, así le engrandezco el don del sufrir".

(5) Y yo interrumpiendo su hablar, toda sorprendida y afligida he dicho: "Vida mía y todo mi bien, entonces yo poco o nada sufro, por consiguiente poco o nada te amo, qué espanto, al sólo pensar que no te amo mi alma siente por ello un vivo disgusto, y casi me siento ofendida por Ti".

(6) Y Él ha agregado: "Yo no intento disgustarte, tu disgusto oprimiría más mi corazón que el tuyo, y además no debes mirar sólo los sufrimientos corporales, sino también los espirituales, la voluntad verdadera que tienes de sufrir, porque el querer el alma verdaderamente sufrir, ante Mí es como si el alma lo hubiera sufrido, por eso tranquilízate y no te turbes, y déjame continuar mi decir: ¿No has visto alguna vez a dos íntimos amigos? ¡Oh! Cómo tratan de imitarse el uno al otro y de retratar en sí mismo al amigo, por lo tanto imitan la voz, los modos, los pasos, las obras, los vestidos, así que el amigo puede decir: 'Aquél que me ama es otro yo mismo, y siendo yo mismo no puedo hacer menos que amarlo'. Así hago Yo por el alma que se encierra a toda sí misma como dentro de un breve giro de amor, todo Yo me siento como retratado en ella misma, y encontrándome Yo mismo, de todo corazón la amo, y no puedo hacer otra cosa que estarme con ella, porque si la dejo me dejaría a Mí mismo".

(7) Mientras esto decía ha desaparecido.

+ + + +

6-61

Agosto 9, 1904

No son las obras las que constituyen el mérito del hombre, sino sólo la obediencia, como parto de la Voluntad Divina.

(1) Habiendo tardado en venir, de repente, como un golpe de luz ha venido y he quedado dentro y fuera toda llena de luz, pero no sé decir lo que en esta luz ha comprendido y probado mi alma, sólo digo que después el bendito Jesús me ha dicho:

(2) "Hija mía, no son las obras las que constituyen el mérito del hombre, sino sólo la obediencia es la que constituye todos los méritos como parto de la Voluntad Divina, tanto, que todo lo que hice y sufrí en el curso de mi Vida, todo fue parto de la Voluntad del Padre, por eso mis méritos son innumerables, porque todos fueron constituidos por la obediencia divina. Por eso Yo no miro tanto a la multiplicidad y grandeza de las obras, sino a la conexión que tienen, directamente a la obediencia divina, o indirectamente a la obediencia de quien me representa".

+ + + +

6-62

Agosto 10, 1904

Dios sabe el número, el valor, el peso de todas las cosas creadas.

(1) Encontrándome fuera de mí misma, me he encontrado girando en las iglesias, haciendo el peregrinaje a Jesús Sacramentado con el ángel custodio, y habiendo dicho dentro de una iglesia: "Prisionero de amor, Tú estás abandonado y solo, y yo he venido a hacerte compañía, y mientras te hago compañía intento amarte por

quien te ofende, alabarte por quien te desprecia, agradecerte por quien derramaste gracias y no te rinde el tributo del agradecimiento, consolarte por quien te aflige, repararte cualquier ofensa, en una palabra, intento hacerte todo lo que están obligadas a hacerte las criaturas por haberte quedado en el Santísimo Sacramento, y tantas veces intento repetirlas por cuantas gotas de agua, cuantos peces y granos de arena hay en el mar". Mientras esto decía, ante mi mente se han puesto todas las aguas del mar y dentro de mí decía: "Mi vista no puede abarcar toda la bastedad del mar, ni conoce la profundidad y el peso de aquellas inmensas aguas, pero el Señor conoce el número, su peso y medida". Y me quedaba toda maravillada. Mientras estaba en esto, el bendito Jesús me ha dicho:

(2) "Tonta, tonta que eres, ¿por qué te maravillas tanto? Lo que a la criatura le es difícil e imposible, al Creador le es fácil y posible, e incluso natural; sucede en esto como a alguien que mirando en un abrir y cerrar de ojos millones y millones de monedas, dice para sí: "Son innumerables, ¿quién las puede contar? Pero el que las ha puesto en ese lugar, en una palabra lo puede decir todo, son tantas, valen tanto, pesan tanto; hija mía, Yo sé cuántas gotas de agua puse Yo mismo en el mar, y ninguno puede perderme ni siquiera una sola, Yo numeré todo, pesé todo y valué todo, y así de todas las otras cosas; entonces, qué maravilla que sepa todo".

(3) Al oír esto he dejado de admirarme, más bien me he admirado de mi locura.

+ + + +

6-63

Agosto 12, 1904

El hombre destruye la belleza
con la cual Dios lo ha creado.

(1) Continuaba esperando, cuando de improviso me he encontrado toda yo misma dentro de nuestro Señor, y de la cabeza de Él descendía un hilo luminoso a la mía que me ataba toda para quedarme dentro de Jesús. ¡Oh! Cómo estaba feliz de estarme dentro de Él, por cuanto miraba no descubría otra cosa que a Él solo, y ésta es mi máxima felicidad, sólo, sólo Jesús y nada más, ¡oh! cómo se está bien. Mientras tanto me ha dicho:

(2) "Ánimo hija mía, ¿no ves cómo el hilo de mi Voluntad te ata toda dentro de Mí? Así que si alguna otra voluntad te quiere atar, si no es santa no lo puede, porque estando dentro de Mí, si no es santa no puede entrar en Mí".

(3) Y mientras esto decía me veía y veía, y después ha agregado:

(4) "He creado al alma de una belleza singular, la he dotado de una luz superior a cualquier luz creada, no obstante el hombre destruye esta belleza en la fealdad y esta luz en las tinieblas".

+ + + +

6-64

Agosto 14, 1904

El alma, cuanto más golpes de la cruz
la abaten, tanta más luz adquiere.

(1) Encontrándome un poco sufriente, el bendito Jesús al venir me ha dicho:

(2) "Hija amada mía, cuanto más golpeado es el fierro, más brillo adquiere, y aunque el fierro no tuviera herrumbre, los golpes sirven para mantenerlo brillante y sin polvo; así que cualquiera que se acerca fácilmente se mira reflejado en aquel fierro como si fuera un

espejo. Así el alma, cuanto más los golpes de la cruz la abaten, tanta más luz adquiere y se mantiene desempolvada de cualquier mínima cosa, de modo que cualquiera que se acerca se mira dentro como si fuera espejo, y naturalmente siendo espejo hace su oficio, esto es, de hacer ver si los rostros están manchados o limpios, si bellos o feos, y no sólo eso, sino que Yo mismo me deleito de ir a mirarme en ella, pues no encuentro en ella ni polvo ni otra cosa que me impida hacer reflejar en ella mi imagen, por eso la amo siempre más".

+ + + +

6-65

Agosto 15, 1904

La melancolía es al alma como el invierno a las plantas. El triunfo de la Iglesia no está lejano.

(1) Esta mañana me sentía muy oprimida, y sentía una melancolía que me llenaba toda el alma. Parece que el bendito Jesús no me ha hecho esperar tanto, y al verme tan oprimida me ha dicho:

(2) "Hija mía, ¿qué tienes con esta melancolía? ¿No sabes tú que la melancolía es al alma como el invierno a las plantas, que las despoja de hojas y les impide producir flores y frutos, tanto que si no viniese la alegría de la primavera y del calor, las pobres plantas quedarían inhabilitadas y terminarían por secarse? Así es la melancolía al alma, la despoja de la frescura divina que es como lluvia que le hace reverdecer todas las virtudes; la inhabilita para hacer el bien, y si lo hace, lo hace fatigosamente y casi por necesidad, pero no por virtud; impide crecer en la gracia, y si no se sacude con una santa alegría, que es una lluvia primaveral que da en brevísimo tiempo el desarrollo a las plantas, terminará por secarse en el bien".

(3) Ahora, mientras esto decía, dentro de un relámpago he visto toda la Iglesia, las guerras que deben sufrir los religiosos y que deben recibir de los demás; guerras entre la sociedad, parecía una riña general; parecía también que el Santo Padre debía servirse de poquísimas personas religiosas, tanto para reducir a buen orden el estado de la Iglesia, los sacerdotes y otros, como por la sociedad en este estado de desconcierto. Ahora, mientras esto veía, el bendito Jesús me ha dicho:

(4) "¿Crees tú que el triunfo de la Iglesia está lejano?"

(5) Y yo: "Cierto, ¿quién debe poner el orden a tantas cosas trastornadas?

(6) Y Él: "Al contrario, te digo que está cercano, es un choque que debe suceder, pero fuerte, y por eso lo permitiré todo junto entre los religiosos y los seglares para abreviar tiempo. Y en este choque que traerá un trastorno fuerte, sucederá el choque bueno y ordenado, pero en tal estado de mortificación, que los hombres se verán perdidos, y ahí les daré tanta gracia y luz, para conocer el mal y abrazar la verdad, haciéndote sufrir también por este propósito. Si con todo esto no me escuchan, entonces te llevaré al Cielo, y las cosas sucederán todavía más graves y esperarán más para que llegue el deseado triunfo".

+ + + +

6-66

Agosto 23, 1904

Castigos, también en Italia.

(1) Esta mañana me la he pasado amarguísima, privada casi del todo de mi bendito Jesús, sólo que me encontraba fuera de mí misma en medio de guerras y personas muertas, países sitiados, y

parecía que sucedía también en Italia. Qué espanto sentía, quería sustraerme de escenas tan dolorosas, pero no podía, una potencia suprema me tenía ahí clavada; si fuese ángel o santo no sé decirlo con seguridad, me ha dicho:

(2) "Pobre Italia, cómo será destrozada por guerras".

(3) Yo al oír esto he quedado más espantada, y me he encontrado en mí misma, y no habiendo visto todavía a Aquél que es mi vida, y con todas aquellas escenas en la mente, me sentía morir. Entonces he visto apenas un brazo y me ha dicho:

(4) "Ciertamente habrá alguna cosa en Italia".

+ + + +

6-67

Septiembre 2, 1904

Sólo Dios tiene poder para entrar en los corazones y dominarlos como le place. Nuevo modo como deben comportarse los sacerdotes.

(1) Encontrándome en mi habitual estado me sentía toda oprimida, con el agregado del temor de que mi pobre estado fuese todo obra diabólica, y me sentía consumir alma y cuerpo. Después, en cuanto ha venido me ha dicho:

(2) "Hija mía, ¿por qué te perturbas tanto? ¿No sabes tú que si se unieran juntas todas las potencias diabólicas, no pueden entrar dentro de un corazón y tomar dominio de él, a menos que el alma misma, por propia voluntad les dé la entrada? Sólo Dios tiene este poder de entrar en los corazones y dominarlos como le place".

(3) Y yo: "Señor, ¿por qué me siento consumir alma y cuerpo cuando me privas de Ti? ¿No es esto el soplo diabólico que ha penetrado en mi alma y que así me atormenta?"

(4) Y Él: "Más bien te digo que es el soplo del Espíritu Santo, que soplando sobre ti continuamente te tiene siempre encendida, y te consume por amor suyo".

(5) Después de esto me he encontrado fuera de mí misma y veía al Santo Padre asistido por nuestro Señor, que estaba escribiendo un nuevo modo como deben comportarse los sacerdotes, qué cosa deben hacer y lo que no deben hacer, a dónde no deben ir, e imponía castigos a quien no se sometía a su obediencia.

+ + + +

6-68

Septiembre 7, 1904

La atención para no cometer pecado,
suple al dolor del pecado.

(1) Estaba pensativa por haber leído en un libro, que el motivo de tantas vocaciones frustradas es la continua falta del dolor del pecado, y como yo no pienso en esto y sólo pienso en Jesús bendito y en el modo como hacerlo venir, y de ninguna otra cosa me ocupo, por tanto pensaba entre mí que me encontraba en mal estado. Después, encontrándome en mi habitual estado, el bendito Jesús me ha dicho:

(2) "Hija mía, la atención en no cometer pecado suple al dolor, y aunque uno se doliese, y con todo y eso cometiera pecado, su dolor sería vano e infructuoso, mientras que la atención continua para no cometer pecados no sólo tiene el lugar del dolor, sino que fuerza a la gracia a ayudarla continuamente en modo especial a no caer en pecado, y mantiene al alma siempre limpia. Por eso

continúa estando atenta a no ofenderme ni mínimamente, y esto suplirá lo demás".

+ + + +

6-69

Septiembre 8, 1904

El desaliento mata más almas que todos los otros vicios. El coraje hace revivir, y es el acto más loable que el alma pueda hacer.

(1) Continuando mi habitual estado, mi adorable Jesús no venía. Entonces, habiendo esperado mucho me sentía toda desalentada y temía mucho que esta mañana no viniera. Después, en cuanto vino me ha dicho:

(2) "Hija mía, ¿no sabes tú que el desaliento mata más almas que el resto de los vicios? Por eso, ánimo, valor, porque así como el desaliento mata, así el valor, el coraje hacen revivir, y es el acto más loable que el alma pueda hacer, porque mientras se siente desalentada, del mismo desaliento toma valor, se anula a sí misma y espera; y deshaciéndose a sí misma, ya se encuentra rehecha en Dios".

+ + + +

6-70

Septiembre 9, 1904

En cuanto el alma sale del fondo de la paz, así sale del ambiente divino. La paz hace descubrir si el alma busca a Dios por Dios, o por sí misma.

(1) Continuando mi habitual estado, me sentía turbada por la ausencia de mi adorable Jesús. Por eso después de haber esperado mucho, ha venido y me ha dicho:

(2) "Hija mía, en cuanto el alma sale del fondo de la paz, sale del ambiente divino y se encuentra en el ambiente, o diabólico o humano. Sólo la paz es la que hace descubrir si el alma busca a Dios por Dios o por sí misma, y si obra por Dios, o bien por sí o por las criaturas, porque si es por Dios, el alma no es jamás turbada, se puede decir que la paz de Dios y la paz del alma se entrelazan juntas, y alrededor del alma se ensanchan los confines de la paz, de modo que todo convierte en paz, aun las mismas guerras. Y si el alma está turbada, auque fuera en las cosas más santas, en el fondo se ve que no está Dios, sino el propio yo o cualquier fin humano. Por eso, cuando no te sientes en calma, examínate un poco a ti misma para ver qué cosa hay en el fondo, destrúyelo y encontrarás paz".

+ + + +

6-71

Septiembre 13, 1904

La verdadera donación es tener sacrificada continuamente
la propia voluntad, y esto es un martirio de atención
continua que el alma hace a Dios.

(1) Encontrándome en mi habitual estado, después de haber esperado mucho, Jesús se ha hecho ver que estaba estrechado a mí, teniendo mi corazón entre sus manos, y mirándome fijamente me ha dicho:

(2) "Hija mía, cuando un alma me ha dado su voluntad, no es dueña de hacer más lo que le place, de otra manera no sería

verdadera donación. Mientras que la verdadera donación es tener sacrificada continuamente la propia voluntad a Aquél que le fue donada, y esto es un martirio de atención continua que el alma hace a Dios. ¿Qué dirías tú de un mártir que hoy se ofrece a sufrir cualquier tipo de penas, y mañana se retira? Dirías que no tenía verdadera disposición al martirio, y que un día u otro terminará por renegar de la fe. Lo mismo digo Yo al alma que no me deja hacer de su voluntad lo que me place, y ahora me la da y luego me la quita, y le digo: 'Hija, no estás dispuesta a sacrificarte y martirizarte por Mí, porque el verdadero martirio consiste en la continuación, podrás decirte resignada, uniformada, pero no mártir, y un día u otro podrás terminarla retirándote de Mí, haciendo un juego de niños de todo". Por eso está atenta y dame la plena libertad de hacer contigo según el modo que más me plazca".

+ + + +

6-72

Septiembre 26, 1904

Todas las penas que Jesús sufrió en su Pasión fueron triples. Esto no fue casual, sino que todo fue para restituir completa la gloria debida al Padre, la reparación que le debían las criaturas, y el bien que merecían las mismas criaturas.

(1) Encontrándome en mi habitual estado, oía una voz que me decía: "Hay una luz que cualquiera que se acerque a ella puede encender cuantas lámparas quiera, y estas lámparas sirven para hacer corona de honor a la luz, y dar luz a quien las enciende". Yo decía para mí: "Qué bella luz es ésta, que tiene tanta luz y tanta potencia, que mientras da a los demás cuanta luz quieren, ella siempre queda lo que es, sin empobrecer en luz; ¿pero quién será aquél que la tiene?" Mientras esto pensaba, he oído que me decían:

(2) "La luz es la Gracia y la tiene Dios, y el acercarse significa la buena voluntad del alma de hacer el bien, porque cuantos bienes se quieren tomar de la Gracia, se toman, y las lámparas que se forman son las diversas virtudes, que mientras dan gloria a Dios dan luz al alma".

(3) Después de esto, en cuanto he visto al bendito Jesús me ha dicho: Hija mía; y esto porque estaba pensando que Nuestro Señor no sólo una vez, sino por tres veces se hizo coronar de espinas, y cómo aquellas espinas quedaban rotas dentro de la cabeza, y al clavarla de nuevo, más adentro entraban las que ya estaban, y yo decía: "Dulce amor mío, ¿y por qué por tres veces quisiste sufrir tan doloroso martirio? ¿No bastaba una vez para pagar tantos malos pensamientos nuestros?" Así que me ha dicho:

(4) "Hija mía, no sólo la coronación de espinas fue triple, sino casi todas las penas que sufrí en mi Pasión fueron triples. Triples fueron las tres horas de la agonía del huerto; triple fue la flagelación, flagelándome con tres diferentes flagelos; tres veces me desnudaron; por tres veces fui condenado a muerte: de noche, de madrugada, y en pleno día; tres fueron las caídas bajo la cruz; tres los clavos; tres veces mi corazón derramó sangre, esto es, en el huerto por sí mismo; de su propio centro en el acto de la crucifixión cuando fui estirado sobre la cruz, tanto, que todo mi cuerpo quedó dislocado y mi corazón se destrozó dentro, y derramó sangre; y después de mi muerte cuando con una lanza me fue abierto el costado; triples las tres horas de la agonía sobre la cruz. Si todo se quisiera examinar, ¡oh! cuántas cosas triples se encontrarían. Esto no fue por casualidad, sino que todo fue por el orden divino, y para completar la gloria debida al Padre, la reparación que se le debía por parte de las criaturas, y merecer el bien para las mismas criaturas, porque el don más grande que la criatura ha recibido de Dios, ha sido el crearla a su imagen y semejanza, y dotarla con tres potencias, inteligencia, memoria y voluntad, y no hay culpa que cometa la criatura en que estas tres potencias no concurran, y por eso mancha, estropea la bella imagen divina que contiene en sí misma, sirviéndose del don para

ofender al donador; y Yo para rehacer de nuevo esta imagen divina en la criatura, y para dar toda aquella gloria que la criatura le debía a Dios, he concurrido con toda mi inteligencia, memoria y voluntad, y en modo especial en estas cosas triples sufridas por Mí, para volver completa tanto la gloria que se debía al Padre, como el bien que era necesario a las criaturas".

+ + + +

6-73

Septiembre 27, 1904

Lo que agrada más a Jesús es el sacrificio voluntario.
Las dotes naturales son luz que sirve al hombre para encaminarlo en el camino del bien.

(1) Continuando mi habitual estado, he visto a mi bendito Jesús casi en acto de castigar a las gentes, y habiéndole rogado que se aplacara me ha dicho:

(2) "Hija mía, la ingratitud humana es horrenda; no sólo los sacramentos, la gracia, las luces, las ayudas que doy al hombre, sino también las mismas dotes naturales que le he dado, todas son luces que sirven para encaminarlo en el camino del bien, y por lo tanto para encontrar la propia felicidad, y el hombre convirtiendo todo esto en tinieblas, busca allí la propia ruina, y mientras allí busca la ruina dice que busca mi propio bien; ésta es la condición del hombre, ¿se puede dar ceguera e ingratitud más grande que ésta? Hija, mi único consuelo y gusto que me puede dar la criatura en estos tiempos, es el sacrificarse voluntariamente por Mí, porque habiendo sido mi sacrificio todo voluntario por ellos, donde encuentro la voluntad de sacrificarse por Mí, me siento como recompensado por lo que hice por ellos. Por eso, si quieres aliviarme y darme gusto, sacrifícate voluntariamente por Mí".

+ + + +

6-74

Septiembre 28, 1904

Reprimirse a sí mismo vale más que adquirir un reino.

(1) Esta mañana, no habiendo venido el dulcísimo Jesús me la he pasado muy mal, y no hacía otra cosa que reprimirme y forzarme a mí misma, y decía entre mí: "¿Qué más voy a hacer? ¿Para qué me sirve este reprimirme continuamente a mí misma?" Y mientras esto pensaba, como un relámpago ha venido y me ha dicho:

(2) "Vale más reprimirse a sí mismo que adquirir un reino".

(3) Y ha desaparecido.

+ + + +

6-75

Octubre 17, 1904

Para encontrar la Divinidad, se debe obrar
unido con la Humanidad de Cristo,
con su misma Voluntad.

(1) Continuando mi habitual estado, en cuanto ha venido el bendito Jesús me ha dicho:

(2) "Hija mía, es necesario obrar a través del velo de la Humanidad de Cristo para encontrar la Divinidad, es decir, obrar unido con su Humanidad, con la misma Voluntad de Cristo, como si la suya y la de la criatura fuesen una sola, para agradarlo sólo a Él, obrando

con sus mismos modos, dirigiendo todo a Cristo, llamándolo junto a ella en todo lo que hacemos, como si Él mismo debiera hacer sus mismas acciones; haciendo así, el alma se encuentra en continuo contacto con Dios, porque la Humanidad a Cristo no le era otra cosa que una especie de velo que cubría la Divinidad; entonces, obrando en medio a estos velos ya se encuentra con Dios. Y aquél que no quiere obrar por medio de su Humanidad Santísima, y quiere encontrar a Cristo, es como aquel que quiere encontrar el fruto sin encontrar la cáscara; ¡esto es imposible!"

+ + + +

6-76

Octubre 20, 1904

Ve sacerdotes que se muerden entre ellos.

(1) Esta mañana me he encontrado fuera de mí misma, en medio de una calle donde estaban muchos perritos que se mordían unos a otros, y al principio de esta calle un religioso que los veía morderse, los oía y se impresionaba, porque veía naturalmente, y los perritos le decían sin profundizar y analizar bien las cosas y sin una luz sobrenatural, que les hiciera conocer la verdad. Mientras esto veía he oído una voz que decía:

(2) "Todos estos son sacerdotes que se muerden entre ellos".

(3) Y aquel religioso que viendo a los sacerdotes morderse entre ellos, parecía que fuera el visitador, y los dejaba sin la asistencia Divina.

+ + + +

6-77

Octubre 25, 1904

Verbo significa manifestación, comunicación, unión divina
a lo humano. Si el Verbo no hubiera tomado carne, no habría
medio para poder unir a Dios y al hombre.

(1) Continuando mi habitual estado, después de haber esperado mucho ha venido, y apenas lo he visto le he dicho: "El Verbo se hizo carne y habitó entre nosotros". Y el bendito Jesús ha agregado:

(2) "El Verbo tomó carne, pero no quedó carne, quedó lo que era, y así como Verbo significa palabra y no hay cosa que más influya que la palabra, así el Verbo significa manifestación, comunicación, unión divina a lo humano. Así que si el Verbo no hubiera tomado carne, no habría medio cómo poder unir juntos a Dios y al hombre".

(3) Dicho esto ha desaparecido.

+ + + +

6-78

Octubre 27, 1904

Luisa queda sin sufrir para hacer un poco de vacío
a la Justicia, y así pueda castigar a la gente.

(1) Encontrándome en mi habitual estado me la he pasado muy agitada, no sólo por la casi total privación de mi único y solo bien, sino también porque encontrándome fuera de mí misma veía que los hombres se debían matar como tantos perros, veía cómo Italia será comprometida en guerra con otras naciones; veía a tantos soldados que partían en turbas y turbas, y que habiendo sido matados éstos, llamaban a otros. Quién puede decir cómo me sentía oprimida, mucho más que me sentía casi sin sufrimientos. Entonces me estaba lamentando diciendo entre mí: "¿Qué

provecho tiene el vivir? Jesús no viene, el sufrir me falta, mis más amados e inseparables compañeros, Jesús y el dolor me han dejado, no obstante yo vivo; yo creía que sin el uno y el otro no habría podido vivir, tan inseparables eran de mí, sin embargo vivo aún. ¡Oh Dios! Qué cambio, qué punto tan doloroso, qué desgarro indecible, qué crueldad inaudita, a otras almas las has dejado privadas de Ti, pero jamás sin el dolor, a nadie has hecho esta afrenta tan ignominiosa, sólo a mí, sólo para mí estaba preparado este desaire tan terrible, sólo yo merecía este castigo tan insoportable. Pero justo castigo por mis pecados, es más, merecía algo peor". Mientras estaba en esto, como un relámpago ha venido diciéndome con imponencia:

(2) ¿Qué tienes que hablas así? Te basta mi Voluntad para todo; sería castigo si te pusiera fuera del ambiente divino y te hiciera faltar el alimento de mi Voluntad, el cual quiero que sobre todo lo tengas en cuenta y estima. Además es necesario que por algún tiempo te falte el sufrir para hacer un poco de vacío a la justicia, y así poder castigar a las gentes".

+ + + +

6-79

Octubre 29, 1904

La cadena de gracias está unida a las obras perseverantes.
Todos los males están encerrados en la no perseverancia.

(1) Después de haber esperado mucho, en cuanto ha venido el bendito Jesús me ha dicho:

(2) "Hija mía, cuando el alma se dispone a hacer un bien, aunque fuera decir una "Ave María", la gracia concurre a hacer junto con ella dicho bien; pero si el alma no es perseverante en hacer este bien, se ve con claridad que no estima y no valora este don

recibido, y hace burla de la misma gracia. Cuántos males están encerrados en este modo de obrar: 'Hoy sí y mañana no; me agrada y lo hago; para hacer este bien se requiere un sacrificio, no quiero hacerlo'. Sucede como a aquél que habiendo recibido un don de un señor, hoy se lo recibe, mañana lo rechaza; aquel señor por su bondad lo manda de nuevo, y aquél después de haberlo tenido por algún tiempo, cansado de tener consigo aquel don, nuevamente lo rechaza. Ahora, ¿qué dirá aquel señor? Se ve que no estima mi don, si empobrece o muere, no quiero tener más que ver con él. Todo, todo está unido al modo de obrar con perseverancia, la cadena de mis gracias está entretejida a las obras perseverantes; así que, si el alma se da sus escapadas rompe esta cadena, ¿y quién le asegura que la unirá de nuevo? Mis designios se cumplen solamente en quien une sus obras a la perseverancia. La perfección, la santidad, todo, todo va unido con ella, así que si el alma es intermitente, siendo una especie de fiebre intermitente, el no obrar con perseverancia manda al vacío los designios divinos, pierde su perfección, y frustra su santidad".

+ + + +

6-80

Noviembre 13, 1904

La criatura no habría sido jamás digna
del amor divino sin el libre albedrío.

(1) Continuando en mi habitual estado, mis amarguras van siempre aumentando por las privaciones y silencio de mi Santísimo y único Bien. Todo es, en sus visitas, sombra y relámpago, y huye. Me siento oprimida y tonta, no comprendo más nada, porque Aquél que contiene la luz está lejano de mí, y como relámpago que mientras estalla aclara, pero después se hace más oscuro que antes. Mi única herencia que me ha quedado es el Querer Divino. Entonces,

después de haber esperado mucho y sentir que no podía seguir adelante, por breves instantes ha venido y me ha dicho:

(2) "Hija mía, mi Humanidad, siendo Hombre y Dios, veía presentes todos los pecados, los castigos, las almas perdidas; habría querido aferrar en un solo punto todo esto y destruir pecados, castigos y salvar a las almas, así que habría querido sufrir no un día de Pasión, sino todos los días para poder contener todo en Sí estas penas, y ahorrarlas a las pobres criaturas. Con todo esto que habría querido, y podido, habría podido destruir el libre albedrío de las criaturas y habría destruido este cúmulo de males, ¿pero qué sería del hombre sin méritos propios? ¿Sin su voluntad al obrar el bien? ¿Qué papel haría él? ¿Sería objeto digno de mi Sabiduría creadora? No, ciertamente. ¡Oh! ¿No habría sido como un hijo en una familia extraña, que no habiendo trabajado junto con los hijos propios no tiene ningún derecho y alguna herencia? Y por este motivo, si come, si bebe, está siempre lleno de rubor, porque sabe que no ha hecho ningún acto propicio para atestiguar su amor hacia aquel padre; entonces por eso jamás puede ser digno del amor de aquel padre hacia él, así que la criatura no habría sido jamás digna del Amor Divino sin el libre albedrío. Por otra parte, mi Humanidad no debía infringir mi Sabiduría creadora, la debía adorar como la adoró y se resignó a recibir los vacíos de la justicia en la Humanidad, pero no en la Divinidad, porque estos vacíos de la justicia divina son llenados con castigos en esta vida, en el infierno y en el purgatorio. Entonces, si mi Humanidad se resignó a todo esto, ¿tal vez quisieras tú superarme y no recibir ningún vacío de sufrir sobre ti, para no hacerme castigar a la gente? Hija, unifícate Conmigo y estate en paz".

+ + + +

6-81

Noviembre 17, 1904

Nosotros podemos ser alimento para Jesús.

(1) Habiendo recibido la comunión, estaba pensando en la bondad de Nuestro Señor al darse en alimento a una tan pobre criatura, la cual soy yo, y en cómo podría corresponder a un favor tan grande. Mientras esto pensaba, el bendito Jesús me ha dicho:

(2) "Hija mía, así como Yo me hago alimento de la criatura, así la criatura puede hacerse mi alimento, convirtiendo todo su interior para mi alimento, de modo que pensamientos, afectos, deseos, inclinaciones, latidos, suspiros, amor, todo, todo deberían dirigir hacia Mí, y Yo viendo el verdadero fruto de mi alimento, el cual es divinizar al alma y convertir todo en Mí, me vendría a alimentar del alma, esto es, de sus pensamientos, de su amor y de todo el resto suyo. Así el alma me podría decir: Así como Tú has llegado a hacerte mi alimento y darme todo, también yo me he hecho alimento tuyo, no queda otra cosa que darte, porque todo lo que soy, todo es tuyo".

(3) Mientras estaba en esto comprendía la ingratitud enorme de las criaturas, porque mientras Jesús se dignaba llegar a tal exceso de amor de hacerse nuestro alimento, después nosotros le negamos su alimento, y lo hacemos quedarse en ayunas".

+ + + +

6-82

Noviembre 18, 1904

El Cielo de Jesús sobre la tierra son las
almas que dan habitación a su Divinidad.

(1) Encontrándome en mi habitual estado, en cuanto ha venido mi adorable Jesús me ha dicho:

(2) "Hija mía, mi cielo cuando vine a la tierra fue mi Humanidad; y así como en el cielo se ven la multitud de las estrellas, el sol, la luna, los planetas, la amplitud, todo puesto en bello orden, y éste es imagen del cielo que existe por encima, donde todo está ordenado; así mi Humanidad, siendo mi cielo, debía traslucir fuera el orden de la Divinidad que habitaba dentro, es decir: Las virtudes, la potencia, la gracia, la sabiduría y lo demás. Ahora, cuando el cielo de mi Humanidad, después de la Resurrección ascendió al Cielo empíreo, mi cielo sobre la tierra debía continuar existiendo, y éste son las almas que dan la habitación a mi Divinidad, y Yo habitando en ellas formo mi cielo y también hago traslucir fuera el orden de las virtudes que están dentro. ¡Oh, qué honor es para la criatura el prestar el cielo al Creador! Pero ¡oh, cuántos me lo niegan! Y tú, ¿no quisieras ser mi cielo? Dime qué quieres".

(3) Y yo: "Señor, no quiero otra cosa que ser reconocida en tu sangre, en tus llagas, en tu Humanidad, en tus virtudes, sólo en esto quisiera ser reconocida, para ser tu cielo y ser desconocida por todos". Parecía que aprobaba mi propuesta y ha desaparecido.

+ + + +

6-83

Noviembre 24, 1904

Para dar y para recibir se

requiere la unión de quereres.

(1) Estando toda afligida y oprimida, y viendo al buen Jesús que chorreaba sangre, he dicho: "Señor bendito, y a mí ¿no quieres darme al menos una gota de sangre para remedio de todos mis males? Y Él me ha dicho:

(2)"Hija mía, para dar se requiere la voluntad de quien debe dar, y la voluntad de quien debe recibir, de otra manera si una persona quiere dar y la otra no quiere recibir, a pesar de que la primera quiera dar, no puede dar, y viceversa, si la primera no quiere dar, la otra no puede recibir, se requiere la unión de los quereres. ¡Ay! Cuántas veces mi gracia es sofocada, mi sangre rechazada y pisoteada".

(3) Y mientras esto decía, veía que en la sangre del dulce Jesús se movían todas las gentes, y muchos se salían de ella, no queriendo estar dentro de aquella sangre donde estaban contenidos todos nuestros bienes, y cualquier remedio a nuestros males.

+ + + +

6-84

Noviembre 29, 1904

La Divinidad de Jesús en su Humanidad descendió
en el abismo más profundo de todas las humillaciones
humanas, y divinizó y santificó todos los actos humanos.

(1) Esta mañana, estaba ofreciendo todas las acciones de la Humanidad de Nuestro Señor para reparar todas nuestras acciones humanas hechas, o indiferentes sin un fin sobrenatural, o bien pecaminosas, para impetrar que todas las criaturas hagan sus acciones con la intención y unión de las acciones de Jesús bendito, y para llenar el vacío de la gloria que la criatura debiera dar a Dios si esto hiciera. Mientras esto hacía, mi adorable Jesús me ha dicho:

(2) "Hija mía, mi Divinidad en mi Humanidad descendió en el abismo más profundo de todas las humillaciones humanas, tanto

que no hubo ningún acto humano, por cuan bajo y pequeño, que Yo no divinizara y santificara. Y esto para restituir al hombre redoblada soberanía, la perdida en la Creación, y la que le adquirí en la Redención. Pero el hombre siempre ingrato y enemigo de sí mismo, ama el ser esclavo en vez de soberano, mientras que podía con un medio tan fácil, esto es con la intención de unir sus acciones a las mías, volver sus acciones merecedoras del mérito divino, de ellas hace un desperdicio y pierde la divisa de rey y la soberanía de sí mismo".

(3) Dicho esto ha desaparecido y me he encontrado en mí misma.

+ + + +

6-85

Diciembre 3, 1904

Dos preguntas para conocer si es Dios

o el demonio quien obra en Luisa.

(1) Continuando mi habitual estado, me he encontrado fuera de mí misma, arrojada en la tierra, de cara al sol, sus rayos me penetraban dentro y fuera haciéndome quedar como extasiada. Después de mucho tiempo, habiéndome cansado de aquella posición, me arrastraba por tierra porque no tenía fuerza para levantarme y caminar; luego de mucho esperar ha venido una virgen, que tomándome por la mano me ha conducido dentro de una habitación, sobre una camita, donde estaba el niño Jesús que plácidamente dormía. Yo, contenta por haberlo encontrado me he acercado a Él, pero sin despertarlo. Después de algún tiempo, habiéndose despertado, se ha puesto a pasear sobre el lecho, y temiendo que desapareciera he dicho: "Querido de mi corazón, Tú sabes que eres mi vida, ¡ah! no me dejes".

(2) Y Él: "Establezcamos cuántas veces debo venir".

(3) Y yo: "Único bien mío, ¿qué dices? La vida es necesaria siempre, por eso siempre, siempre". Mientras estaba en esto han venido dos sacerdotes, y el niño se ha puesto en los brazos de uno de ellos ordenándome que yo platicara con el otro, éste quería cuentas de mis escritos, y uno por uno los estaba revisando, entonces yo, temiendo, le he dicho: "Quién sabe cuántos errores tienen".

(4) Y él con una seriedad afable ha dicho: "Qué, ¿errores contra la ley cristiana?"

(5) Y yo: "No, errores de gramática".

(6) Y él: "Eso no importa".

(7) Y yo tomando confianza he agregado: "Temo que todo sea ilusión".

(8) Y él, mirándome a la cara ha dicho: "¿Crees que tengo necesidad de revisar tus escritos para saber si eres ilusa o no? Yo con dos preguntas que te haga conoceré si es Dios o el demonio quien obra en ti. Primero, ¿crees tú que todas las gracias que Dios te ha hecho tú te las has merecido, o bien, han sido don y gracia de Dios?"

(9) Y yo: "Todo por gracia de Dios".

(10) "Segundo, ¿crees tú que en todas las gracias que el Señor te ha hecho, tu buena voluntad ha precedido a la gracia, o la gracia te ha precedido a ti?"

(11) Y yo: "Cierto, la gracia me ha precedido siempre".

(12) Y él: "Estas respuestas me hacen saber que tú no eres ilusa".

(13)En ese momento me he encontrado en mí misma.

+ + + +

6-86

Diciembre 4, 1904

Es más fácil combatir con Dios que con la obediencia.

(1) Estando muy agitada, y con el temor de que el bendito Jesús no me quería más en este estado, sentía una fuerza interna para salir, y tanta era la fuerza que sentía, que no pudiendo contenerla iba repitiendo: "Me siento cansada, no puedo más". Y en mi interior oía decirme: "También Yo me siento cansado, no puedo más, algún día es necesario que quedes suspendida del todo del estado de víctima, para hacerlos tomar la decisión de las guerras, y después te haré caer de nuevo, y cuando se hagan las guerras se pensará qué se hará de ti". Yo no sabía qué hacer, la obediencia no quería, y combatir con la obediencia es lo mismo que superar un monte que llena la tierra y toca el cielo y no hay camino para poder caminar, por lo tanto es inaccesible. Yo creo, no sé si sea una locura, que es más fácil combatir con Dios que con esta terrible virtud. Entonces, agitada como estaba me he encontrado fuera de mí misma ante un crucifijo y decía: "Señor, no puedo más, mi naturaleza desfallece, me falta la fuerza necesaria para continuar el estado de víctima, si quieres que continúe dame la fuerza, de otra manera yo me retiro". Mientras esto decía, aquel crucifijo hacía brotar una fuente de sangre hacia el Cielo, que volviendo a caer a la tierra se convertía en fuego. Y algunas vírgenes decían: Por Francia, Italia, Austria e Inglaterra, y nombraban otras naciones que yo no he entendido bien. Hay gravísimas guerras preparadas, civiles y de gobiernos. Yo al oír esto me he asustado mucho, y me he encontrado en mí misma, y no sabía yo misma decidir a quién

debía seguir, o a la fuerza interna que me impulsaba a levantarme, o a la fuerza de la obediencia que me impulsaba a quedarme, porque ambas son fuertes y potentes sobre mi débil y pobre corazón. Hasta ahora parece que prevalece la obediencia, si bien trabajosamente, y no sé dónde iré a terminar.

+ + + +

6-87

Diciembre 6, 1904

El principio de la bienaventuranza
eterna es el perder todo gusto propio.

(1) Continuaba esperando, y en cuanto ha venido el bendito Jesús yo me veía desnuda, despojada de todo; tal vez alma más miserable no se puede encontrar, tan extrema es mi miseria. ¡Qué cambio tan funesto! Si el Señor no hace un nuevo milagro de su omnipotencia para hacerme resurgir de este estado, seguro me moriré de miseria. Entonces el bendito Jesús me ha dicho:

(2) "Hija mía, ánimo, el principio de la bienaventuranza eterna es el perder todo gusto propio, porque según el alma va perdiendo los propios gustos, así los gustos divinos toman posesión en ella, y el alma habiéndose deshecho y perdido a sí misma, no se reconoce más a sí misma, no encuentra más nada suyo, ni siquiera las cosas espirituales; y Dios viendo al alma que no tiene más nada de lo suyo, la llena de todo Sí mismo y la llena de todas las felicidades divinas, y entonces el alma puede decirse verdaderamente bienaventurada, porque mientras tenía alguna cosa propia no podía estar exenta de amarguras y temores, ni Dios podía comunicarle la propia felicidad. Cada alma que entra en el puerto de la bienaventuranza eterna, no puede estar exenta de este punto, doloroso, sí, pero necesario, ni puede hacer menos. Generalmente

lo hacen en el punto de la muerte, y el purgatorio les da la última mano, por eso si se pregunta a las criaturas qué cosa es gusto de Dios, qué significa bienaventuranza divina, son cosas hasta entonces desconocidas, y no saben articular palabra. Pero a mis almas queridas, no quiero, habiéndose dado todas a Mí, que su bienaventuranza tenga principio allá en el Cielo, sino que tenga principio acá en la tierra, y no sólo quiero llenarlas de la felicidad, de la gloria del Cielo, sino que quiero llenarlas de los bienes, de los sufrimientos, de las virtudes que tuvo mi Humanidad en la tierra, por eso las despojo no sólo de los gustos materiales, que el alma llega a considerar como estiércol, sino también de los gustos espirituales, para llenarlas todas de mis bienes y darles el principio de la verdadera bienaventuranza".

+ + + +

6-88

Diciembre 22, 1904

Por cuanto más el alma está vacía y es humilde,
tanto más la luz divina la llena y le comunica
sus gracias y perfecciones.

(1) Encontrándome en mi habitual estado, veía al niño Jesús con un puño de luz en la mano, y de los dedos le corrían los rayos fuera. Yo he quedado admirada y Él me ha dicho:

(2) "Hija mía, la perfección es luz, y quien dice querer alcanzarla no hace otra cosa que como quien quisiera tomar en un puño un cuerpo de luz, que mientras hace por tomarlo, la misma luz se le escapa por entre los dedos, sólo que la mano queda sumergida en la misma luz. Ahora, la luz es Dios, y sólo Dios es perfecto, y el alma que quiere ser perfecta no hace otra cosa que aferrar las sombras, las gotitas de Dios, y a veces no hace otra cosa que vivir

sólo en la luz, esto es, en la Verdad. Y así como la luz, por cuanto más vacío encuentra y cuanto más profundo es el lugar, tanto más adentro se introduce, y así más espacio toma, así la luz divina, cuanto más vacía y humilde es el alma, tanto más la luz la llena y le comunica sus gracias y perfecciones".

+ + + +

6-89

Diciembre 29, 1904

La debilidad humana es falta de vigilancia y de atención.

(1) Encontrándome en mi habitual estado, estaba pensando en los acontecimientos más humillantes que sufrió Nuestro Señor, y en mí misma sentía horror, pero después decía entre mí: "Señor, perdona a aquellos que te renuevan estos momentos dolorosos, porque es la mucha debilidad que el hombre contiene". Mientras estaba en esto, el bendito Jesús, en cuanto ha venido me ha dicho:

(2) "Hija mía, lo que se dice debilidad humana, las más de las veces es falta de vigilancia y de atención de quien es cabeza, es decir: Padres y superiores, porque la criatura cuando es vigilada y observada, y no se da la libertad que quiere, la debilidad no teniendo su alimento (el secundar la debilidad es alimento para empeorar en la debilidad), por sí misma se destruye".

(3) Después ha continuado: "¡Ah! Hija mía, así como la virtud impregna al alma de luz, de belleza, de gracia, de amor, como una esponja seca se impregna de agua, así el pecado, las debilidades secundadas impregnan al alma, como una esponja se impregna de fango, de tinieblas y fealdad, y hasta de odio contra Dios".

+ + + +

6-90
Enero 21, 1905

Quien deshonra la obediencia, deshonra a Dios.

(1) Habiendo expuesto ciertas dudas al confesor, mi mente no se aquietaba con lo que me decía, entonces habiendo venido el bendito Jesús me ha dicho:

(2) "Hija mía, quien razona sobre la obediencia, el sólo razonar viene a deshonrarla, y quien deshonra la obediencia deshonra a Dios".

+ + + +

6-91
Enero 28, 1905

La cruz es semilla de virtudes.

(1) Estando sufriendo más de lo acostumbrado, en cuanto ha venido mi adorable Jesús me ha dicho:

(2) "Hija mía, la cruz es semilla de virtud, y así como quien siembra cosecha por diez, veinte, treinta, e incluso por cien, así la cruz, siendo semilla multiplica las virtudes, las perfecciona, las embellece de maravilla; así que cuantas más cruces se acumulan en torno a ti, tantas semillas de virtudes se arrojan en tu alma. Por eso en vez de afligirte cuando te llegue una nueva cruz, deberías alegrarte pensando en hacer adquisición de otra semilla para poderte enriquecer y también completar tu corona".

+ + + +

6-92
Febrero 8, 1905

Características de los hijos de Dios: Amor a la cruz, amor a la gloria de Dios, y amor a la gloria de la Iglesia.

(1) Continuando mi pobre estado de privaciones y de amargura indecible, a lo más se hace ver en silencio, y esta mañana me ha dicho:

(2) "Hija mía, las características de mis hijos son: Amor a la cruz, amor a la gloria de Dios, y amor a la gloria de la Iglesia, hasta exponer la propia vida. Quien no tiene estas tres características, en vano se dice mi hijo; quien se atreve a decirlo es un embustero y traidor, que traiciona a Dios y a sí mismo. Mira un poco en ti si las tienes". Y ha desaparecido.

+ + + +

6-93
Febrero 10, 1905

Cuáles son los contentos del alma.

(1) Encontrándome en mi habitual estado, sentía un descontento de mí misma, y habiendo venido el bendito Jesús me he sentido entrar en tal contento, que he dicho: "¡Ah! Señor, sólo Tú eres el verdadero contento".

(2) "Y Él ha continuado: "Y Yo te digo que el primer contento del alma es sólo Dios; el segundo contento es cuando el alma dentro de sí, y fuera de sí, no mira otra cosa que a Dios; el tercero es cuando el alma encontrándose en este ambiente divino, ningún objeto creado, ni criaturas, ni riquezas, rompen la Imagen divina en

su mente, porque la mente se alimenta de lo que piensa, y mirando sólo a Dios, de las cosas de acá abajo ve sólo aquellas que quiere Dios, no preocupándose de todo lo demás, y así se queda siempre en Dios; el cuarto contento es el sufrir por Dios, porque el alma y Dios, ora por mantener la conversación, ora por estrecharse más íntimamente, ora por declararse el Uno a la otra lo mucho que se quieren, Dios la llama y el alma responde, Dios se acerca y el alma lo abraza, Dios le da el sufrir y el alma voluntariamente sufre, es más, desea sufrir más por amor suyo, para poderle decir: "¿Ves cómo te amo?" Y este es el mayor de todos los contentos".

+ + + +

6-94
Febrero 24, 1905

Habla sobre la humildad.

(1) Esta mañana, en cuanto ha venido el bendito Jesús me ha dicho:

(2) "Hija mía, la humildad es una flor sin espinas, se puede tomar en la mano, se puede estrechar, se puede poner donde se quiera, sin temor de recibir molestia o picarse. Así es el alma humilde, se puede decir que no tiene las pinchaduras de los defectos, y como es sin pinchaduras se puede hacer lo que se quiera, y no teniendo espinas, naturalmente no pica ni da molestias a los otros, porque las espinas las da quien las tiene, pero quien no las tiene, ¿cómo puede darlas?

(3) Y no sólo esto, sino que la humildad es una flor que fortifica y aclara la vista, y con su claridad se sabe estar lejano de las mismas espinas".

+ + + +

6-95
Marzo 2, 1905

Jesús le da la llave de su Voluntad.

(1) Continuando mi habitual estado, estando fuera de mí misma me he encontrado en la mano una llave; y si bien recorría un camino largo y de vez en cuando me distraía, apenas pensaba en la llave me la encontraba siempre en la mano. Ahora, veía que esta llave servía para abrir un palacio, y dentro estaba el niño Jesús que dormía, yo todo lo veía de lejos, y tenía toda la premura, la prisa para ir a abrir, temiendo que se despertara, que llorara, y que yo no me encontrara a su lado. Por eso me apuraba, pero cuando estuve ahí para subir, me he encontrado en mí misma, por eso he quedado pensativa. Después, habiendo venido el bendito Jesús me ha dicho:

(2) "Hija mía, la llave que te encontrabas siempre en la mano es la llave de mi Voluntad, que Yo he puesto en tus manos, y quien tiene en la mano un objeto, puede hacer con él lo que quiere".

+ + + +

6-96
Marzo 5, 1905

Habla de la cruz.

(1) Estando sufriendo un poco más de lo acostumbrado, por poco tiempo ha venido el bendito Jesús y me ha dicho:

(2) "Hija mía, la cruz es sostén de los débiles, es fortaleza de los fuertes, es germen y custodia de la virginidad".

(3) Dicho esto ha desaparecido.

+ + + +

6-97
Marzo 20, 1905

El verdadero amor y las verdaderas virtudes, deben tener su principio en Dios.

(1) Continuando mi habitual estado, en cuanto ha venido el bendito Jesús me ha dicho:

(2) "Hija mía, el amor que no tiene el principio en Dios, no puede decirse amor verdadero, y las mismas virtudes que no tienen principio en Dios, son virtudes falsificadas, porque todo lo que no tiene principio en Dios no puede decirse ni amor, ni virtud, más bien luz aparente que termina por convertirse en tinieblas".

(3) Después ha agregado:

(4) "Como por ejemplo: Un confesor trabaja, se sacrifica tanto por un alma, esto es cosa santa, aparentemente llega al heroísmo; sin embargo, si esto lo hace porque ha obtenido, o espera obtener alguna cosa, el principio de su sacrificio no está en Dios, sino en sí mismo y por sí mismo, por lo tanto no puede decirse virtud".

+ + + +

6-98
Marzo 23, 1905

Gloria y complacencia de Jesús.

(1) Encontrándome en mi habitual estado, por poco tiempo ha venido el bendito Jesús y yo le he dicho: "Señor, ¿es tu gloria mi estado?"

(2) Y Él: "Hija mía, toda mi gloria y toda mi complacencia, es que te quiero toda más en Mí".

(3) Después ha agregado: "El todo está en la desconfianza y temor del alma en sí misma, y en la confianza y firmeza en Dios".

(4) Dicho esto ha desaparecido.

+ + + +

6-99
Marzo 28, 1905

Efectos de la turbación. Encuentro continuo de Jesús con el alma.

(1) Encontrándome en mi habitual estado, cuando apenas ha venido el bendito Jesús, y habiendo yo dicho a un alma turbada: "Piensa en no querer estar turbada, no sólo por tu bien, sino mucho más por amor de Nuestro Señor, porque el alma turbada no sólo está ella turbada, sino que hace turbarse a Jesucristo". Después he dicho entre mí: "Qué disparate he dicho, Jesús no puede turbarse jamás". Entonces al venir me ha dicho:

(2) "Hija mía, en lugar de un disparate has dicho una verdad, porque en cada alma formo una Vida Divina, y si el alma está turbada, esta Vida Divina que Yo voy formando queda también turbada; y no sólo esto, sino que jamás llega a cumplirse perfectamente".

(3) Y como relámpago ha desaparecido. Entonces yo he continuado mi acostumbrado trabajo interior sobre la Pasión, y

habiendo llegado a aquel momento del encuentro de Jesús y María en el camino a la cruz, de nuevo se ha hecho ver y me ha dicho:

(4) "Hija mía, también con el alma me encuentro continuamente, y si en el encuentro que hago con el alma la encuentro en acto de ejercitar las virtudes y unida Conmigo, me recompensa del dolor que sufrí cuando encontré a mi Madre tan adolorida por mi causa".

+ + + +

6-100
Abril 11, 1905

La perseverancia es sello de la vida eterna, y desarrollo de la vida divina.

(1) Estando muy afligida por la privación de mi adorable Jesús, estaba diciendo para mí: "Cómo se ha hecho cruel conmigo, yo misma no sé entender como su buen corazón puede llegar a hacerlo, y además, si el perseverar le agrada tanto, ¿cómo es que mi perseverar no conmueve su buen corazón?" Mientras decía éstos y otros disparates, de improviso ha venido y me ha dicho:

(2) "Cierto que la cosa que más me agrada del alma es la perseverancia, porque la perseverancia es sello de la vida eterna y desarrollo de la Vida Divina. Porque así como Dios es siempre antiguo y siempre nuevo e inmutable, así el alma con la perseverancia, con haberla practicado siempre es antigua, y con la actitud de hacerla es siempre nueva, y cada vez que la hace se renueva en Dios, quedando en Él inmutable, y sin darse cuenta. Y como con la perseverancia hace adquisición continua de la Vida Divina en sí misma, adquiriendo a Dios sella la vida eterna. ¿Puede haber sello más seguro que Dios mismo?"

+ + + +

6-101
Abril 16, 1905

El sufrir es reinar.

(1) Continuando mi habitual estado, por poco tiempo se ha hecho ver mi amable Jesús con un clavo dentro del corazón, y acercándose a mi corazón me lo tocaba con su mismo clavo, yo sentía penas mortales, y después me ha dicho:

(2) "Hija mía, este clavo me lo pone el mundo hasta dentro de mi corazón, y me da una muerte continua, así que por justicia, como ellos me dan muerte continua, así permitiré que se den muerte entre ellos, matándose como perros".

(3) Y mientras esto decía, me hacía oír los gritos de los revoltosos, tanto que he quedado ensordecida por cuatro o cinco días. Por eso, estando sufriendo mucho, poco después ha regresado y me ha dicho:

(4) "Hoy es el día de las palmas en el cual fui proclamado Rey. Todos deben aspirar a un reino, y para adquirir el reino eterno es necesario que la criatura adquiera el régimen de sí misma con el dominio de sus pasiones. El único medio para esto es el sufrir, porque el sufrir es reinar, esto es, con la paciencia se pone en orden a sí mismo, haciéndose rey de sí mismo y del reino eterno".

+ + + +

6-102
Abril 20, 1905

La humanidad en estos tiempos se encuentra
como un hueso fuera de lugar. Cómo conocer
si se han dominado las pasiones.

(1) Encontrándome en mi habitual estado, cuando apenas ha venido el bendito Jesús, casi en acto de castigar a las gentes, me ha dicho:

(2) "Hija mía, las criaturas me laceran la carne, pisotean mi sangre continuamente, y Yo permitiré que sus carnes sean laceradas y su sangre derramada. La humanidad en estos tiempos se encuentra como un hueso fuera de lugar, fuera de su centro, y para ponerlo en su lugar y hacerlo entrar nuevamente en su centro, es necesario que lo destruya".

(3) Después, calmándose un poco ha continuado: "Hija mía, el alma puede conocer si ha dominado sus pasiones, si cuando es tocada por las tentaciones o por las personas, no las toma en cuenta, como por ejemplo: Es tentada por la impureza; si ha dominado esta pasión el alma no hace caso y la misma naturaleza queda en su puesto; si no la ha dominado, el alma se acongoja, se aflige, y en su cuerpo siente correr un río purulento. O bien una persona mortifica, injuria a otra; si ésta ha dominado la pasión de la soberbia se queda en paz, si no es así, siente correr un río de fuego, de desprecio, de altanería, que la pone toda alterada, porque la pasión cuando existe, al llegar la ocasión sale, y así de todo lo demás".

+ + + +

6-103
Mayo 2, 1905

Tres tipos de resurrección contiene el sufrir.

(1) Continuando un poco más de lo acostumbrado mis sufrimientos, mi buen Jesús al venir me ha dicho:

(2) "Hija mía, el sufrir contiene tres tipos de resurrección, esto es: El sufrir hace resurgir al alma a la gracia; segundo, adentrándose el sufrir reúne las virtudes y resurge a la santidad; tercero, continuando el sufrir, el sufrir perfecciona las virtudes, las embellece de esplendor, formando una bella corona, y coronada el alma resurge a la gloria en la tierra, y a la gloria en el Cielo".

(3) Dicho esto ha desaparecido.

+ + + +

6-104
Mayo 5, 1905

Efectos de la Gracia.

(1) Encontrándome en mi habitual estado, cuando vino el bendito Jesús, parecía que de dentro de su interior salía otra imagen toda igual a Él, sólo que más pequeña. Yo he quedado maravillada al ver esto y Él me ha dicho:

(2) "Hija mía, todo lo que puede salir de dentro de una persona se llama parto, y este parto se vuelve hijo de quien lo pare. Ahora, esta hija mía es la Gracia, que saliendo de Mí se comunica a todas las almas que la quieren recibir, y las convierte en otros tantos hijos míos; y no sólo eso, sino que todo lo que puede salir de bien, de virtud de estos segundos hijos, se vuelven hijos de la Gracia. Ve un poco qué larga generación de hijos se forma la Gracia sólo conque la reciban; pero cuántos la rechazan, y mi hija se regresa a mi seno sola y sin prole".

(3) Mientras esto decía, aquella imagen se ha encerrado dentro de mí, llenándome toda de sí misma.

+ + + +

6-105
Mayo 9, 1905

El alma unida a la Gracia, puede hacer lo que debe hacer la muerte a la naturaleza.

(1) Continuando mi habitual estado, me parecía que mi adorable Jesús salía de dentro de mi interior y con una voz dulce y afable decía:

(2) "¿Y por qué hija mía todo lo que debe hacer la muerte a la naturaleza, no puede hacerlo anticipadamente el alma unida a la Gracia? Esto es, hacerla morir anticipadamente, por amor de Dios, a todo lo que deberá morir. Pero esta bienaventurada muerte llega a hacerla quien solamente hace continua morada con mi Gracia, porque viviendo con Dios le resulta más fácil morir a todo lo que es caduco. Y el alma viviendo en Dios y muriendo a todo lo demás, la misma naturaleza viene a anticipar los privilegios que la deben enriquecer en la resurrección, es decir, se sentirá espiritualizada, deificada e incorruptible, además de todos los bienes en que participará el alma sintiéndose partícipe de todos los privilegios de la Vida Divina, y además de esto, la diferencia de gloria que estas almas tendrán en el Cielo, serán tan diferentes de las otras, como es distinto el Cielo de la tierra".

(3) Dicho esto ha desaparecido.

+ + + +

6-106
Mayo 12, 1905

Medio para no perder el amor de Jesús.

(1) Encontrándome en mi habitual estado, cuando vino mi bendito Jesús, yo, sólo al verlo, no sé por qué he dicho:

(2) "Señor, sin embargo hay una cosa que lacera mi alma, el pensamiento de que puedo perder tu amor".

(3) Y Él: "Hija mía, ¿quién te lo ha dicho? En todas las cosas mi paterna bondad ha suministrado los medios para ayudar a la criatura, siempre y cuando estos medios no sean rechazados. Por tanto, el medio para no perder mi amor, es hacer de él y de todo lo que me concierne, como si fueran cosas propias; ¿puede perder uno todo lo que es suyo? No, ciertamente, a lo más si no tiene estima de sus cosas no tendrá cuidado de custodiarlas, pero si no las estima y no la custodia es señal de que no las ama, por tanto aquel objeto no contiene más vida de amor y no se puede incluir entre las cosas propias. Pero mi amor cuando se hace propio, se estima, se custodia, se tiene siempre a la vista, de modo que no puede perder lo que es suyo, ni en vida ni en muerte".

+ + + +

6-107
Mayo 15, 1905

El camino de la virtud es fácil.

(1) Continuando mi habitual estado, por poco tiempo ha venido el bendito Jesús y me ha dicho:

(2) "Hija mía, dicen que el camino de la virtud es difícil. Falso, es difícil para quien no camina, porque no conociendo ni las gracias, ni los consuelos que debe recibir de Dios, ni la facilitación al caminar, le parece difícil, y sin caminar siente todo el peso del camino. Pero para quien camina le resulta facilísimo, porque la gracia que la inunda la fortalece, la belleza de las virtudes la atrae, el Divino Esposo de las almas la lleva apoyada en el propio brazo,

acompañándola en el camino, y el alma en vez de sentir el peso, la dificultad del caminar, quiere apresurar el camino para llegar más rápido al final del camino y de su propio centro".

+ + + +

6-108
Mayo 18, 1905

El amor merece la preferencia sobre todo.

(1) Continuando mi habitual estado, en cuanto ha venido el bendito Jesús me ha dicho:

(2) "Hija mía, el temor quita la vida al amor; y no sólo esto, sino que también las mismas virtudes que no tienen principio en el amor, disminuyen la vida del amor en el alma; mientras en todas las cosas el amor merece la preferencia, porque el amor hace fácil todas las cosas; mientras las mismas virtudes que no tienen principio en el amor, son como tantas víctimas que van a terminar al matadero, es decir, a la destrucción de las mismas virtudes".

+ + + +

6-109
Mayo 20, 1905

Modo de sufrir.

(1) Esta mañana estaba pensando cuando el bendito Jesús quedó todo dislocado sobre la cruz, y decía entre mí: "¡Ah! Señor, cuán compenetrado pudiste quedar de estos atroces sufrimientos, y cómo tu alma pudo quedar afligida". Y mientras tanto, casi como una sombra ha venido y me ha dicho:

(2) "Hija mía, Yo no me ocupaba de mis sufrimientos, sino que me ocupaba de la finalidad de mis penas, y como en mis penas veía cumplida la Voluntad del Padre, sufría, y en mi mismo sufrir encontraba el más dulce reposo, porque el hacer la Voluntad Divina contiene este bien, que mientras se sufre ahí se encuentra el más bello reposo; y si se goza, y este gozar no es querido por Dios, en el mismo gozar se encuentra el más atroz tormento. Es más, cuanto más me acercaba al término de las penas anhelando cumplir en todo la Voluntad de Padre, así me sentía más aligerado y mi reposo se hacía más bello. ¡Oh! Cómo es diverso el modo que tienen las almas, si sufren u obran no tienen ni la mira en el fruto que pueden recabar, ni el cumplimiento de la Voluntad Divina, se concentran todas en la cosa que hacen, y no viendo los bienes que pueden ganar, ni el dulce reposo que lleva la Voluntad de Dios, viven fastidiadas y atormentadas, y rechazan cuanto más pueden el sufrir y el obrar, creyendo encontrar reposo y quedan más atormentadas que al principio".

+ + + +

6-110
Mayo 23, 1905

Para no sentir turbaciones, el alma debe apoyarse bien en Dios.

(1) Esta mañana me he encontrado fuera de mí misma, y sentía una persona en mis brazos y la cabeza apoyada sobre el hombro, y yo no alcanzaba a ver quien era, por eso lo he jalado con fuerza diciéndole: "Dime al menos quién eres".

(2) Y Él: "Yo soy el todo".

(3) Y yo al escuchar decir que era el todo, he dicho: "Y yo soy la nada. Mira Señor cuánta razón tengo en querer que esta nada esté unida con el Todo, de otra manera será como un puño de polvo que, el viento esparce". Mientras estaba en esto, veía una persona

que dudaba y decía: "¿Por qué será que por cada mínima cosa se siente tanta turbación?" Y yo, por una luz que venía del bendito Jesús he dicho: "Para no sentir turbaciones el alma debe fundirse bien en Dios, y toda sí misma tender a Dios como a un solo punto, y ver las otras cosas con ojo indiferente, pero si hace de otra manera, en cada cosa que haga, vea o sienta, el alma se sentirá investida de un malestar, como de una fiebre que vuelve al alma toda apartada, turbada, sin poderse entender ella misma.

+ + + +

6-111
Mayo 25, 1905

La imagen de Jesús en el alma.

(1) Encontrándome en mi habitual estado, veía al bendito Jesús fuera y dentro de mi interior, si fuera lo veía niño, niño lo veía dentro; si lo veía crucificado por fuera, lo mismo lo veía dentro. Yo he quedado admirada y Él me ha dicho:

(2) "Hija mía, cuando mi imagen está completamente formada en el interior del alma, cualquier forma que quiero tomar externamente para volverme a mirar, ella toma mi misma imagen que he formado en el alma. ¿Qué maravilla entonces?"

+ + + +

6-112
Mayo 26, 1905

Cuando el alma es toda de Jesús,
Él siente su murmullo en su Ser.

(1) Encontrándome fuera de mí misma, me he encontrado con el niño Jesús en brazos y estaba diciéndole: "Querido mío, toda y siempre tuya soy; ¡ah! no permitas que corra en mí nada, aunque sea una sombra que no sea tuya".

(2) Y Él: "Hija mía, cuando el alma es toda mía, Yo siento un murmullo continuo de su ser en Mí; este su murmullo continuo me lo siento correr en mi voz, en mi corazón, en la mente, en las manos, en mis pasos y hasta en mi sangre. ¡Oh! Cómo me es dulce este su murmullo en Mí, y conforme lo siento voy repitiendo: "Todo, todo, todo lo de esta alma es mío, y Yo te amo, te amo mucho". Y sello el murmullo de mi amor en ella; entonces, en cuanto yo siento el suyo, así el alma siente mi murmullo en todo su ser, así que si el alma en toda sí misma se siente correr mi murmullo, es señal de que es toda mía".

+ + + +

6-113
Mayo 29, 1905

Quien reposa en brazos de la obediencia,
recibe todos los colores divinos.

(1) Esta mañana al venir el bendito Jesús se ha arrojado en mis brazos como si quisiera reposar y me ha dicho:

(2) "Como un niño se reposa seguro en los brazos de la madre, así el alma debe reposar en los brazos de la obediencia, y quien reposa en los brazos de la obediencia recibe todos los colores divinos, porque con quien verdaderamente duerme se puede hacer lo que se quiere; así quien verdaderamente reposa en los brazos de la obediencia, se puede decir que duerme, y Dios puede hacer al alma lo que Él quiere".

+ + + +

6-114
Mayo 30, 1905

La vida de amor de Jesús.

(1) Continuando mi habitual estado, estaba diciendo: "Señor, ¿qué quieres de mí? Manifiéstame tu Santa Voluntad".

(2) Y Él: "Hija mía, te quiero toda en Mí, a fin de que pueda encontrar todo en ti. Así como todas las criaturas tuvieron vida en mi Humanidad, y satisfice por todas, así estando toda en Mí, me harás encontrar a todas las criaturas en ti, es decir, unida Conmigo me harás encontrar en ti la reparación por todos, la satisfacción, el agradecimiento, la alabanza, y todo lo que las criaturas están obligadas a darme. El amor, además de la Vida Divina y humana me suministró la tercera vida, que me hizo germinar todas las vidas de las criaturas en mi Humanidad, es esta vida de amor, y que mientras me daba vida, me daba muerte continua, me hería y me fortalecía, me humillaba y me ensalzaba, me amargaba y me endulzaba, me atormentaba y me daba delicias. ¿Qué cosa no contiene esta vida de amor infatigable y dispuesta a cualquier cosa? Todo, todo en ella se encuentra, su vida es siempre nueva y eterna. ¡Oh! Cómo quisiera encontrar en ti esta vida de amor para tenerte siempre en Mí, y encontrar todo en ti".

+ + + +

6-115
Junio 2, 1905

La paciencia es el alimento de la perseverancia.

(1) Esta mañana, el bendito Jesús al venir me ha dicho:

(2) "Hija mía, la paciencia es el alimento de la perseverancia, porque la paciencia mantiene en su lugar a las pasiones y corrobora todas las virtudes, y las virtudes, recibiendo de la paciencia la actitud de la vida continua, no sienten el cansancio que produce la inconstancia, tan fácil a la criatura. Por eso el alma no se abate si es mortificada o humillada, porque rápidamente la paciencia le suministra el alimento necesario, y forma un vínculo más fuerte y estable de perseverancia. Ni si es consolada y ensalzada se eleva mucho, porque la paciencia alimentando a la perseverancia, se contiene en la moderación sin salir de sus límites. Además de esto, así como la paciencia es alimento, y hasta en tanto una persona se alimenta se puede decir que tiene vida, no está muerta; así el alma, hasta en tanto que tenga paciencia, gozará la vida de la perseverancia".

+ + + +

6-116
Junio 5, 1905

Las cruces son fuentes bautismales.

(1) Esta mañana al venir el bendito Jesús me ha dicho:

(2) "Hija mía, la cruces, las mortificaciones, son otras tantas fuentes bautismales, y cualquier especie de cruz que está empapada en el pensamiento de mi Pasión, pierde la mitad de la aspereza y disminuye la mitad del peso".

(3) Y como relámpago ha desaparecido. Entonces yo he quedado haciendo ciertas adoraciones y reparaciones en mi interior, y de nuevo ha regresado y ha agregado:

(4) "Cuál no es mi consuelo al ver rehecho en ti lo que mi Humanidad hizo tantos siglos antes, porque cualquier cosa que Yo determiné que cada alma hiciera, fue hecha primero en mi

Humanidad, y si el alma me corresponde, lo que Yo hice por ella lo rehace de nuevo en sí misma, y si no, queda sólo hecho en Mí mismo, y Yo siento por ello una amargura indecible".

+ + + +

6-117
Junio 23, 1905

Quien está unido con la Humanidad de Jesús,
se encuentra a la puerta de su Divinidad.

(1) Continuando mi habitual estado, estaba pensando en cómo murió Jesucristo y que Él no podía de ningún modo temer a la muerte, porque estando tan unido con la Divinidad, más aún, transmutado, ya se encontraba seguro como uno en su propio palacio; pero para el alma, ¡oh! cómo es diferente. Mientras éstos y otros desatinos pensaba, el bendito Jesús ha venido y me ha dicho:

(2) "Hija mía, quien se está unido con mi Humanidad ya se encuentra a la puerta de mi Divinidad, porque mi Humanidad es espejo al alma, del cual se refleja la Divinidad en ella; quien se encuentra en los reflejos de este espejo, se entiende que todo su ser es transformado en amor, porque hija mía, todo lo que de la criatura sale, aun el movimiento de los ojos, de los labios, el mover de los pensamientos y todo lo demás, todo debería ser amor y hecho por amor, porque siendo mi Ser todo amor, donde encuentra amor absorbo todo en Mí, y el alma habita segura en Mí, como uno en su propio palacio; entonces, ¿qué temor puede tener el alma al morir de venir a Mí, si ya se encuentra en Mí?"

+ + + +

6-118
Julio 3, 1905

Declaraciones de Jesús sobre el estado de Luisa.

(1) Continuando mi habitual estado, me he encontrado fuera de mí misma, y he encontrado a la Reina Mamá con el niño Jesús en brazos, que le estaba dando su dulcísima leche; yo al ver que el niño chupaba la leche del pecho de nuestra Madre, despacito lo he quitado del pecho y me he puesto yo a chupar. Al verme hacer esto, ambos han sonreído de mi astucia, pero me han dejado chupar. Entonces después de esto, la Reina Madre me ha dicho:

(2) "Toma a tu Querido y gózalo".

(3) Yo lo he tomado en brazos y mientras, fuera se escuchaban rumores de armas y Él me ha dicho:

(4) "Este gobierno caerá".

(5) Y yo: "¿Cuándo?"

(6) Tocándose la extremidad de la punta del dedo ha continuado: "Otra punta de dedo".

(7) Y yo: "Quién sabe cuánto será esta punta de dedo ante Ti". Él no me ha prestado atención, y yo no queriéndolo saber estaba diciendo: "Cómo quisiera conocer la Voluntad de Dios respecto a mí".

(8) Y Él me ha dicho: "Toma un papel, que Yo mismo te escribiré y declararé mi Voluntad sobre ti".

(9) Yo no tenía y he ido a buscarlo y se lo he dado, y el niño escribía:

(10) "Declaro ante el Cielo y la tierra que es mi Voluntad que la he elegido víctima; declaro que me ha hecho donación del alma y del

cuerpo, y siendo Yo el absoluto dueño, cuando a Mí me place le participo las penas de mi Pasión, y Yo en correspondencia le he abierto la puerta de mi Divinidad; declaro que en este acceso me ruega continuamente cada día por los pecadores, y toma un flujo continuo de vida en provecho de los mismos pecadores".

(11) Y ha escrito tantas otras cosas que yo no recuerdo muy bien, por eso las omito. Yo al oír esto me he sentido toda confundida y he dicho: "Señor, perdóname si me vuelvo impertinente, esto que has escrito no quería saberlo, me basta que lo sepas Tú solo, lo que quería saber es si es Voluntad tuya que continúe en este estado". Yo en mi mente continuaba pensando en si es Voluntad suya que venga el confesor a llamarme a la obediencia, o bien es mi fantasía el tiempo que pierdo con el confesor, pero no he querido decirlo temiendo querer saber demasiado, convenciéndome yo misma que si es Voluntad suya una cosa, será Voluntad suya la otra". Y el niño Jesús ha continuado escribiendo:

(12) "Declaro que es Voluntad mía que continúes en este estado, que venga a llamarte a la obediencia el confesor y el tiempo que pierdes con él, y es Voluntad mía que te sorprenda el temor de no ser Voluntad mía tu estado, este temor y duda te purifica de todo mínimo defecto".

(13) La Reina Madre y Jesús me han bendecido, le he besado la mano y me he encontrado en mí misma.

+ + + +

6-119
Julio 5, 1905

La Humanidad de Jesús es música a la Divinidad.

(1) Continuando mi habitual estado, estaba haciendo mis acostumbradas prácticas internas, y el bendito Jesús viniendo me ha dicho:

(2) "Hija mía, mi Humanidad es música a la Divinidad, porque todas mis acciones formaban tantas teclas para formar la música más perfecta y armoniosa, para recrear el oído divino; y el alma que se uniforma a mis mismas acciones internas y externas, continúa la música de mi misma Humanidad a la Divinidad".

+ + + +

6-120
Julio 18, 1905

El alma no debe abrir su interior
a los demás, sólo al confesor.

(1) Encontrándome en mi habitual estado, apenas ha venido el bendito Jesús me ha dicho:

(2) "Hija mía, cuando un confesor manifiesta su modo de obrar interno a las almas, pierde el ímpetu de continuar obrando, y el alma, conociendo el propósito que el confesor tiene sobre ella, se volverá descuidada y debilitada en su obrar. Así el alma, si manifiesta su interior a los demás, al descubrir su secreto evaporará el ímpetu, permaneciendo toda debilitada; y si esto no ocurre con abrirse al confesor, es porque la fuerza del sacramento mantiene el vapor y aumenta la fuerza y pone su sello".

+ + + +

6-121
Julio 20, 1905

Cuando el alma no es fiel a los deseos de Dios,
Dios interrumpe sus designios sobre ella.

(1) Esta mañana estaba rezando por un sacerdote enfermo que había sido mi director, y pensaba entre mí: "¿Si hubiera continuado mi dirección, habría estado enfermo o no? Y el bendito Jesús al venir me ha dicho:

(2) "Hija mía, ¿quién goza los bienes que hay dentro de una casa? Ciertamente quien está dentro, y a pesar de que una persona haya estado primero dentro, es siempre quien está en el presente el que los goza. Como un patrón, hasta en tanto que un siervo está con él, le paga y le hace gozar de los bienes que hay en su casa, cuando se va llama a otro, le paga y le participa de sus bienes. Así hago cuando una cosa es querida por Mí, y es dejada por uno, la transmito a otro, dándole todo lo que estaba destinado para el primero, así que si hubiera continuado tu dirección, estando tu estado de víctima hubiera gozado de los bienes de tu estado, y unidos a quien actualmente te guía, por eso no estaría enfermo. Y si el guía presente, a pesar de su santidad, no obtiene el resto que quiere, es porque no hace plenamente lo que quiero, y a pesar de que goza de los bienes, también algunos carismas no se los merece".

+ + + +

6-122
Julio 22, 1905

Dios no mira la obra, sino la intensidad del amor en el obrar.

(1) Estando molesta por no poder hacer ciertas mortificaciones, pareciendo que el Señor me aborrecía y por eso no permitía que las hiciera, el bendito Jesús al venir me ha dicho:

(2) "Hija mía, quien verdaderamente me ama no se molesta jamás de nada, y busca convertir todas las cosas en amor. ¿Por cuál motivo querías tú mortificarte? Ciertamente por amor mío, y Yo te digo: "Por amor mío mortifícate, por amor mío toma los consuelos, y el uno y el otro serán ante Mí de igual peso". De acuerdo a la dosis de amor que contiene una acción, aunque sea indiferente, así se aumenta el peso, porque Yo no miro la obra, sino la intensidad del amor que el obrar contiene, por eso no quiero ningún fastidio en ti, sino siempre paz, porque los fastidios, las turbaciones, es siempre el amor propio que quiere salir a reinar, o el enemigo para hacer daño".

+ + + +

6-123
Agosto 9, 1905

Efectos de la paz y de la turbación.

(1) Continuando mi habitual estado, me sentía un poco turbada, y el bendito Jesús al venir me ha dicho:

(2) "Hija mía, el alma en paz y que todo su ser tiende a Mí, gotea de su alma gotas de luz que caen sobre mis vestidos y forman mi adorno; por el contrario, el alma turbada gotea tinieblas y forman el adorno diabólico. Y no sólo esto, sino que la turbación impide el camino a la gracia, y vuelve inútil a la criatura para obrar el bien".

(3) Después ha agregado: "Si el alma a cada cosa se turba, es señal de que está llena de sí misma; si a una cosa que le sucede se turba y a otra no, es señal de que tiene alguna cosa de Dios,

pero hay muchas vacíos por llenar; si nada la turba, es señal de que toda está llena de Dios. ¡Oh! Cuánto mal hace la turbación al alma, hasta rechazar a Dios y llenarla toda de sí misma".

+ + + +

6-124
Agosto 17, 1905

Toda la gloria de un alma, es oír decir que de todo
lo que tiene, nada es suyo, sino todo es de Dios.

(1) Continuando mi habitual estado veía a la Reina Mamá que decía a nuestro Señor: "Venga, venga a su jardín a deleitarse." Pareciendo que me señalaba a mí. Yo al oír esto me sentía llena de vergüenza y decía entre mí: "Yo no tengo ni pizca de bien, ¿cómo se podrá deleitar? Mientras esto pensaba el bendito Jesús me ha dicho:

(2) "Hija mía, ¿por qué te ruborizas? Toda la gloria de un alma es oír decir que todo lo que tiene, nada es suyo, sino que todo es de Dios. Y Yo en correspondencia le digo que todo lo que es mío es suyo".

(3) Y mientras esto decía, parecía que mi pequeño jardín hecho por Él mismo, se unía con el suyo grandísimo que tenía en su corazón, y se hacían uno sólo y nos deleitábamos juntos, y después me he encontrado en mí misma.

+ + + +

6-125
Agosto 20, 1905

La Gracia toma tantas imágenes en torno al alma,
por cuantas son las perfecciones y virtudes divinas.

(1) Esta mañana el bendito Jesús al venir me ha dicho:

(2) "Hija mía, si el alma en todas sus acciones obra todo por Dios y para agradar sólo a Dios, la gracia entra por todas las partes en el alma, como una casa cuando están abiertos balcones, puertas, ventanas, la luz del sol entra por todas partes y goza toda la plenitud de la luz, así el alma goza toda la plenitud de la luz divina. Y esta luz con la correspondencia del alma va siempre aumentando, hasta convertirse toda ella en luz; pero si después hace diversamente, la luz entra por las fisuras y en el alma todo es tinieblas. Hija mía, a quien me da todo, doy todo, por lo cual mi Gracia, no siendo el alma capaz de recibir todo junto mi Ser, toma tantas imágenes en torno al alma por cuantas son mis perfecciones y virtudes, así que toma la imagen de la belleza y comunica la luz de la belleza en el alma; la imagen de la sabiduría, y comunica la luz de la sabiduría; la imagen de la bondad, y comunica la bondad; la imagen de la santidad, de la justicia, de la fuerza, de la potencia, de la pureza, y le comunica la luz de la santidad, de la justicia, fuerza, potencia y pureza, y así de todo lo demás; así que el alma está adornada no por un sol, sino por tantos soles por cuantas son mis perfecciones, y estas imágenes están en torno de cada alma, sólo que para quien está abierta y corresponde, están todas en actividad, trabajando; para quien no, están como adormecidas para aquellas almas, así que poco o nada pueden emplear su actividad".

+ + + +

6-126
Agosto 22, 1905

Quien divide con Jesús el peso de sus sufrimientos,
esto es, el trabajo de la Redención, viene a participar

de las ganancias del trabajo de la Redención.

(1) Encontrándome en mi habitual estado, en cuanto ha venido mi adorable Jesús me ha transportado fuera de mí misma, y me participaba sus sufrimientos. Después me ha dicho:

(2) "Hija mía, cuando dos personas se dividen el peso de un trabajo, juntas dividen la paga que reciben por aquel trabajo, y tanto uno como otro pueden hacer bien a quien quieran con aquella paga. Entonces, dividiendo tú Conmigo el peso de mis sufrimientos, esto es, el trabajo de mi Redención, vienes a participar en la ganancia del trabajo de la Redención; y siendo dividida entre Yo y tú la paga de nuestras penas, Yo puedo hacer bien a quien quiero, en general y también en modo especial; así tú, eres libre de hacer bien a quien quieras con la paga que a ti te corresponde. Esta es la ganancia de quien divide Conmigo mis penas, que sólo es concedido al estado de víctima, y la ganancia de quien le está más cercano, porque estando cerca, más fácilmente participa de los bienes que uno posee; por eso hija mía, alégrate cuando más te participo mis penas, porque más grande será la porción de tu paga".

+ + + +

6-127
Agosto 23, 1905

Si el alma hace todo por Dios, permanece extinguida en la llama del amor divino. El pensar en sí mismo jamás es virtud, sino siempre vicio.

(1) Continuando mi habitual estado, mi bendito Jesús me ha dicho:

(2) "Hija mía, si el alma hace todo por Mí, imita a aquellas pequeñas mariposas que giran y giran en torno a una llama y quedan extintas en aquella misma llama. Así el alma, según el perfume de sus acciones, de sus movimientos y deseos ofrecidos a Mí, así gira en torno a Mí, ahora en torno a los ojos, ahora al rostro, ahora a las manos, ahora al corazón; según los diversos ofrecimientos que me va haciendo, y con su continuo girar en torno a Mí permanece toda extinta en la llama de mi amor, sin tocar las llamas del purgatorio".

(3) Después ha desaparecido, y habiendo regresado ha agregado:

(4) "El pensar en sí mismo, es lo mismo que salir de Dios y regresar a vivir en sí mismo. Además, el pensar en sí mismo jamás es virtud, sino siempre vicio, aunque fuera bajo aspecto de bien".

+ + + +

6-128
Agosto 25, 1905

Las verdaderas virtudes deben tener las
raíces en el corazón de Jesús, y desarrollarse
en el corazón de la criatura.

(1) Esta mañana al venir el bendito Jesús me ha dicho:

(2) "Hija mía, el alma debe vivir en mi corazón, y las mismas virtudes, debe hacer de modo que las raíces estén en mi corazón y desarrollarlas en su corazón; de otra manera se pueden tener las virtudes naturales, o bien de simpatía, las cuales se llaman virtudes a tiempo y circunstancia, y son mutables; mientras las virtudes que la raíz está fija en mi corazón y desarrollada en el alma, son estables y se adaptan a todos los tiempos y a todas las circunstancias, y son iguales para todos, en cambio aquellas otras

no, y sucede que sienten una caridad ilimitada por una persona, o sea, a un tiempo son todo fuego, hacen verdaderos sacrificios, quisieran poner la vida; pero se presenta otra, y aunque resulte más necesitada que la primera, en un momento se cambia la escena, se hacen de hielo, ni siquiera quieren hacer el sacrificio ni de oír, ni de decir una palabra, están desganadas y la despiden irritadas, furiosas; ¿es acaso esta caridad aquella que la raíz está fija en mi corazón? Ciertamente que no, por el contrario, es caridad viciosa, toda humana y de simpatía, que a un momento parece que florece, y en otro momento se seca y desaparece. Alguna otra es obediente a una persona, sumisa, humilde, se hace un harapo, de modo que aquella persona puede hacer con ella lo que quiera; pero con otra es desobediente, reacia, soberbia; ¿es acaso esta obediencia la que sale de mi corazón, que obedece a todos, hasta a los mismos verdugos? No, ciertamente. Otra es paciente en ciertas ocasiones, aun en sufrimientos serios, parece un cordero que ni siquiera abre la boca para lamentarse; pero ante otro sufrimiento, quizá más pequeño, monta en furia, se irrita, maldice; ¿es tal vez ésta la paciencia que la raíz está fija en mi corazón? No, ciertamente. Otra, un día es todo fervor, ora siempre, hasta transgredir los deberes del propio estado; otro día ha recibido un encuentro un poco desagradable, se siente fría, abandona de hecho la oración hasta transgredir los deberes de un cristiano, las oraciones de obligación; ¿es acaso éste mi espíritu de oración, que llegué hasta sudar sangre, a sentir la agonía de la muerte, y sin embargo no descuidé un solo momento la oración? Ciertamente que no, y así de todas las otras virtudes. Sólo las virtudes que están radicadas en mi corazón e injertadas en el alma son estables y permanecen, y resplandecen llenas de luz; las otras, mientras aparecen como virtudes son vicios, aparecen como luz y son tinieblas".

(3) Dicho esta ha desaparecido. Yo continuaba deseándolo, y ha regresado y ha agregado:

(4) "El alma que me desea siempre se embebe de Mí continuamente, y Yo sintiéndome embebido por el alma me

embebo del alma, de modo que dondequiera que volteo, la encuentro con sus deseos y la toco continuamente".

+ + + +

6-129
Agosto 28, 1905

El corazón de Jesús se ata con los corazones humanos, y estos toman todo del corazón de Él, hasta su misma Vida, si le corresponden.

(1) Esta mañana mi adorable Jesús al venir me hacía ver su amabilísimo corazón, y de dentro salían como tantos hilos resplandecientes de oro, de plata, rojos, y parecía que formaban una red, e hilo por hilo ataba todos los corazones humanos. Yo he quedado admirada al ver esto, y Él me ha dicho:

(2) "Hija mía, mi corazón se ata con estos hilos a todos los afectos, los deseos, los latidos, el amor y hasta la misma vida de los corazones humanos, en todo similares a mi corazón humano, sólo diferentes en la santidad, y habiéndolos atado, desde el Cielo, según se muevan mis deseos, el hilo de los deseos excita los deseos de ellos; si se mueven los afectos, el hilo de los afectos mueve los afectos de ellos; si amo, el hilo del amor excita el amor de ellos; y el hilo de mi vida les da la vida. ¡Oh! Qué armonía entre el Cielo y la tierra, entre mi corazón y los corazones humanos, pero esto lo advierte sólo quien me corresponde; pero quien hace algo de mala gana, con el vigor de su voluntad nada advierte y manda al vacío las operaciones de mi corazón humano".

+ + + +

6-130
Septiembre 4, 1905

En todos los tiempos, Dios ha tenido almas que han recibido, por cuanto puede una criatura, la finalidad de la Creación, Redención y Santificación.

(1) Continuando mi habitual estado, mi adorable Jesús me hacía ver su Sacratísima Humanidad, todas sus llagas, sus penas; y desde dentro de sus llagas y hasta de sus gotas de sangre salían tantas ramas cargadas de frutos y flores, y parecía que me comunicaba sus sufrimientos y todas sus ramas cargadas de flores y frutos. Yo he quedado maravillada al ver la bondad de nuestro Señor que me participaba todos sus bienes, sin excluirme de nada de todo lo que Él contenía; y el bendito Jesús me ha dicho:

(2) "Hija amada mía, no te maravilles de lo que ves, porque no estás sola o eres única, porque en todos los tiempos he tenido almas, que por cuanto puede una criatura, en algún modo pudiese recibir la finalidad de la Creación, Redención y Santificación, y pudiese la criatura recibir todos los bienes por los cuales la he creado, redimido y santificado; de otra manera, si Yo no tuviera en todo tiempo, aunque sea una sola, se frustraría toda mi obra, al menos por algún tiempo. Esto es orden de mi providencia, de mi justicia y de mi amor, que en cada tiempo tuviera al menos una sola a la que Yo pudiera participar todos los bienes, y que la criatura me diese todo lo que me debe como criatura, de otra manera, ¿en qué aprovecharía mantener el mundo? En un momento lo destrozaría; y por eso precisamente me elijo a las almas víctimas, porque así como la divina justicia encontró en Mí todo lo que debería encontrar en todas las criaturas, y me participó todos juntos los bienes que habría participado a todas las criaturas, en modo que mi Humanidad contenía todo, así en las víctimas encuentro todo en ellas y les participo todos mis bienes. En el tiempo de mi Pasión tuve a mi amadísima Madre, que mientras le participaba todas mis penas y todos mis bienes, Ella como criatura estaba atentísima a reunir en Sí todo lo que me habrían hecho las criaturas, así que Yo

encontraba en Ella toda mi satisfacción y toda la gratitud, el agradecimiento, la alabanza, la reparación, la correspondencia que debía encontrar en todos los demás. Enseguida venía la Magdalena, Juan, y así en todos los tiempos de la Iglesia, por eso, para hacer que dichas almas me fueran más agradables y pudiera sentirme atraído a darles todo, las prevengo primero y luego les ennoblezco el alma, el cuerpo, el trato, y hasta la voz, de modo que una sola palabra tiene tanta fuerza, es tan graciosa, dulce, penetrante, que todo me conmueve y me enternece, me cambia, y digo: ¡Ah! Es ésta la voz de mi amada, no puedo hacer menos que escucharla, sería como si quisiera negarme a Mí mismo lo que quiere, si no debo escucharla me conviene quitarle la voluntad de hacerla hablar, pero mandarla vacía jamás; así que entre ella y Yo hay tal electricidad de unión, que el alma misma no puede comprender todo en esta vida, si bien lo comprenderá con toda claridad en la otra".

+ + + +

6-131
Septiembre 6, 1905

El mal de la distracción.

(1) Esta mañana después de haber esperado mucho, veía a nuestro Señor crucificado, y yo estaba besando las llagas de sus manos, reparando y rogando que santificara, perfeccionara, purificara todas las obras humanas por amor de cuanto había sufrido en sus santísimas manos, y el bendito Jesús me ha dicho:

(2) "Hija mía, las obras que más irritan mis manos, y que más me amargan y agrandan mis llagas son las obras buenas hechas con distracción, porque la distracción quita la vida a las obras buenas, y las cosas que no tienen vida están siempre próximas a pudrirse, por eso a Mí me dan nauseas, y al ojo humano es más escándalo

la obra buena hecha sin atención, que el mismo pecado, porque el pecado se sabe que es tiniebla, y no es maravilla que las tinieblas no den luz; pero la obra buena que es luz y da tinieblas ofende tanto al ojo humano, que no sabe más dónde encontrar la luz, y por eso encuentra un obstáculo en el camino del bien".

+ + + +

6-132
Septiembre 8, 1905

La verdadera caridad es hacer el bien al prójimo, porque es imagen de Dios.

(1) Encontrándome en mi acostumbrado estado, en cuanto ha venido el bendito Jesús me ha dicho:

(2) "Hija mía, la verdadera caridad es cuando haciendo el bien al prójimo, lo hace porque es mi imagen. Toda la caridad que sale de este ambiente no se puede decir caridad; si el alma quiere el mérito de la caridad no debe salir jamás de este ambiente de ver en todo mi imagen. Tan es verdad que en esto está la verdadera caridad, que mi misma caridad no sale jamás de este ambiente, tanto ama a la criatura porque es imagen mía, y si con el pecado deforma esta mi imagen, no siento más amarla, más bien la aborrezco; y conservo las plantas, los animales, porque sirven a mis imágenes, y la criatura debe adaptarse toda sí misma a ejemplo de su Creador".

+ + + +

6-133
Septiembre 17, 1905

Cómo se puede participar de los dolores de la Reina Mamá.

(1) Habiendo sufrido mucho por la privación de mi dulcísimo Jesús, esta mañana, día de los dolores de María Santísima, después de haberme en algún modo fatigado, ha venido y me ha dicho:

(2) "Hija mía, ¿qué quieres que tanto me anhelas?

(3) Y yo: "Señor, lo que tienes para Ti, es lo que anhelo para mí".

(4) Y Él: "Hija mía, para Mí tengo espinas, clavos y cruz".

(5) Y yo: "Pues bien, eso quiero para mí". Y me ha dado su corona de espinas y me participaba los dolores de la cruz, y después ha agregado:

(6) "Todos pueden participar en los méritos y en los bienes que fructificaron de los dolores de mi Madre. Quien anticipadamente se pone en las manos de la providencia, ofreciéndose a sufrir cualquier tipo de penas, miserias, enfermedades, calumnias y todo lo que el Señor disponga sobre ella, viene a participar del primer dolor de la profecía de Simeón. Quien actualmente se encuentra en los sufrimientos y está resignado y está más estrechado Conmigo, no me ofende, y como si me salvara de las manos de Herodes, y sano y salvo me custodia en el Egipto de su corazón, participa del segundo dolor. Quien se encuentra abatido de ánimo, árido y privado de mi presencia, y está firme y fiel a sus acostumbrados ejercicios, es más, busca la ocasión de amarme y buscarme más, sin cansarse, viene a participar de los méritos y bienes que adquirió mi Madre en mi extravío. Quien en cualquier ocasión que se encuentre, especialmente de verme ofendido gravemente, despreciado, pisoteado, y busca repararme, compadecerme y rogar por aquellos mismos que me ofenden, es como si encontrara en aquella alma a mi misma Madre, que si hubiera podido me hubiera liberado de mis enemigos, y participa en el cuarto dolor. Quien crucifica sus sentidos por amor de mi

crucifixión, y trata de copiar en sí las virtudes de mi crucifixión, participa del quinto. Quien está en continua actitud de adorar, de besar mis llagas, de reparaciones, de agradecimientos y más, a nombre de todo el género humano, es como si me tuviera en sus brazos, como me tuvo mi Madre cuando fui depuesto de la cruz, y participa del sexto dolor. Quien se mantiene en mi gracia y me corresponde, y no da a ningún otro albergue en el propio corazón sino a Mí sólo, es como si me sepultara en el centro del corazón, y participa en el séptimo".

+ + + +

6-134
Octubre 10, 1905

La señal de que el alma está perfectamente
estrechada y unida con Jesús, es si está
unida con todos los prójimos.

(1) Estando muy afligida por las fatigas que el bendito Jesús me hace sufrir al esperarlo, esta mañana al momento de hacerse ver me ha dicho:

(2) "Hija mía, me desagrada tu pesadumbre y el verte como inmersa en amarga aflicción por mi privación. Siento tanta pena de tu aflicción, especialmente porque es por causa mía, que la siento como si fuera mía, y es tan grande, que si se unieran todas las aflicciones de los otros, no me daría tanta pena como la tuya sola, porque es sólo por causa mía. Por eso, muéstrame tu rostro alegre y hazme ver que estás contenta".

(3) Después se ha estrechado fuertemente a mí y ha agregado:

(4) "La señal de que el alma está perfectamente estrechada y unida Conmigo, es si está unida con todos los prójimos. Así como ninguna nota discordante y entremezclada debe existir con aquellos

que están visibles en la tierra, así ninguna nota discordante de desunión puede existir con el invisible Dios".

+ + + +

6-135
Octubre 12, 1905

El conocimiento de sí misma, vacía al
alma de sí misma y la llena de Dios.

(1) Continuando mi acostumbrado estado, cuando ha venido el bendito Jesús me ha dicho:

(2) "Hija mía, el conocimiento de sí misma vacía al alma de sí misma y la llena de Dios; y no sólo esto, en el alma hay muchos armarios, y todo lo que en el mundo se ve, de acuerdo al concepto que se forma de ello, así, quién más, quién menos, toman su lugar en estos armarios. Ahora, el alma que se conoce a sí misma y está llena de Dios, conociendo que ella es nada, más bien se sabe un vaso frágil, putrefacto, fétido, se cuida bien de hacer entrar en su interior otras podredumbres fétidas, como son las cosas que se ven en el mundo. Sería un loco aquél que teniendo una llaga putrefacta va juntando más podredumbre para ponerla sobre su llaga; conocerse a sí misma lleva consigo el conocimiento de las cosas del mundo, por eso, como todo es vanidad, fugacidad, bienes sólo disfrazados, engaños, inconstancia de criatura, entonces conociendo cuáles son las cosas en sí mismas, se cuida bien de hacerlas entrar en sí misma, y todos aquellos armarios quedan llenos de las virtudes de Dios".

+ + + +

6-136
Octubre 16, 1905

Cuanto más el alma se acerca al amor
de Dios, más perderá las virtudes.

(1) Habiendo leído un libro que trataba de las virtudes, mirándome a mí misma estaba pensativa porque no veía en mí ninguna virtud; si no fuera sólo porque quiero amarlo, lo quiero, lo amo, y quiero ser amada por Jesús bendito, nada, nada existiría en mí de Dios. Ahora, encontrándome en mi habitual estado, mi adorable Jesús me ha dicho:

(2) "Hija mía, cuanto más el alma llega al término, para acercarse a la fuente de todo bien, cual es el verdadero y perfecto amor de Dios, donde todo quedará sumergido y sólo el amor existirá para ser el motor de todo, así el alma perderá todas las virtudes que ha practicado en el viaje, para encerrar todo en el amor y reposarse de todo para sólo amar; ¿no pierden todo los bienaventurados por sólo amar? Así el alma, mientras más camina, menos siente el diverso trabajo de las virtudes, porque el amor invistiéndolas todas, las convierte todas en sí, teniéndolas en sí mismo en reposo, como tantas nobles princesas, trabajando él sólo y dándoles vida a todas, y mientras el alma no las advierte, en el amor las encuentra todas, pero más bellas, más puras, más perfectas, más ennoblecidas, y si el alma las advierte es señal de que están divididas del amor. Como por ejemplo, uno recibe una orden, y el alma ejercita la obediencia por obedecer al que da la orden para adquirir la virtud, para sacrificar la voluntad propia, y tantas otras razones que puede haber; ahora, haciendo así se advierte que se ejercita la obediencia, se siente la fatiga, el sacrificio que lleva consigo esta virtud. Otra obedece, no por obedecer al que da la orden, ni por otras razones, pero sabiendo que Dios se disgustaría por su desobediencia, ve a Dios en aquél que ordena, y por amor suyo sacrifica todo y obedece. El alma no advierte que obedece, sino sólo que ama, porque sólo por amor ha obedecido, de otra manera habría desobedecido lo mismo, y así de todo lo demás. Por eso, ánimo en el camino, que por cuanto más se camina, tanto más

rápido saborearás la bienaventuranza eterna del único y verdadero amor, aun desde aquí".

+ + + +

6-137
Octubre 18, 1905

El todo está en acrecentar el amor, y estarse cercano a Jesús.

(1) Esta mañana encontrándome en mi habitual estado, ha venido Jesús de improviso y me ha dicho:

(2) "Hija mía, qué tontería, hasta en las cosas santas piensan en cómo contentarse a sí mismos, si en las cosas santas me hacen a un lado, ¿dónde encontraré Yo un lugar en las acciones de mis criaturas? ¡Qué engaño! Mientras que el todo está en que las acciones sean precedidas por el amor, en llevarlas a cabo, reunir cuantas más cosas pueda para acrecentar el amor, y estarse tan cercano a Mí para beber de la fuente de mi amor, para sumergirse todo en mi amor. Sin embargo, ¡qué error! Hacen todo de manera diversa".

(3) Dicho esto ha desaparecido.

+ + + +

6-138
Octubre 20, 1905

La Justicia Divina convierte el fuego del pecado en fuego de castigo.

(1) Encontrándome en mi habitual estado, después de haber esperado mucho, en cuanto ha venido el bendito Jesús, casi en acto de mandar castigos, me ha dicho:

(2) "Hija mía, el pecado es fuego, mi justicia es fuego. Ahora, debiendo mi justicia mantenerse siempre igual, siempre justa en su obrar, y no recibir en sí ningún fuego profano, cuando el fuego del pecado quiere unirse al suyo, lo derrama sobre la tierra, convirtiéndolo en fuego de castigo".

+ + + +
6-139
Octubre 24, 1905

Las miserias de la naturaleza humana, sirven para reordenar en ella el orden de todas las virtudes.

(1) Considerando mi miseria, la debilidad de la naturaleza humana, me sentía ser un objeto abominable a mí misma, e imaginaba cómo soy más abominable ante Dios, y decía entre mí: "Señor, cómo se ha hecho fea la naturaleza humana". Y viniendo me ha dicho:

(2) "Hija mía, nada ha salido de mis manos que no sea bueno, más bien he creado la naturaleza humana bella, pero de apariencia engañosa, y si el alma la ve despreciable, purulenta, débil, abominable, esto sirve a la naturaleza humana como sirve el estiércol a la tierra, que quien no entiende del todo diría: Loco aquél que ensucia el terreno con esta suciedad, mientras que quien entiende sabe que esa suciedad; sirve para fecundar la tierra, para hacer crecer las plantas y hacer más bellos y sabrosos los frutos. Así que he creado la naturaleza humana con estas miserias para reordenar en ella el orden de todas las virtudes, de otra manera quedaría sin el ejercicio de las verdaderas virtudes".

(3) Entonces veía en mi mente la naturaleza humana como si estuviera toda llena de hoyos, y en estos hoyos estaba el pus, el

fango, y de dentro salían ramas cargadas de flores y frutos. Por eso comprendía que el todo está en el uso que hagamos de ella, incluso de las mismas miserias.

+ + + +
6-140
Noviembre 2, 1905

El alma debe uniformarse a la Divina Voluntad,
y el alma que se comporta de este modo,
Jesús la hace vivir de Él y en Él.

(1) Encontrándome en mi habitual estado, estaba muy afligida por la privación de mi adorable Jesús, y estaba diciendo: "¡Ah Señor! Yo no quiero otra cosa que a Ti, no encuentro otro contento mas que en Ti sólo, ¿y Tú me has dejado tan cruelmente?" Mientras esto decía, ha salido de dentro de mi interior y me ha dicho:

(2) "¡Ah! Así es, Yo solo soy tu contento, y Yo encuentro todo mi contento en ti, así que si no tuviera a otro, tú sola me volverías feliz. Hija mía, un poco de paciencia hasta que comiencen las guerras, que después nos pondremos en orden como antes".

(3) Y yo sin saber qué cosa decía, yo misma, he dicho: "Señor, hazlas comenzar". Pero rápidamente he agregado: "Señor, me he equivocado".

(4) Y Él: "Tu voluntad debe ser la mía, nada debes querer, aunque sea cosa santa, que no sea uniforme a mi Voluntad. En el giro de mi Voluntad quiero que tú gires siempre, sin salir un instante, para poderte volver dueña de Mí mismo; Yo quiero la guerra, también tú. Y con el alma que se comporta de este modo, Yo hago de mi Ser un circulo en torno a ella, de modo de hacerla vivir de Mí y en Mí".

(5) Y ha desaparecido.

+ + + +
6-141
Noviembre 6, 1905

Jesús en sus penas, su finalidad era principalmente complacer en todo y por todos al Padre,
y después la redención de las almas.

(1) Pensando en la Pasión de Nuestro Señor, decía entre mí misma: Cuánto quisiera entrar en el interior de Jesucristo para poder ver todo lo que Él hacía, y para ver lo que más agradaba a su corazón, para poderlo hacer también yo y mitigar sus penas ofreciéndole lo que a Él más le agradaba". Mientras esto decía, el bendito Jesús moviéndose en mi interior me ha dicho:

(2) "Hija mía, mi interior estaba ocupado en las penas, principalmente a complacer en todo y por todos a mi amado Padre, y después en la redención de las almas; y la cosa que más agradaba a mi corazón era el ver la complacencia que me mostraba el Padre al verme sufrir tanto por amor suyo, así que todo lo reunía en Sí, ni siquiera un respiro, un suspiro se dispersó, sino que todo lo recogió para poderse complacer y mostrarme su complacencia. Y Yo estaba tan satisfecho de esto, que si no tuviera otra cosa, la sola complacencia de mi Padre me bastaba para sentirme satisfecho por lo que sufría; mientras que por parte de las criaturas, mucho, mucho de mi Pasión quedó disperso. Y tanta era la complacencia del Padre, que a torrentes derramaba en mi Humanidad los tesoros de la Divinidad. Por eso acompaña mi Pasión de esta manera, que me darás mucho gusto".

+ + + +

6-142
Noviembre 8, 1905

El alma que se resigna a la Divina Voluntad,
llega a hacer de Dios su alimento cotidiano.

(1) Habiendo esperado mucho, en cuanto Jesús ha venido me ha dicho:

(2) "Hija mía, al alma que se resigna a mi Voluntad, le sucede como a aquél que acercándose a ver un bello alimento siente el deseo de comerlo, y excitándose el deseo pasa a disfrutar aquel alimento y convertirlo en su carne y en su sangre. Si no hubiera visto el bello alimento no podía venir el deseo, ni podía sentir el gusto, y continuaría permaneciendo en ayunas. Así es la resignación al alma, mientras se resigna, en la misma resignación descubre una luz divina, y esta luz despeja la niebla que impide ver a Dios, y viéndolo, desea gustar de Dios, y mientras lo gusta siente como si lo comiera, de modo que lo siente todo transformado en sí al mismo Dios. Así que de esto se entiende que el primer paso es el resignarse, el segundo es el deseo de hacer en todo la Voluntad de Dios, el tercero hacer de Él su alimento exquisito cotidianamente, el cuarto es consumar la Voluntad de Dios en la suya. Pero si no hace el primer paso quedará en ayunas de Dios".

+ + + +
6-143
Diciembre 12, 1905

La palabra de Dios es palabra fecunda que germina virtudes.

(1) Continuando mi habitual estado, en cuanto ha venido el bendito Jesús me ha dicho:

(2) "Hija mía, cuando la criatura obra el bien, parte de ella una luz que va al Creador, y esta luz da gloria al Creador de la luz, y embellece con una belleza divina al alma".

(3) Después veía al confesor que tomaba el libro escrito por mí para leerlo, y junto estaba Nuestro Señor que decía:

(4) "Mi palabra es lluvia, y así como la lluvia fecunda la tierra, así la señal para saber si lo que está escrito en este libro es lluvia de mi palabra, es ver si es palabra fecunda que germina virtudes".

+ + + +

6-144
Diciembre 15, 1905

Jesús quiso ser crucificado y levantado en la cruz,
para hacer que las almas, según lo quieran, lo encuentren.

(1) Continuando mi habitual estado, estaba pensando en la Pasión de Jesús bendito, y haciéndose ver crucificado me participaba un poco de sus dolores diciéndome:

(2) "Hija mía, quise ser crucificado y levantado en la cruz para hacer que las almas, según me quieran me encuentren. Así que uno me quiere como maestro porque siente la necesidad de ser enseñado, y Yo me abajo a enseñarle tanto las cosas pequeñas como las más altas y sublimes para hacerlo el más docto. Otro gime en el abandono, en el olvido, quisiera encontrar un padre, viene a los pies de mi cruz, y Yo me hago padre dándole habitación en mis llagas, por bebida mi sangre, por alimento mis carnes, y por herencia mi mismo reino. Aquél otro está enfermo y me encuentra médico, que no sólo lo curo, sino que le doy los remedios seguros para no caer más en las enfermedades. Este otro está oprimido

por calumnias, por desprecios, y a los pies de mi cruz encuentra a su defensor, hasta cambiarle las calumnias, los desprecios, en honores divinos; y así de todo lo demás, así que quien me quiere juez me encuentra juez, quién amigo, quién esposo, quién abogado, quién sacerdote, así me encuentran. Por eso quise ser clavado de manos y pies, para no oponerme a nada de lo que quieren, para hacerme como quieren; pero, ¡ay! de quien viendo que Yo no puedo moverme, ni siquiera un dedo, se atreven a ofenderme".

(3) Mientras esto decía he dicho: "Señor, ¿quiénes son los que más te ofenden?" Y Él ha agregado:

(4) "Aquellos que más me hacen sufrir son los religiosos, los cuales viviendo en mi Humanidad me atormentan y laceran mis carnes en mi misma Humanidad; mientras que quien vive fuera de mi Humanidad, me lacera de lejos".

+ + + +
6-145
Enero 6, 1906

La oración es música al oído de Jesús, especialmente
si es de un alma uniformada a su Voluntad.

(1) Continuando mi acostumbrado estado, en cuanto ha venido mi bendito Jesús y en el acto en que estaba orando, estrechándome me ha dicho:

(2) "Hija mía, la oración es música a mi oído, especialmente cuando un alma está toda uniformada a mi Voluntad, de modo que no se advierte en todo su interior mas que una continua actitud de vida de Voluntad Divina. Esta alma es como si saliera otro Dios y me hiciera esta música, ¡oh! cómo es agradable encontrar quien me pague con la misma moneda y pueda darme los honore divinos. Sólo quien vive en mi Querer puede llegar a tanto, porque todas las

demás almas, aunque hicieran y oraran mucho, serán siempre cosas y oraciones humanas las que harán, no divinas, por eso no tendrán aquella potencia y aquel atractivo a mi oído".

+ + + +
6-146
Enero 14, 1906

Jesús forma su imagen en la luz que sale del alma.

(1) Encontrándome en mi habitual estado, en cuanto ha venido el bendito Jesús me ha dicho:

(2) "Hija mía, Yo no estoy contento cuando salen del alma reflejos de luz, quiero que sea luz el pensamiento, luz la palabra, luz el deseo, luz las obras, luz los pasos, y estas luces unidas forman un sol, y en este sol viene formada toda mi imagen, y esto sucede cuando hace todo, todo por Mí, se vuelve toda luz, y así como quien quiere entrar dentro de la luz solar no encuentra obstáculo para poder entrar, así Yo no encuentro obstáculo en este sol que la criatura ha formado de todo su ser; en cambio, en quien no es toda luz encuentro muchos impedimentos para formar mi imagen".

+ + + +
6-147
Enero 16, 1906

Quien vive en el ambiente de la Voluntad
Divina está en el puerto de todas las riquezas.

(1) Continuando mi acostumbrado estado, por poco tiempo ha venido mi bendito Jesús y me ha dicho:

(2) "A la verdad nadie puede resistir, ni el hombre puede decir que no es verdad; por cuan malo y estúpido no puede decir uno que el blanco es negro, y que el negro es blanco, que la luz es tinieblas, y que las tinieblas son luz; sólo que quien la ama la abraza y la pone en acción, y quien no la ama queda turbado y atormentado".

(3) Y como relámpago ha desaparecido, y poco después ha regresado y ha agregado:

(4) "Hija mía, quien vive en el ambiente de mi Voluntad está en el puerto de todas las riquezas, y quien vive fuera de este ambiente de mi Voluntad, está en el puerto de todas las miserias, por eso se dice en el Evangelio que a quien tiene le será dado, y a quien no tiene le será quitado aquel poco que tiene, porque quien vive en mi Voluntad, estando en el puerto de todas las riquezas, no es maravilla que se irá enriqueciendo siempre más con todos los bienes, porque vive en Mí como en su propia casa, y Yo, teniéndolo en Mí, ¿seré acaso avaro? ¿No iré dándole día con día, ahora un favor, ahora otro, y jamás cesaré de darle hasta en tanto que no le haya participado todos mis bienes? Sí, ciertamente, en cambio quien vive en el puerto de las miserias, fuera de mi Voluntad, ya por sí misma la propia voluntad es la más grande de las miserias y la destructora de todo bien, ¿qué maravilla entonces que si tiene un poco de bien, no teniendo contacto con mi Voluntad y viéndolo inútil en aquella alma le sea quitado?"

Deo Gratias.

Nihil obstat
Canonico Hanibale
M. Di Francia

Eccl.

Imprimatur
Arzobispo Giuseppe M. Leo
Octubre de 1926

[1] Este libro ha sido traducido directamente del original manuscrito de Luisa Piccarreta.

[2] Este capítulo tiene fecha 12/02/04 porque debido a un olvido no lo puso en lo que escribió en dicha fecha, y por orden del confesor lo hace ahora. Ella repite esta fecha en el encabezado aunque no corresponde.

[3] El 2 de enero de 1905 se rindió el general ruso Anatoli Mijáilovich Stësel.

[1]

I. M. I.

7-1
Enero 30, 1906

La constancia ordena todo.

(1) Continuando mi habitual estado, en cuanto ha venido el bendito Jesús me ha dicho:

(2) "Hija mía, cómo es necesario que el alma sea constante en hacer el bien que ha comenzado, porque si bien tiene principio, pero no tendrá fin, y no teniendo fin es necesario que se uniforme a los modos del Eterno Dios. Dios es justo, es santo, es misericordioso, es Aquél que contiene todo, ¿pero tal vez por un solo día? No, siempre, siempre, así el alma no debe ser un día paciente, humilde, obediente, y otro día impaciente, soberbia, caprichosa. Estas son virtudes rotas, es un mezclar negro y blanco,

luz y tinieblas, todo es desorden, todo es confusión, modos todos diferentes a los de su Creador. En tales almas hay guerra continua, porque las pasiones le hacen guerra, porque viéndose nutridas frecuentemente esperan que la victoria sea de ellas; guerra por parte de los demonios, de las criaturas y aun por parte de las mismas virtudes, las que viéndose desilusionadas le hacen guerra encarnizada y terminan con nausearla, y si se salvan estas almas, ¡oh! cuánto tendrá que trabajar el fuego del purgatorio. En cambio para el alma constante todo es paz, ya la sola constancia hace que todo esté en su puesto, las pasiones se sienten morir, y ¿quién es aquél que estando cercano a morir piensa en hacer guerra a alguien? La constancia es espada que pone todo en fuga, es cadena que ata todas las virtudes, de modo que se siente acariciada continuamente por ellas, y el fuego del purgatorio no trabajará nada porque la constancia ha ordenado todo y la ha hecho similar a los modos del Creador".

+ + + +

7-2
Febrero 9, 1906

La unión de nuestras acciones con las
de Jesús, es garantía de salvación.

(1) Continuando mi habitual estado, he visto la sombra del bendito Jesús, todo afligido y casi en acto de mandar castigos. Yo al verlo he dicho: "En el modo como está, ¿quién podrá salvarse, no sólo de los castigos, sino también la misma salvación?" Y Él, cambiando aspecto ha dicho:

(2) "Hija mía, la unión de las obras humanas con las mías, es garantía para salvarse, porque si dos personas trabajan en un mismo terreno, el trabajar en aquel terreno es garantía de que ambas deberán cosechar; así quien une sus obras con las mías, es como si trabajara en mi terreno, por lo tanto, ¿no deberá cosechar

en mi reino? ¿Tal vez deberá trabajar junto Conmigo en mi terreno, y deberá cosechar en un reino extraño a Mí? ¡Ciertamente que no!"

+ + + +

7-3
Febrero 12, 1906

Las virtudes nos hacen llegar a cierta altura.
En la Divina Voluntad no hay confines.

(1) Encontrándome en mi habitual estado, me sentía toda oprimida por la privación de mi bendito Jesús, entonces, en cuanto ha venido me ha dicho:

(2) "Hija mía, todas las virtudes en las criaturas fabrican un muro de determinada altura, pero el muro del alma que vive en la Voluntad de Dios es un muro tan alto y profundo, que no se encuentra ni la profundidad, ni la altura, y es todo de oro puro y macizo, no sujeto a ningún infortunio, porque estando este muro en el Divino Querer, esto es, en Dios, Dios mismo lo custodia, y contra Dios no hay potencia que valga, y el alma mientras vive en este Querer Divino, es revestida por una luz toda semejante a la de Aquél en el cual vive, tanto, que aun en el Cielo resplandecerá más que todos los demás y será para los mismos santos ocasión de mayor gloria. ¡Ah! Hija mía, piensa un poco que ambiente de paz, de bienes contiene la sola palabra: "Voluntad de Dios", el alma, con el solo pensamiento de querer vivir en este ambiente, ya se siente cambiada, siente un aire divino que la inviste, se siente perder su ser humano, se siente divinizada; de impaciente se hace paciente; de soberbia, humilde, dócil, caritativa, obediente; en suma, de pobre se hace rica; todas las otras virtudes surgen para hacerle corona a este muro tan alto que no tiene confines; porque como Dios no tiene confines, el alma queda perdida en Dios y pierde sus propios confines y adquiere los confines de la Voluntad de Dios".

+ + + +

7-4
Febrero 23, 1906

Cómo Jesús quedó clavado en la cruz en la Voluntad del Padre.

(1) Esta mañana estaba pensando en Nuestro Señor, en el momento en que lo clavaban en la cruz y lo estaba compadeciendo, y el bendito Jesús me ha dicho:

(2) "Hija mía, no fueron sólo las manos y los pies los que fueron clavados en la cruz, sino todas las partículas de mi Humanidad, del alma y de la Divinidad quedaron clavadas todas en la Voluntad del Padre, porque la crucifixión fue Voluntad del Padre, por eso quedé todo, en su Voluntad, clavado y transmutado, esto era necesario porque ¿qué cosa es el pecado sino un retirarse de la Voluntad de Dios, de todo lo que es bueno y santo que Dios nos ha dado, creerse por sí mismo algo, y ofender al mismo Creador? Y Yo para reparar esta audacia y este ídolo propio que se hace la criatura de sí misma, quise perder del todo mi voluntad y vivir de la Voluntad del Padre, a costa de gran sacrificio".

+ + + +

7-5
Febrero 28, 1906

El honor más grande que la criatura puede dar a Dios
es el depender en todo de su Voluntad Divina.
Modo como se comunica la Gracia.

(1) Esta mañana, el bendito Jesús en cuanto se ha hecho ver me ha dicho:

(2) "Hija mía, el honor más grande que la criatura puede dar a Dios como Creador, es el de depender en todo de su Voluntad Divina, y el Creador viendo que la criatura hace su deber de criatura hacia el Creador, le comunica su Gracia".

(3) Y mientras esto decía, salía una luz de Jesús bendito y me hacía comprender el modo como comunica la Gracia. Y yo comprendía así: Que el alma, por ejemplo, siente en ella un aniquilamiento de sí misma, ve su nada, su miseria, inhabilitada para hacer ni siquiera una sombra de bien, ahora, mientras se siente en este estado, Dios comunica su Gracia, y la Gracia de la verdad, así que el alma descubre en todo la verdad sin engaño, sin tinieblas, y entonces lo que Dios es por naturaleza: Verdad Eterna, que no puede engañar, ni ser engañada, el alma lo llega a ser por Gracia, o sea, el alma siente un desapego de las cosas de la tierra, ve su fugacidad, su inestabilidad, ve como todo es falso, todo podredumbre, que merecen ser aborrecidas en vez de amadas. Dios mientras el alma se siente en este estado, comunica su Gracia, y la Gracia del verdadero amor y del amor eterno; comunica su belleza, de tal modo que hace enloquecer al alma amante, y el alma queda llena del amor y de la belleza de Dios, y entonces lo que Dios es por naturaleza: Amor y belleza eterna, el alma lo llega a ser por Gracia, y así de todas las otras virtudes divinas, porque si lo quisiera decir todo sería demasiado largo. Sólo agrego que la Gracia previene al alma, la excita, pero sólo se comunica y entra a tomar posesión cuando el alma mastica esas verdades y como alimento las traga, por eso no todos reciben los efectos dichos arriba, porque como relámpagos los dejan huir de la mente y no les hacen un lugar.

+ + + +

7-6
Marzo 4, 1906

Broma que hace Jesús.

(1) Continuando mi habitual estado, estaba diciendo interiormente: "Señor, manifiéstame tu Voluntad, si debo o no estar en este estado. ¿Qué pierdes con decirme un sí o un no?" Mientras esto decía el bendito Jesús se ha hecho oír en mi interior y me ha dicho:

(2) "Hija mía, digo que quiero que salgas de este estado de víctima, pero si lo haces, ¡ay de ti!"

(3) Y yo: "Si Tú mismo me dices que quisieras que salga, ¿no debo hacerlo?

(4) Y Él: "Debo decírtelo, empujarte, violentarte, y no debes hacerlo, porque una hija que está siempre con su padre debe conocer el temperamento del padre, el tiempo, la causa; debe ponderar bien todo, y si es necesario debe disuadir al propio padre de darle aquella orden".

(5) Y yo: "No lo he hecho porque la obediencia no quiere".

(6) Y Él sin darme tiempo: "Y si te lo permite, ¡pobre de aquél que lo haga!"

(7) Yo al oír esto he dicho: "Señor, parece que esta vez quieres tentarme y crearme tantas turbaciones; yo misma no sé ya qué debo hacer".

(8) Y Él: "He querido jugar un poco contigo; ¿no juegan acaso alguna vez los esposos entre ellos, y Yo no puedo hacer otro tanto?"

+ + + +

7-7
Marzo 5, 1906

Jesús le pide que lo consuele. Ve suicidarse a un hombre.

(1) Continuando mi habitual estado, me he encontrado fuera de mí misma, junto con el niño Jesús todo afligido. Yo al verlo tan afligido he dicho: "Querido mío, dime ¿qué cosa quieres? ¿Por qué sufres? Para poder aliviarte". Entonces Él se ha puesto con el rostro en tierra y rezaba para que yo pudiera interpretar su Voluntad, pero yo no entendía nada; lo he levantado de la tierra, lo he besado muchas veces y he dicho: "Amado mío, no entiendo que cosa quieres, ¿quieres que sufra la crucifixión?"

(2) Y Él: "No".

(3) Y ha tomado mi brazo en su mano y me desataba el puño de la camisa, y yo al ver esto he dicho: "¿Quieres que mi brazo esté descubierto? Siento mucha pena, pero por amor tuyo me someto".

(4) Mientras estaba en esto, veía a un hombre que llevado por la desesperación y por la estima propia de sí mismo se suicidaba, y esto en nuestra ciudad. Entonces el niño me ha dicho:

(5) "No puedo contener tanta amargura, recibe tu parte".

(6) Y ha derramado en mi boca un poco de su amargura. Yo he corrido hacia aquel hombre para ayudarlo a arrepentirse del mal que había hecho, los demonios tomaban aquella alma y la arrojaban al fuego, la volteaban y la volteaban como si la estuvieran asando. Yo por dos veces la he liberado, y me he encontrado en mí misma rogando al Señor que usara su misericordia con aquella desventurada alma. El bendito Jesús ha regresado con la corona de espinas y tan encajada en la cabeza, que las espinas parecía que estaban hasta en la boca, y me ha dicho:

(7) "¡Ah! Hija mía, muchos no lo creen, que las espinas penetraron hasta dentro de la boca. Es tan feo el pecado de la soberbia, que es veneno para el alma y el cual la mata; así como quien tiene una cosa atravesada en la boca, y ésta le impide que tome algún

alimento para darle vida al cuerpo; así la soberbia impide la Vida de Dios en el alma; por eso quise sufrir tanto por la soberbia humana; y con todo esto, la criatura llega a tanta soberbia, que ebria de soberbia pierde el conocimiento de sí misma y llega a matar su cuerpo y su alma".

(8) Esto lo digo por obedecer: Que habiendo dicho al padre lo que está escrito arriba, me aseguró que esta mañana un hombre se había suicidado".

+ + + +

7-8
Marzo 9, 1906

Ve las almas purgantes ir en auxilio de los pueblos.

(1) Continuando mi habitual estado, he visto al bendito Jesús y a muchas almas purgantes que Jesucristo mandaba en ayuda de los pueblos, en los cuales parecía que debían suceder muchas desgracias de enfermedades contagiosas, en algún lugar terremotos; además, quien se suicidaba, quien se arrojaba en los pozos, en los mares, y quien mataba a otros, parecía que el hombre estaba cansado de sí mismo, porque sin Dios no siente la fuerza de continuar la vida. ¡Oh Dios, cuántos castigos y cuántos miles de personas serán victimas de estos flagelos!

+ + + +

7-9
Marzo 13, 1906

Si el alma no puede estar sin Jesús, es
señal que ella es necesaria a su amor.

(1) Esta mañana, el bendito Jesús no venía, y yo decía entre mí: "Señor, ¿no ves como siento que me falta la vida? Siento tanta necesidad de Ti, que si Tú no vienes siento que se destruye mi ser, no me niegues lo que me es absolutamente necesario; no te pido besos, caricias, favores, sino sólo lo que me es de necesidad". Mientras esto decía me he encontrado toda absorbida en Él, de tal manera perdido todo mi ser, que no podía hacer ni ver otra cosa que lo que hacía y veía Él mismo. Me sentía dichosa, feliz, todas mis potencias adormecidas, como uno que va al fondo del mar, donde todo es agua, y si hace por mirar, mira el agua; si habla, el agua le impide la palabra y le entra hasta las vísceras; si quiere oír, sólo el murmullo de las aguas le entra por las orejas, con esta diferencia, que en el mar hay peligro de perder la vida, y no se siente ni dichosa ni feliz, en cambio en Dios se readquiere la Vida Divina, la felicidad y bienaventuranza. Entonces el bendito Jesús me ha dicho:

(2) "Hija mía, si tú no puedes estar sin Mí, y tanto te soy necesario, es señal de que tú eres necesaria a mi amor, porque según uno se vuelve necesario a otro, es señal que aquél es necesario al otro; por eso, si bien alguna vez parece que no debo venir y tú te fatigas, y veo la necesidad que tienes de Mí, y según crece en ti la necesidad, crece también en Mí, y digo entre Mí: Voy a ella a tomar este alivio a mi Amor, y es por eso que después de que te has fatigado, Yo vengo".

+ + + +

7-10
Abril 17, 1906

Dios armará los elementos en contra del hombre.

(1) Esta mañana me la he pasado mal, me encontraba fuera de mí misma y no veía otra cosa que fuego, parecía que se abría la tierra y amenazaba con tragarse ciudades, montes y hombres, era como

si el Señor quisiera destruir la tierra, pero en modo especial en tres diferentes puntos, uno distante del otro, y alguno de estos en Italia; parecían tres bocas volcánicas, que alguna hacía salir fuego e inundaba las ciudades, y donde se abría la tierra y sucedían horribles sacudidas de terremotos; yo no entendía bien si estaba sucediendo ahora o deberá suceder en el futuro. Cuánta ruina, y la causa de todo esto es únicamente el pecado, y el hombre no quiere rendirse, parece que se ha puesto contra Dios, y Dios armará los elementos en contra del hombre, el agua, el fuego, el viento y tantas otras cosas, y estos harán morir a muchísimos . ¡Qué espanto, qué horror! Me sentía morir al ver todas estas escenas dolorosas, hubiera querido sufrir cualquier cosa para aplacar al Señor. Entonces Él se ha hecho ver, pero, ¿quién puede decir cómo? Le he dicho alguna cosa para aplacarlo, pero no me prestaba atención y después me ha dicho:

(2) "Hija mía, no encuentro ya donde reposar en mi creación. Hazme reposar en ti y tú repósate en Mí y calla".

+ + + +

7-11
Abril 25, 1906

Sufre junto con Jesús. Él le da todos sus
sufrimientos y todo Sí mismo en don.

(1) Encontrándome en mi habitual estado, me parecía ver a mi bendito Jesús todo afligido dentro de mí, en el momento de sufrir la crucifixión, y parecía que yo sufría un poco junto con Él, y después me ha dicho:

(2) "Hija mía, todo es tuyo: Mis sufrimientos, y todo Yo mismo, te hago don de todo".

(3) Después ha agregado: "Hija mía, ¡cuánto me hacen las criaturas, que sed tienen de pecados, que sed de sangre!; no quisiera Yo hacer otra cosa que abrir las entrañas de la tierra e incendiarlos a todos".

(4) Y yo: "Señor, ¿qué dices? Me dijiste que eres todo mío, y uno que se da a otro no es ya dueño de sí mismo; yo no quiero que hagas esto, y Tú no debes hacerlo. Si quieres satisfacción de mí, hazme sufrir lo que quieras, estoy dispuesta a todo".

(5) Entonces me lo sentía dentro de mí como si lo tuviera atado, y Él me repetía varias veces:

(6) "¡Déjame hacer porque no puedo más, déjame hacer porque no puedo más!"

(7) Y yo repetía: "No quiero Señor, no quiero". Pero mientras esto decía, sentía que se me rompía el corazón de ternura al ver su bondad tan condescendiente hacia un alma pecadora cual soy yo. Comprendía tantas cosas de la bondad divina, pero no sé decirlas bien.

+ + + +

7-12
Abril 26, 1906

Jesús no le deja ver los castigos para no afligirla.

(1) Continuando mi pobre estado, sentía que había algunas personas alrededor de mi cama que querían que yo viera los castigos que estaban sucediendo en el mundo, esto es: Terremotos, guerras y otras cosas más que yo no entendía bien, para que implorara ante el Señor; me parecía que eran santos, pero no sé decirlo con certeza. Mientras estaba en esto ha salido de mi interior el bendito Jesús, y les ha dicho:

(2) "No me la molesten, no la aflijan con querer hacerle ver escenas dolorosas, más bien hagan que esté tranquila, y déjenla en paz Conmigo".

(3) Ellas se han ido y yo he quedado pensando: ¿Quién sabe qué está sucediendo, y ni siquiera quiere que lo vea? Después me he encontrado fuera de mí misma y veía a un sacerdote que hablaba de los terremotos que habían sucedido en los días pasados y decía: "El Señor está muy indignado, creo que no han terminado aún los castigos".

(4) Y yo: "¿Quién sabe si seremos perdonados nosotros?" Y él, avivándose, parecía que el corazón le latía tan fuerte que yo lo oía, y esos latidos repercutían en mi corazón; yo no comprendía quién era, sentía comunicárseme un no sé qué, y aquél ha dicho:

(5) "¿Cómo pueden suceder cosas graves de ruina, de morir gente, donde hay un corazón que ama por todos? A lo más se podrá sentir alguna sacudida, pero sin daño notable".

(6) Yo, al oír "un corazón que ama por todos", me he sentido como enfadada, y yo misma no sé decir cómo es que he dicho: "¿Qué dices, un corazón que ama por todos? No sólo que ama por todos, sino que repara por todos, que sufre, que agradece, que alaba, que adora, que respeta la santa ley por todos; porque yo no considero verdadero amor hacia la persona amada si no le da todo el amor y toda la satisfacción que le deberían dar todos los demás, de modo que en esa persona pueda encontrar todo el bien y el contento que debería encontrar en todos".

(7) Él, al escucharme, más se encendía, se acercaba queriéndome estrechar; yo temía, sentía vergüenza por haber hablado así; mi corazón golpeado por sus latidos me latía fuerte. Entonces parecía que Él se transformaba como si fuera Nuestro Señor, pero no sé decirlo con certeza. Y sin poderme oponer me ha estrechado a Sí diciéndome:

(8) "Todas las mañanas vendré a ti y desayunaremos juntos".

(9) Mientras estaba en esto me he encontrado en mí misma.

+ + + +

7-13
Abril 29, 1906

El alma vacía de todo es como el agua que corre siempre.

(1) Continuando mi habitual estado, en cuanto ha venido el bendito Jesús, llenando todo mi interior de Sí mismo me ha dicho:

(2) "Hija mía, el alma vacía es como el agua que corre siempre, y sólo se detiene cuando llega al centro de donde ha salido; y así como el agua que no tiene color puede recibir en sí todos los colores que en ella se reflejen, así el alma vacía, corre siempre hacia el centro divino de donde salió, y sólo se detiene cuando llega a llenarse toda, toda de Dios, porque estando vacía nada se le escapa del Ser Divino, y como no tiene color propio recibe en sí todos los colores divinos. Ahora, sólo el alma vacía, porque está vacía de todo, comprende las cosas según la verdad, por ejemplo: La preciosidad del sufrir, el verdadero bien de la virtud, la sola necesidad de lo eterno, porque para amar una cosa es de absoluta necesidad que se odie la cosa contraria a la que se ama, y sólo el alma vacía es la que llega a tanta felicidad".

+ + + +

7-14
Mayo 4, 1906

Temores y lágrimas del alma. Jesús le pide
que sea más precisa en el escribir.

(1) Estaba muy afligida por no haber visto claramente a mi adorable Jesús, con el agregado de que el pensamiento me decía que Jesús, Aquél que es mi vida, ya no me amaba. ¡Oh Dios, qué penas mortales sentía mi pobre corazón, no sabía qué hacer para liberarme de esto! He derramado lágrimas amargas, y para liberarme he dicho: "No me quiere más, pero a despecho de que Él no me quiere más, lo querré más que antes". He escrito esto para obedecer.

(2) Después de mucho esperar ha venido y ponía mis lágrimas sobre su rostro; yo no entendía bien el por qué, pero me parecía que como aquel pensamiento me había excitado y casi empujado a amarlo de más, Él complaciéndose por eso me ha dicho:

(3) "¿Cómo, no te amo? Te amo tanto, que aun de tus lágrimas llevo cuenta, y las llevo sobre mi rostro para mi contento".

(4) Después ha agregado: "Hija mía, quiero que seas más precisa, más exacta, que manifiestes todo al escribir, porque muchas cosas las omites, si bien tú las tomas sin escribir, pero muchas servirán para los demás".

(5) Yo al oír esto he quedado confundida, porque ciertamente lo hago, pero es tanta la repugnancia de escribir, que sólo los milagros que sabe hacer la obediencia pueden vencerme, porque de mi voluntad no sería buena para escribir ni siquiera una coma.

(6) Sea todo para gloria de Dios y para mi confusión.

+ + + +

7-15
Mayo 6, 1906

Dios es alimento y vida del alma.

(1) Continuando mi habitual estado, ha venido el bendito Jesús con un pan en la mano, como si me quisiera fortalecer, porque por sus continuas privaciones me siento tan mal, que parece que sólo un hilo de vida me mantenga viva, y que bajo este hilo quedaría incinerada y consumida. Después de haberme fortificado con aquel pan me ha dicho:

(2) "Hija mía, así como el pan material es alimento y vida del cuerpo, y no hay partícula del cuerpo que no reciba vida de este pan, así Dios es alimento y vida del alma, y no debe haber partícula que no tome vida y alimento de Dios, esto es, animar a todo sí mismo en Dios, como nutrir sus deseos en Dios, los afectos, las inclinaciones, el amor, hacerlos tomar vida y alimento en Dios, de modo que ningún otro alimento debería gustar que Dios solo, pero, ¡oh, cuántos hacen que sus almas se alimenten de toda clase de porquerías!"

(3) Dicho esto ha desaparecido y me he encontrado dentro de una iglesia, y parecía que varias personas decían: "¡Maldito, maldito! Como si quisieran maldecir al Señor bendito, y también a las mismas criaturas. Yo no sé cómo comprendía todo el peso de aquellas maldiciones, como si significaran destrucción de Dios y de ellos mismos, y yo lloraba amargamente por estas maldiciones. Después veía en el altar a un sacerdote que celebraba, como si fuera Nuestro Señor, que yendo en medio de aquellos que habían dicho esas maldiciones, con voz solemne y con autoridad ha dicho: "¡Maledicti, maledicti! Esto lo ha dicho al menos por una veintena de veces o más, y mientras esto decía, parecía que caían muertas miles y miles de personas, quién por revolución, quién por terremotos, quién en el fuego y quién en el agua, y me parecía que estos castigos eran precursores de las cercanas guerras. Yo lloraba, y Él acercándose a mí me ha dicho:

(4) "Hija mía, no temas, a ti no te maldigo, más bien te digo: "¡Bendita mil y mil veces! Llora y reza por estos pueblos".

+ + + +

7-16
Mayo 7, 1906

Jesús no quiere salir del interior de Luisa.

(1) Esta mañana, habiendo recibido la comunión, veía al bendito Jesús en mi interior y le decía: "Amado mío, sal de ahí, ven fuera a fin de que te pueda estrechar, besar y hablarte". Y Él haciéndome una señal con la mano me ha dicho:

(2) "Hija mía, no quiero salir, estoy bien en ti, porque si salgo de tu humanidad, siendo que la humanidad contiene ternura, compasión, debilidad, temor, sería como si saliera de dentro de mi Humanidad viviente, y ocupando tú el mismo oficio mío de víctima, debería hacerte sentir el peso de las penas de los demás, y por lo tanto perdonarlos en parte. Saldré, sí, pero no de dentro de ti, sino fuera de Dios, sin Humanidad y mi justicia hará su curso como conviene para castigar a las criaturas".

(3) Y parecía que más se adentraba, y yo le repetía: "Señor, sal, perdona en parte a tus hijos, tus mismos miembros, tus imágenes". Y Él haciendo señas con la mano repetía:

(4) "No salgo, no salgo".

(5) Esto lo ha repetido más y más veces. Me ha comunicado tantas cosas de lo que contiene la humanidad, pero no sé decirlas, las tengo en la mente y no puedo explicarlas con palabras. No hubiera querido escribir esto, pero la obediencia lo ha querido. Fiat, siempre Fiat.

+ + + +

7-17
Mayo 15, 1906

El alma es como una esponja, que si se exprime a sí misma, se impregna de Dios.

(1) Continuando mi habitual estado, sentía una extrema aflicción por la privación del bendito Jesús, cansada y casi extenuada de fuerzas. Ahora, en cuanto se ha hecho ver en mi interior me ha dicho:

(2) "Hija mía, lo que el alma debe hacer es un continuo exprimirse a sí misma, porque el alma es como una esponja, se exprime a sí misma y se impregna de Dios, y embebiéndose de Dios siente la Vida de Dios en sí misma, y por eso siente el amor a la virtud, siente tendencias santas, se siente vacía de sí misma y transformada en Dios, y si no se exprime a sí misma queda impregnada de sí misma, y por lo tanto siente todos los efectos que contiene la corrupta naturaleza, todos los vicios asoman la cabeza: La soberbia, la envidia, la desobediencia, la impureza, etc, etc".

+ + + +

7-18
Mayo 18, 1906

El alma sufre mientras Jesús reposa.

(1) Estaba sufriendo tanto en el alma y en el cuerpo, que yo misma no sé cómo es que vivo, entonces he visto en mi interior al bendito Jesús que reposaba y dormía tranquilamente; yo lo llamaba, lo jalaba, pero Él no me prestaba atención. Después de mucho esperar me ha dicho:

(2) "Amada mía, no quieras turbar mi reposo, ¿no me has dicho que tú quieres sufrir en lugar mío, y que quieres sufrir en tu humanidad todo lo que Yo debía sufrir en la mía si estuviera viviente, intentando reconfortar mis miembros sufrientes con tus sufrimientos, sufriendo tú para dejarme libre? Por eso mientras tú sufres Yo reposo".

(3) Y mientras esto decía se ha dormido más profundamente, y ha desaparecido. Esto que me ha dicho son mis continuas intenciones en mis sufrimientos.

+ + + +

7-19
Junio 13, 1906

El alma, con tal de ser más amada por su
sumo y único Bien, haría cualquier cosa.

(1) Me la paso siempre en continuas privaciones, a lo más se hace ver por instantes, o en mi interior descansando y durmiendo, sin decirme una palabra, y si hago por lamentarme se desinteresa diciéndome:

(2) "Injustamente te lamentas, ¿es a Mí al qué quieres? Y bien, me tienes en lo íntimo de tu interior, ¿qué más quieres? O bien, ¿si me tienes todo en ti por qué te afliges? O si es porque no te hablo, con sólo verme ya nos entendemos". O bien se la saca con un beso, con un abrazo, con una caricia; y si ve que no me tranquilizo me reprende severamente diciéndome:

(3) "Sólo me desagrada tu desagrado, si no te tranquilizas te haré desagradar de verdad ocultándome del todo".

(4) ¿Quién puede decir la amargura de mi alma? Me siento como tonta y no sé manifestar lo que siento, y además, en ciertos

estados de ánimo es mejor callar y seguir adelante. Esta mañana, en cuanto lo he visto me he sentido transportar fuera de mí, y no sé decir bien si fuera el paraíso, estaban muchos santos, todos incendiados de amor, pero lo asombroso era que todos amaban, pero el amor de uno era distinto del amor del otro; yo, encontrándome con ellos trataba de distinguirme y superarlos a todos en el amor, queriendo ser la primera de todos en amarlo, no soportando mi corazón, demasiado orgulloso, que los demás me igualaran, porque me parecía ver que quien más ama está más cerca a Jesús, y es más amado por Él. ¡Oh! El alma llegaría a todos los excesos, no tomaría en cuenta ni vida ni muerte, ni piensa si le conviene o no, en suma, haría aun locuras para obtener este intento, de estar más cerca de Él y de ser amada un poquitito de más por su sumo y único Bien. Pero con mi sumo pesar, después de breve tiempo, una fuerza irresistible me ha conducido en mí misma.

+ + + +

7-20
Junio 15, 1906

Toda la Vida Divina recibe vida del amor.

(1) Después de haber esperado mucho, mi bendito Jesús ha venido como relámpago y me ha dicho:

(2) "Hija mía, toda la Vida Divina, se puede decir que recibe vida del amor: El amor la hace generar, el amor la hace producir, el amor la hace crear, el amor la hace conservar y da continua vida a todas sus operaciones, así que si no tuviera amor, no obraría y no tendría vida. Ahora, las criaturas no son otra cosa que chispas salidas del gran fuego de amor Dios, y su vida recibe vida y actitud de obrar de esta chispa, así que también la vida humana recibe vida del amor; pero no todos se sirven de ella para amar, para obrar lo bello, lo bueno, para todo su obrar, sino que transformando

esta chispa la usan: Quién para amarse a sí mismo, quién a las criaturas, quién a las riquezas, y quién hasta a las bestias, todo esto con sumo desagrado de su Creador, que habiendo hecho salir estas chispas de su gran fuego, anhela recibirlas todas de nuevo en Sí, pero más engrandecidas, como otras tantas imágenes de su Vida Divina. Pocos son aquellos que corresponden a la imitación de su Creador. Por eso amada mía ámame y haz que también tu respiro sea un continuo acto de amor para Mí, para hacer que de esta chispita se pueda formar un pequeño incendio, y así dar desahogo al amor de tu Creador".

+ + + +

7-21
Junio 20, 1906

Todo debe reducirse a un punto solo,
esto es: Volverse todo una llama.

(1) Me sentía muy sufriente de alma y de cuerpo, y habiendo pasado la noche con fiebre me sentía quemar y consumir, y toda sin fuerzas me sentía morir, con el agregado de que Jesús no venía, verdaderamente no podía más. Ahora, después de mucho me he sentido salir fuera de mí misma, y veía a Nuestro Señor dentro de una luz grandísima, y a mí misma toda clavada, aun las más pequeñas partículas de mis miembros, así que no eran sólo las manos y pies como otras veces, sino que cada uno de mis huesos tenía su clavo metido dentro. ¡Oh! Cuántos acerbos dolores sentía yo, a cada pequeño movimiento me sentía desgarrar por aquellos clavos y desfallecía, y de vez en cuando me sentía morir, pero resignada y abismada en el Divino Querer, el cual me parecía que fuera una llave que abría los tesoros divinos para tomar la fuerza para sostenerme en aquel estado de sufrimiento, hasta volverme contenta y feliz; sin embargo yo me quemaba y estos clavos parecía que producían fuego, y yo estaba sumergida en este

fuego. El bendito Jesús me veía y parecía que se complacía por mi estado, y me ha dicho:

(2) "Hija mía, todo debe reducirse a un solo punto, esto es: Llegar a ser todo una llama, y de esta llama cernida, prensada, golpeada, sale una luz purísima, no como luz de fuego sino de sol, toda semejante a la luz que me circunda, y el alma convertida en luz no puede estar lejana de la luz divina, más bien mi luz la absorbe en sí misma y la lleva al Cielo. Por eso ánimo, es la completa crucifixión de alma y cuerpo; ¿no ves que tu luz está ya por salir de la llama, y mi luz la espera para absorberla?"

(3) Mientras esto decía, yo me he mirado y veía dentro de mí una llama grande, y de ésta salía un pequeño rayito de luz que estaba por separarse y emprender el vuelo. ¿Quién puede decir mi contento? Ante el pensamiento de morir, el pensamiento de estar siempre con mi único y sumo Bien, con mi vida, con mi centro, me siento en el paraíso anticipadamente.

+ + + +

7-22
Junio 22, 1906

Vestido misterioso semejante al de Jesús.

(1) Continuando mi estado de sufrimientos, el bendito Jesús ha venido por poco tiempo y me hacía ver un vestido todo adornado, sin costura ni abertura, que estaba suspendido sobre mi persona. Mientras esto veía me ha dicho:

(2) "Amada mía, esta vestidura es semejante a la mía, que se te ha comunicado a ti por haberte participado las penas de mi Pasión, y por haberte elegido por víctima. Este vestido cubre, protege al mundo, y siendo sin costura ni abertura ninguno escapa de su protección, pero el mundo con sus abusos no merece más que este

vestido lo cubra, y así hacerlos sentir todo el peso de la ira divina. Y Yo estoy a punto de traérmela para poder desahogar mi justicia desde hace mucho tiempo contenida por esta vestidura".

(3) Mientras estaba en esto, parecía que la luz que había visto en días pasados estaba dentro de esta vestidura, y el Señor esperaba a la una y a la otra para absorberlas en Sí mismo.

+ + + +

7-23
Junio 23, 1906

La obediencia la hace seguir viviendo
en el mundo como víctima.

(1) Continuando a sentirme mal había dicho al confesor lo que he escrito antes, callando algunas cosas que corresponden a lo mismo, parte por la debilidad extrema que sentía, no teniendo fuerzas para hablar, y parte por temor de que la obediencia me pudiese poner alguna trampa. ¡Oh! Dios Santo, qué temor, sólo Dios sabe como vivo, vivo muriendo continuamente, y mi único consuelo sería morir para reencontrar mi vida en Dios, pero la obediencia la quiere hacer de cruel verdugo, quiere tenerme muriendo continuamente y no a vivir para siempre en Dios. ¡Oh obediencia, cómo eres terrible y fuerte! Entonces el confesor me ha dicho que no lo permitía y que debía decir al Señor que la obediencia no quería. ¡Qué pena amarguísima! Después, encontrándome en mi habitual estado veía a Nuestro Señor, y al confesor que le pedía que no me hiciera morir. Yo, temiendo que le hiciera caso, lloraba, y el Señor ha dicho:

(2) "Hija, tranquilízate, no me aflijas con tu llanto, Yo tengo toda la razón en traerte, porque quiero castigar al mundo, y sólo por ti y por tus sufrimientos me siento como atado. El confesor también tiene razón en quererte tener en la tierra, porque, pobre mundo, pobre

Corato, en el estado en el cual se encuentra, ¿qué será de él si ninguno lo protege? Y también por él mismo, porque estando tú, algunas veces Yo me sirvo de él por medio tuyo, alguna vez directamente diciendo alguna cosa que le concierne, y alguna vez indirectamente para llamarlo, cuando para estimularlo, y cuando para disuadirlo de hacer alguna cosa que no me agrade; entonces llamándote a Mí, me serviré de los sufrimientos. Pero, ánimo, que como están las cosas Yo me siento más inclinado a contentarte a ti que al confesor, y Yo mismo sabré cambiar su voluntad".

(3) Luego me he encontrado en mí misma, no pensaba escribir esto porque no me parecía necesario el decirlo, pues viendo al confesor junto con Nuestro Señor, me parecía que ya lo sabía todo.

+ + + +

7-24
Junio 24, 1906

Continúa suspirando el Cielo.

(1) Diciendo al confesor lo que he dicho arriba, se ha inquietado porque quería, absolutamente, que yo me opusiera al Señor, que la obediencia no quería; porque yo me sentía más mal, el pensamiento de tantas privaciones del bendito Jesús que me habían quemado tanto y vuelto a quemar a lo vivo, me hacía anhelar el Cielo. Mi pobre humanidad la sentía a lo vivo e iba refunfuñando contra la obediencia. Mi pobre alma me la sentía como bajo de una prensa y no sabía que decidir. Mientras estaba en esto ha venido Nuestro Señor con un arco de luz entre sus manos, y ha salido una guadaña también de luz y tocaba el arco que Jesús tenía entre sus manos, y el arco tocado ha quedado absorbido en Cristo, y ha desaparecido sin darme tiempo de decirle lo que la obediencia quería. Yo comprendía que el arco era mi alma y la guadaña la muerte.

+ + + +

7-25
Junio 26, 1906

Ve a Jesús niño, la besa y la compadece.

(1) Continuando lo mismo, ha venido el confesor y ha seguido dándome la misma obediencia, y habiendo venido el niño Jesús le he dicho mis amarguras sobre la obediencia, y Él me acariciaba, me compadecía y me daba muchos besos. Con estos besos me infundía un aliento de vida, y encontrándome en mí misma sentía como fortalecida mi humanidad. Sólo Dios puede entender estas mis penas, porque son penas que yo no sé decir. Al menos espero que el Señor quiera dar luz a quienes dan esta clase de obediencia. El Señor me perdone, el dolor me hace decir disparates.

+ + + +

7-26
Julio 2, 1906

Con sus sufrimientos forma un anillo a Jesús.

(1) Encontrándome en mi habitual estado y continuando mis sufrimientos un poco más, ha venido mi bendito Jesús y me ha dicho:

(2) "Hija mía, verdaderamente ya te quiero traer, porque quiero estar libre para desempeñarme con el mundo".

(3) Parece que quería tentarme, pero yo no le he dicho nada de llevarme, porque la obediencia quiere lo contrario, y también porque me duelo del mundo. Mientras esto pensaba, Jesús me ha mostrado su mano, en la que lucía un bellísimo anillo con una

gema blanca, y de esta gema pendían muchas argollitas de oro entrelazadas, que formaban un bello adorno a la mano de Nuestro Señor, y Él lo iba mostrando, tanto le agradaba, y después ha agregado:

(4) "Este anillo me lo has hecho tú en estos días pasados por medio de tus sufrimientos, y Yo estoy preparando uno más bello para ti".

+ + + +

7-27
Julio 3, 1906

La Voluntad de Dios es el paraíso del alma en la tierra,
y el alma que hace la Voluntad de Dios, forma
el paraíso a Dios sobre la tierra.

(1) Habiendo recibido la comunión, me sentía toda unida y estrechada a mi divinísimo Jesús, y mientras me estrechaba, yo me reposaba en Él, y Él se reposaba en mí; y después me ha dicho:

(2) "Amada mía, el alma que vive en mi Voluntad reposa, porque la Voluntad Divina hace todo por ella, y Yo, mientras obra por ella, ahí encuentro el más bello reposo, así que la Voluntad de Dios es reposo del alma y reposo de Dios en el alma. Y el alma mientras reposa en mi Voluntad está siempre pegada a mi boca, y de ella absorbe en sí misma la Vida Divina, formando de Ella su alimento continuo. La Voluntad de Dios es el paraíso del alma en la tierra, y el alma que hace la Voluntad de Dios viene a formar el paraíso a Dios sobre la tierra.

(3) La Voluntad de Dios es la única llave que abre los tesoros de los secretos divinos, y el alma adquiere tal familiaridad en la casa de Dios, que domina como si fuera la dueña".

(4) ¿Quién puede decir lo que comprendía de esta Divina Voluntad? ¡Oh, Voluntad de Dios, cómo eres admirable, amable, deseable, bella, basta decir que encontrándome en Ti, me siento perder todas mis miserias, todos mis males, y adquirir un nuevo ser con la plenitud de todos los bienes divinos!

+ + + +

7-28
Julio 8, 1906

Jesús la atrae hacia Él con una luz.

(1) Continúa casi siempre lo mismo, solamente siento un poco más de vigor; que Dios sea siempre bendito, todo es poco por su amor, aun su misma privación, el estar lejana del Cielo, y sólo por obedecer.

(2) Ahora la obediencia quiere que escriba alguna cosa acerca de la luz que aún sigo viendo de vez en cuando. A veces me parece ver a Nuestro Señor dentro de mí, y de su Humanidad sale una imagen toda luz, y su Humanidad enciende siempre más el fuego, y veo la imagen de la luz de Cristo, como si tamizara este fuego, y de este fuego tamizado sale una luz toda semejante a su imagen de luz, y todo se complace y con ansia la espera para unirla a Sí, y después se incorpora otra vez en su Humanidad. Otras veces me encuentro fuera de mí misma y me veo toda fuego, y una luz que está por desprenderse del fuego, y Nuestro Señor, con su aliento sopla en la luz, y la luz se eleva y toma el camino hacia la boca de Jesucristo, y Él con su aliento la aleja y la atrae, la engrandece y la vuelve más reluciente, y la pobre luz se debate y hace todos los esfuerzos porque quiere ir a su boca, a mí me parece que si esto sucediera expiraría, no obstante estoy obligada a decir en mi interior: La obediencia dada por el confesor no lo quiere, a pesar de que el decir esto me cuesta la propia vida. Y el Señor parece que se deleita con hacer tantos juegos con esta luz. Ahora, me parece

que Nuestro Señor viene y quiere volver a ver todo lo que Él mismo me ha dado, si está todo ordenado y desempolvado, por tanto me toma de la mano y me quita los anillos que me dio cuando me desposó con Él, uno lo ha encontrado intacto y el resto los ha desempolvado con su aliento y me los volvía a poner, después, como si me vistiera toda, se pone a mi lado y dice:

(3) "Ahora sí que estás bella, ven a Mí, no puedo estar sin ti; o tú vienes a Mí o Yo voy a ti, eres mi amada, mi alegría, mi contento".

(4) Mientras esto dice, la luz se debate y hace todos los esfuerzos porque quiere estar en Jesús, y mientras toma su vuelo veo que el confesor con sus manos la para y la quiere encerrar dentro de mí, y a Jesús que se está quieto y lo deja hacer. ¡Oh Dios, qué pena! Cada vez que esto sucede me parece que debo morir y llegar a mi puerto, y la obediencia me hace encontrar de nuevo en camino. Si yo quisiera decir todo de esta luz no terminaría jamás, pero me hace tanto mal escribir esto, que no puedo seguir adelante, aunado a que muchas cosas no sé decirlas, por eso hago silencio.

+ + + +

7-29
Julio 10, 1906

Quien todo se dona a Jesús, recibe todo Jesús.

(1) Encontrándome en mi habitual estado, por breve tiempo ha venido Nuestro Señor y me ha dicho:

(2) "Hija mía, quien toda a Mí se da, merece que Yo todo a ella me dé. Heme aquí todo a tu disposición, lo que quieras, tómalo".

(3) Yo no le he pedido nada, sólo le he dicho: "Mi Bien, no quiero nada, únicamente te quiero a Ti sólo; sólo Tú me bastas para todo, porque teniéndote a Ti tengo todo."

Y ÉL: "Muy bien, has sabido pedir, pues mientras no quieres nada has querido todo".

+ + + +

7-30
Julio 12, 1906

Todo lo que a la criatura le sirve de sufrimiento, toca a Dios.

(1) Habiendo sufrido mucho al esperar a mi bendito Jesús, me sentía cansada y sin fuerzas. Entonces ha venido casi de escapada y me ha dicho:

(2) "Hija mía, todo lo que a la criatura le sirve de sufrimiento o de dolor, por una parte hiere a la criatura, y por otra parte toca a Dios; y Dios sintiéndose tocado, da siempre a cada toque que siente da alguna cosa de divino a la criatura".

(3) Y ha desaparecido.

+ + + +

7-31
Julio 17, 1906

Cómo a quien vive en la Voluntad de Dios, Jesús le da la llave de sus tesoros, y no hay gracia que salga de Dios en que ella no tome parte.

(1) Esta mañana veía al bendito Jesús con una llave en la mano y me decía:

(2) "Hija mía, esta llave es la llave de mi Voluntad; para quien vive en Ella le conviene que tenga la llave para abrir y cerrar según le plazca, y tomar lo que le agrade de mis tesoros, porque viviendo de mi Querer tendrá cuidado de ellos más que si fueran suyos, porque todo lo que es mío es suyo, y no hará despilfarro de ello, más bien los dará a otros y tomará para ella lo que pueda darme más honor y gloria. Por eso te entrego la llave y ten cuidado de mis tesoros".

(3) Mientras esto decía, me sentía toda inmersa en la Divina Voluntad, tanto, que no veía otra cosa que Voluntad de Dios, y me la he pasado todo el día en este paraíso de su Voluntad. ¡Qué felicidad, qué alegría! Y durante la noche, encontrándome fuera de mí misma, continuaba en este ambiente, y el Señor ha agregado:

(4) "Mira amada mía, para quien vive en mi Querer no hay gracia que salga de mi Voluntad hacia todas las criaturas del Cielo y de la tierra, en que ella no sea la primera en tomar parte. Y esto es natural, porque quien vive en la casa de su padre abunda de todo, y si los que están fuera reciben alguna cosa, es de lo que les sobra a aquellos que viven dentro".

(5) ¿Pero quién puede decir lo que comprendía de esta Divina Voluntad? Son cosas que no se pueden explicar. Sea todo para gloria de Dios

+ + + +

7-32
Julio 21, 1906

La recta intención purifica la acción

(1) Habiendo venido por poco tiempo, el bendito Jesús me ha dicho:

(2) "Hija mía, todas las acciones humanas, aun santas, hechas sin una intención especial para Mí, salen del alma llenas de tinieblas,

pero hechas con recta y especial intención de agradarme, salen llenas de luz, porque la intención purifica la acción".

+ + + +

7-33
Julio 27, 1906

En la cruz Jesús dotó a las almas, y las desposó a Él.

(1) Esta mañana se hacía ver mi adorable Jesús abrazando la cruz, y yo pensaba en mi interior cuáles habían sido sus pensamientos al recibirla".

(2) Y Él me ha dicho: "Hija mía, cuando recibí la cruz la abracé como a mi más amado tesoro, porque en la cruz dote a las almas y las desposé Conmigo. Ahora, mirando la cruz, su largura y anchura, Yo me alegré porque veía en ella las dotes suficientes para todas mis esposas, y ninguna podía temer el no poder desposarse Conmigo, teniendo Yo en mis propias manos, en la cruz, el precio de su dote, pero con esta sola condición, que si el alma acepta los pequeños donativos que Yo le envío, los cuales son las cruces, como prenda de que me acepta por Esposo, el desposorio es formado y le hago la donación de la dote. Pero si no acepta los donativos, esto es, no resignándose a mi Voluntad, queda todo anulado, y a pesar de que Yo quiero dotarla no puedo, porque para formar un esponsalicio se necesita siempre la voluntad de ambas partes, y el alma no aceptando los donativos, significa que no quiere aceptar el esponsalicio".

+ + + +

7-34
Julio 28, 1906

Audacia del alma, Jesús la defiende.

(1) Continuando mi habitual estado, por breve tiempo ha venido el bendito Jesús, y yo en cuanto lo he visto lo detuve y lo he abrazado, pero tan fuerte como si quisiera encerrarlo en mi corazón. Mientras estaba en esto veía personas en torno a mí que decían: "Cómo es atrevida, se toma demasiada confianza, y cuando uno se trata con confianza no se tiene la estima y respeto que se debe tener". Yo me sentía sonrojar al oír esto, pero no podía hacer de otra manera; y el Señor les ha dicho:

(2) "Sólo se pude decir que se ama, se estima y se respeta un objeto, cuando se lo quiere hacer propio; y cuando no se lo quiere hacer propio, significa que no lo ama, y por lo tanto no se le tiene estima ni respeto, como por ejemplo: Si se quiere conocer si alguien ama las riquezas, hablando de ellas se ve que las tiene en gran estima, respeta a las personas ricas, no por otra cosa sino porque son ricas, y todas las riquezas quisiera hacerlas suyas; si en cambio no las ama, al sólo oír hablar de ellas se fastidia, y así de todas las otras cosas.

(3) Entonces, en vez de criticarla merece alabanzas, y si me quiere hacer suyo significa que me ama, me estima y me respeta".

+ + + +

7-35
Julio 31, 1906

Jesús habla de la simplicidad.

(1) Continuando mi habitual estado, por poco tiempo ha venido el bendito Jesús, y abrazándome me ha dicho:

(2) "Hija mía, la simplicidad es a las virtudes como el condimento a las comidas. Para el alma simple no hay ni llaves ni puertas para

entrar en Mí, ni Yo para entrar en ella, porque por todas las partes puede entrar en Mí y Yo en ella, más bien, para decir mejor, se encuentra en Mí sin entrar, porque por su simplicidad viene a semejarse a Mí que soy Espíritu simplísimo, y que sólo porque soy simplísimo me encuentro por todas partes y nada puede huir de mi mano. El alma simple es como la luz del sol, que a pesar de cualquier niebla, o de que sus rayos pasen por cualquier inmundicia, permanece siempre luz, y da luz a todos, pero jamás se cambia. Así el alma simple, cualquier mortificación o disgusto que pueda recibir, no cesa de ser luz para sí misma y para aquellos que la han mortificado, y si ve cosas malas, ella no queda manchada, queda siempre luz, ni jamás se cambia, porque la simplicidad es la virtud que más se asemeja al Ser Divino, y sólo por esta virtud se viene a participar de las otras cualidades divinas, y sólo en el alma simple no hay impedimentos ni obstáculos para que entre a obrar la Gracia Divina, porque siendo luz una y luz la otra, fácilmente una luz se une, se transforma en la otra luz".

(3) ¿Pero quién puede decir lo que comprendía de esta simplicidad? Siento en mi mente como un mar, y que apenas puedo manifestar una gotitas de este mar, y desconectadas entre ellas.

(4) Deo Gratias

+ + + +

7-36
Agosto 8, 1906

Cómo es necesario correr sin detenerse jamás.

(1) Esta mañana estando muy cansada por su privación, en cuanto ha venido el bendito Jesús me ha dicho:

(2) "Hija mía, a la criatura para alcanzar su punto central le es necesario correr siempre, sin detenerse jamás, porque corriendo se

hace más fácil el camino, y conforme camina le será manifestado el punto a donde debe llegar para encontrar su centro, y a lo largo del camino le será suministrada la Gracia necesaria para el camino, y ayudada por la Gracia no sentirá el peso de la fatiga ni de la vida. Todo lo contrario para aquél que camina y se detiene, ya que sólo con detenerse sentirá el cansancio de los pasos que ha dado, perderá el tesón en seguir el camino, y no caminando no podrá ver su punto final, que es un bien sumo y no quedará cautivado, la Gracia no viéndolo correr no se dará en vano, y la vida se volverá insoportable, porque el ocio produce tedio y fastidio".

+ + + +

7-37
Agosto 10, 1906

Un contento de menos en la tierra, es
un paraíso de más en el Cielo.

(1) Continuando mi habitual estado, en cuanto he visto al bendito Jesús me ha dicho:

(2) "Hija mía, por cuantos mínimos placeres el alma se priva en esta vida por amor mío, otros tantos paraísos de más le daré en la otra vida; así que un contento de menos aquí, es un paraíso de más allá. Imagínate un poco cuántas privaciones has tenido tú en estos veinte años de cama por causa mía, y cuántos paraísos de más Yo te daré en el Cielo".

(3) Y yo al oír esto he dicho: "Mi bien, ¿qué dices? Yo me siento honrada y casi deudora de Ti porque me das la ocasión de poderme privar por amor tuyo, ¿y me dices que me darás otros tantos paraísos?"

(4) Y Él ha agregado: "Y es exactamente así".

(5) Deo Gratias

+ + + +

7-38
Agosto 11, 1906

Jesús le dice que la cruz es un tesoro.

(1) Encontrándome en mi habitual estado, veía a mi adorable Jesús con una cruz en la mano, toda llena de perlas blancas, y haciéndome don de ella, la apoyaba sobre mi pecho, la cruz se ha internado dentro de mi corazón, como dentro de una estancia, y me ha dicho:

(2) "Hija mía, la cruz es un tesoro, y el lugar más seguro para poner a salvo este preciado tesoro es la propia alma; o sea, es lugar seguro cuando el alma está dispuesta con la paciencia, con la resignación, y con las otras virtudes a recibir este tesoro, porque las virtudes son tantas llaves que lo custodian para no malgastarlo y exponerlo a los ladrones, pero si no tiene, especialmente la llave de oro de la paciencia, este tesoro encontrará tantos ladrones que lo robarán y harán despilfarro de él".

+ + + +

7-39
Agosto 25, 1906

El interés y las ciencias humanas en los sacerdotes.

(1) Esta mañana, encontrándome fuera de mí misma, me parecía ver sacerdotes, prelados atentos al interés y a las ciencias humanas, que no son necesarios para su estado, agregando a esto

un espíritu de rebelión a las autoridades superiores. Nuestro Señor, muy afligido me ha dicho:

(2) "Hija mía, el interés, las ciencias humanas, y todo lo que al sacerdote no le pertenece, le forma una segunda naturaleza, fangosa y putrefacta, y las obras que salen de éstos, aun santas, me provocan náuseas por la peste que exhalan, tanto, que me son intolerables. Reza y repárame estas ofensas, porque no puedo más".

+ + + +

7-40
Septiembre 2, 1906

Luisa quiere hacer cuentas con Jesús,
Él le dice que es su pequeña hija.

(1) Debiendo recibir esta mañana la comunión, estaba preparada para hacer el día de retiro, esto es, prepararme para la muerte, y después de recibida la comunión iba a decirle a Jesús bendito: "Hagamos ahora las cuentas, para no dejarlas para el último momento de la vida; yo misma no sé como me encuentro, no hago ninguna reflexión sobre mí misma, y no reflexionando no sé como estoy, y por lo tanto no siento ni temores, ni escrúpulos, ni agitaciones, mientras que veo y escucho que los otros, mucho más buenos que yo, y aun en las mismas vidas de los santos que leo, todos hacen reflexiones sobre sí mismos, si son fríos o calientes, si tentados o tranquilos, si se confiesan bien o mal, y casi todos estaban tímidos, agitados y escrupulosos. En cambio toda mi atención está en quererte, en amarte, y en no ofenderte, el resto no lo tomo en cuenta para nada, parece que no tengo tiempo de pensar en otra cosa, y si me empeño en hacerlo una voz interna me sacude, me reprende y dice: "Quieres perder el tiempo, pon atención en hacer tus cosas con Dios". Por eso yo misma no sé en que estado me encuentro, si fría, si árida, si caliente, y si alguien

me pidiera cuentas yo no sabría darlas, yo creo que erraría. Por eso hagamos ahora las cuentas, a fin de que pueda poner remedio a todo". Después de haberle rogado y vuelto a rogar me ha dicho:

(2) Hija mía, Yo te tengo siempre sobre mis rodillas, tan estrechada que no te doy tiempo de pensar en ti misma. Te tengo como un padre puede tener a su hijo pequeño sobre sus rodillas, que ahora le da un beso, ahora una caricia, ahora le da con sus manos el alimento, ahora, si el pequeño hijo inadvertidamente se ensucia, el mismo padre lo limpia. Pero si el padre está afligido, el pequeño lo consuela, le seca las lágrimas; si el padre está irritado, el pequeño lo calma; en suma, el padre es la vida del pequeño, y éste ningún pensamiento toma de sí mismo, ni si debe comer, ni si se mancha, ni si debe vestirse, ni siquiera si debe dormir, porque el padre haciendo con sus brazos una cuna lo arrulla para hacerlo dormir, y lo hace dormir en su propio seno; y el pequeño es todo el alivio y la vida del padre, mientras que los otros hijos grandes ponen atención en arreglar la casa, en lavarse ellos solos, y en todos los demás quehaceres. Así hago Yo contigo, como a una hija pequeña te tengo sobre mis rodillas, tan íntimamente unida a Mí que no te dejo sentirte a ti misma, y Yo pienso y me ocupo de todo lo tuyo, en limpiarte si estás manchada, en alimentarte si tienes necesidad de alimento, en suma, todo lo preveo desde antes, de modo que tú misma no adviertes tus necesidades, y con tenerte estrechada íntimamente a Mí es una gracia que te hago, porque así te libras de muchos y muchos defectos, mientras que si tuvieras el pensamiento de ti misma, ¡oh, en cuántos defectos habrías caído! Por eso piensa en hacer tu oficio hacia Mí, el de hija pequeña, y no pienses en nada más".

+ + + +

7-41
Septiembre 11, 1906

Todo lo que no es hecho para gloria
de Dios, queda oscurecido.

(1) Encontrándome fuera de mí misma, me he encontrado con el niño Jesús en brazos, en medio de mucha gente, y Él me ha dicho:

(2) "Hija mía, todas las obras, palabras y pensamientos de las criaturas deben estar sellados con la marca "Gloriam Dei, Gloriam Dei". Y todo lo que no está sellado con esta marca queda oscurecido y como sepultado en tinieblas, manchado, sin ningún valor, así que la criatura no hace otra cosa que hacer salir de sí misma tinieblas y cosas abominables, porque la criatura no obrando para la gloria de Dios, se sale de la finalidad para la cual ha sido creada, queda como separada de Dios, abandonada a sí misma. Sólo Dios es luz, y sólo por Dios las acciones humanas adquieren valor; entonces por qué maravillarse de que la criatura no obrando para gloria de Dios quede sepultada en sus mismas tinieblas, y no adquiera nada con sus fatigas, más bien que acumule graves deudas".

(3) Con gran amargura veíamos a toda aquella gente como sepultada en tinieblas. Entonces yo para distraer de aquella amargura al bendito Jesús, lo abrazaba y besaba, y le decía como queriendo jugar con Él: Di junto conmigo, doy tal potencia a la oración de esta alma, de concederle lo que me pide. Pero Él no me ponía atención, y yo queriéndolo obligar a repetir lo que había dicho, repetía los besos, los abrazos y repetía: Di, di junto conmigo las palabras dichas antes. He insistido tanto que me parecía que Él las había dicho, y me he encontrado en mí misma, asombrándome de mi atrevimiento y locura, y me avergonzaba de mí misma.

+ + + +

7-42
Septiembre 12, 1906

Donde no está Dios, no puede haber
ni firmeza, ni verdadero bien.

(1) Estaba pensando en mi estado, en el que todo parece paz, amor, que nada me turba, que todo es bueno, nada es pecado, y decía entre mí: "¿Qué será si en el punto de mi muerte se cambia la escena y veré todo lo contrario, esto es, que todas las cosas me turbarán, y que todo lo que he hecho habrá sido una cadena de males?" Mientras esto pensaba me ha dicho:

(2) "Hija mía, parece que te quieres turbar a la fuerza y quitarme mi continuo reposo en ti. Dime, ¿crees que es cosa tuya la paciencia, la constancia, la paz de este tu estado, o bien fruto y gracia de quien habita en ti? Sólo Yo poseo estos dones, y por la constancia, paz y paciencia puedes conocer quién es el que obra en ti, porque cuando es la naturaleza o el demonio, el alma se siente dominada por continuos cambios, así que ahora se siente dominada por un humor, ahora por algún otro, ahora toda paciencia, ahora toda iracunda; en suma, la pobrecita es dominada como una caña por un viento vigoroso. ¡Ah! Hija mía, donde no está Dios no puede haber ni firmeza, ni verdadero bien, por eso no quieras turbar más mi y tu reposo, más bien sé agradecida.

+ + + +

7-43
Septiembre 14, 1906

Puesto de las almas en la Humanidad de Jesús.

(1) Esta mañana me encontraba fuera de mí misma y veía al niño Jesús dentro de un espejo tersísimo y grandísimo, de modo que desde cualquier parte en que me encontraba lo podía ver muy bien. Yo le hacía señas con la mano para que viniera a mí, y Jesús me hacía señas para que fuera a Él. Mientras estaba en esto veía personas devotas y sacerdotes, como si se pusieran entre Jesús y yo, y hablaban de mí; yo no les ponía atención, mi mira era mi

dulce Jesús. Pero Él ha salido apresuradamente de dentro del espejo, y quería dominar a aquellos que murmuraban diciéndoles:

(2) "Que ninguno me la toque, porque tocando a quien me ama me siento más ofendido que si me tocasen a Mí directamente, y os haré ver cómo sé tomar la defensa de quien toda se ha dado a Mí, y de su inocencia".

(3) Y con un brazo me estrechaba y con el otro amenazaba a aquellos. Y a mí nada me importaba que hablaran mal de mí, sólo me disgustaba que Él los quisiera castigar, y le he dicho: "Dulce vida mía, no quiero que ninguno sufra por causa mía, y por esto conoceré que me amas, si te calmas y no los castigas, de otra manera quedaré descontenta". Así parece que se ha calmado y me ha alejado de aquella gente conduciéndome en mí. Después continuaba viéndolo pero no más como niño, sino crucificado, y le he dicho:

(4) "Adorable bien mío, cuando sufriste la crucifixión todas las almas tenían un puesto en tu Humanidad, ¿y mi puesto en qué parte se encontraba?"

(5) Y Él: "Hija mía, el puesto de las almas amantes era en mi corazón, pero a ti, además de tenerte en el corazón, debiendo coadyuvar a la Redención con el estado de víctima, te tenía en todos mis miembros, como en ayuda y consuelo".

+ + + +

7-44
Septiembre 16, 1906

La pura y simple verdad, es el imán más poderoso para atraer los corazones.

(1) Habiéndome dicho el confesor que Monseñor no quería que vinieran personas a visitarme para que no me distrajera, yo le he dicho: "Más de una vez habéis dado esta obediencia, pero jamás se realiza, se cumple por poco tiempo, pero después todo queda como antes; si ustedes me dan la obediencia de no hablar más, mi silencio haría que se alejaran todos". Después, habiendo recibido la comunión, he dicho al Señor: "Si es de tu agrado quisiera saber como están las cosas ante Ti; Tú sabes el estado de violencia en el cual me encuentro cuando estoy con las personas, porque sólo Contigo me encuentro bien. Yo no sé entender el por qué quieren venir, yo me muestro huraña, no hago uso de nada para atraerlos, más bien modos desagradables. El por qué quieran venir yo no lo sé. ¡Oh, quiera el Cielo que pudiera quedarme sola!" Entonces Él me ha dicho:

(2) "Hija mía, la verdadera, pura y simple verdad, es el imán más potente para atraer a los corazones y disponerlos a afrontar cualquier sacrificio por amor de la verdad y de las personas que revelan esta verdad. ¿Quién ha dispuesto a los mártires a dar su sangre? La verdad. ¿Quién ha dado la fuerza para mantener la vida pura, honrada, a tantos santos en medio de tantas batallas? La verdad, y la pura verdad, simple, desinteresada. He aquí el por qué las criaturas quieren venir a ti. ¡Ah! Hija mía, en estos tristes tiempos, cómo es difícil encontrar quien manifieste esta pura verdad, aun entre el clero, religiosos, y entre las almas devotas. En su hablar y obrar se oculta siempre dentro alguna cosa de humano, de interés o de otras cosas, y la verdad es manifestada como cubierta o velada, así que la persona que la escucha no es tocada por la pura verdad, sino por el interés o por cualquier otro fin humano, en el cual ha sido envuelta la verdad, y esa persona no recibe la gracia y los influjos que contiene la verdad. He aquí el por qué de tantos sacramentos, confesiones desperdiciados, profanados y sin fruto. Si bien Yo no dejo de darles luz, pero no me escuchan porque piensan para ellos, que si dijeran la pura verdad perderían su prestigio, la benevolencia, y la naturaleza no encontraría más satisfacciones, e irían en detrimento sus intereses. Pero, ¡oh! cómo se engañan, porque quien todo deja por amor de la

verdad, sobreabundará de todo más abundantemente que los demás; por eso, por cuanto puedas, no dejes de manifestar esta pura y simple verdad, pero se entiende que estando siempre en obediencia a quien te dirige".

(3) Todo lo que concierne a la caridad lo he dicho velado, y habiéndome dicho la obediencia que escribiera todo minuciosamente, sentía como una sentencia, porque aún no había obedecido, y habiendo preguntado a Nuestro Señor, me ha dicho que estaba bien como lo había dicho, porque quien se encuentra en esos defectos, ya entiende.

+ + + +

7-45
Septiembre 18, 1906

La paz es luz al alma, luz al prójimo y luz a Dios.

(1) Después de haber esperado mucho, me sentía toda oprimida y un poco turbada, pensando en el por qué no venía mi adorable Jesús. Entonces ha venido y me ha dicho:

(2) "Hija mía, la paz es luz al alma, luz al prójimo y luz a Dios, así que un alma en paz es siempre luz, y siendo luz está siempre unida a la Luz eterna, de la cual toma siempre nueva luz para poder dar también luz a los demás; así que si quieres siempre nueva luz, estate en paz".

+ + + +

7-46
Septiembre 23, 1906

Cómo el obrar por Cristo destruye la obra
humana, y Jesús la hace resurgir en obra divina.

(1) Encontrándome en mi habitual estado, por poco tiempo ha venido el bendito Jesús, y abrazándome me ha dicho:

(2) "Amada hija mía, el obrar por Cristo y en Cristo hace desaparecer la obra humana, porque obrando en Cristo, y siendo Cristo fuego, consume la obra humana, y habiéndola consumido, su fuego la hace resurgir en obra divina, por eso obra junto Conmigo, como si estuviéramos juntos haciendo la misma cosa; si sufres, como si estuvieras sufriendo junto Conmigo; si rezas, si trabajas, todo en Mí y junto Conmigo, y así perderás en todo las obras humanas y las reencontrarás divinas. ¡Oh, cuántas riquezas inmensas podrían adquirir las criaturas, y no las hacen suyas!"

(3) Dicho esto ha desaparecido y yo he quedado con un gran deseo de verlo de nuevo. Después me encontraba fuera de mí misma y lo iba buscando por todas partes, y no encontrándolo decía: "¡Ah Señor, cómo eres cruel con un alma que es toda para Ti, y que no hace otra cosa que sufrir continuas muertes por amor tuyo! Mira, mi voluntad te busca a Ti, y no encontrándote muere de continuo, porque no te encuentra a Ti que eres vida de mi querer; mis deseos mueren de continuo, porque deseándote y no encontrándote no encuentran su vida, así que el respiro, los latidos del corazón, la memoria, la inteligencia, todo, todo, están sufriendo muertes crueles, y Tú no tienes compasión de mí". Mientras me encontraba en esto he vuelto en mí y lo he encontrado en mí misma, y como si me quisiera pagar con la misma moneda me decía:

(4) "Mira, estoy todo en ti y todo para ti".

(5) Parecía que tenía la corona de espinas, y oprimiéndosela en la cabeza salía sangre y decía: "Esta sangre la derramo por amor tuyo".

(6) Me hacía ver sus llagas y agregaba: "Éstas, todas para ti".

(7) ¡Oh, cómo me sentía confundida viendo que mi amor confrontado con el suyo no era otra cosa que apenas una sombra!

+ + + +

7-47
Octubre 2, 1906

Cómo nuestros sufrimientos pueden aliviar a Jesús.

(1) Habiendo recibido la comunión, me he sentido fuera de mí y veía una persona muy oprimida por varias cruces, y a Jesús bendito que decía:

(2) "Dile que en el acto en el que ella se siente como acosada por persecuciones, por dolores, por sufrimientos, piense que Yo le estoy presente, y que puede servirse de sus sufrimientos para curar y cicatrizar mis llagas; así que sus sufrimientos me servirán ahora para curarme el costado, ahora la cabeza, ahora las manos y los pies, llagas demasiado adoloridas, irritadas por las graves ofensas que me hacen las criaturas, y esto es un gran honor que le hago, dándole Yo mismo la medicina para curar mis llagas, y al mismo tiempo darle el mérito de la caridad de haberme curado".

(3) Mientras así decía, veía muchas almas purgantes, las cuales al oír esto, todas asombradas han dicho:

(4) "Afortunadas ustedes que recibís tantas sublimes enseñanzas, que adquirís méritos de curar a un Dios, méritos que sobrepasan a todos los demás méritos, y vuestra gloria será distinta de la de los demás, como es distinto el Cielo de la tierra. ¡Oh! Si hubiéramos recibido nosotras tales enseñanzas, que nuestros sufrimientos podrían haber servido para curar a un Dios, ¿cuántas riquezas de méritos hubiéramos adquirido, y de los cuales ahora nos vemos privadas?"

+ + + +

7-48
Octubre 3, 1906

Jesús le habla de la simplicidad.

(1) Encontrándome en mi habitual estado, en cuanto ha venido el bendito Jesús me ha dicho:

(2) "Hija mía, la simplicidad llena el alma de Gracia hasta difundirse fuera, así que si se quiere restringir la Gracia en ella no se puede, porque así como el Espíritu de Dios por ser simplísimo se difunde por todas partes sin esfuerzo ni fatiga, más bien naturalmente, así el alma que posee la virtud de la simplicidad difunde la Gracia en otros sin ni siquiera advertirlo".

(3) Dicho esto ha desaparecido.

+ + + +

7-49
Octubre 4, 1906

Cómo el recto obrar es viento para encender el fuego del amor.

(1) Habiendo recibido la obediencia de decir pocas palabras si alguien viniera, estaba con temor de haber faltado a la obediencia, con el agregado de que el bendito Jesús no venía. ¿Quién puede decir el desgarro de mi alma, al pensar que por haber cometido pecado no venía? Es siempre desgarro cruel su privación, pero el pensamiento de haber dado ocasión por alguna falta, es desgarro que hace enloquecer y que mata de un solo golpe. Entonces, después de haber esperado mucho ha venido y me ha tocado tres veces diciéndome:

(2) "Hija mía, te renuevo en la Potencia del Padre, en mi Sabiduría, y en el Amor del Espíritu Santo".

(3) Lo que he sentido, no sé decirlo, después parecía que se acostaba en mí, y apoyaba su cabeza coronada de espinas sobre mi corazón, y ha agregado:

(4) "El recto obrar mantiene siempre encendido el Amor Divino en el alma, y el obrar no recto lo va siempre apagando, y si hace por encenderlo, ahora viene el soplo del amor propio y lo apaga, ahora el respeto humano, ahora la propia estima, ahora el soplo del deseo de agradar a los demás, en suma, tantos soplos que lo van siempre apagando, en cambio, el recto obrar, no son tantos soplos que encienden este fuego divino en el alma, sino un continuo soplo que lo tiene siempre encendido, y es el soplo omnipotente de un Dios".

+ + + +

7-50
Octubre 5, 1906
Jesús es dueño del alma.

(1) Continuando mi habitual estado, me he encontrado fuera de mí misma junto con Jesús niño. Esta vez parecía que tenía ganas de jugar, se apretaba a mi pecho, a mis brazos, y mientras me miraba con mucho amor, ahora me abrazaba, ahora con su cabecita me empujaba casi golpeándome, ahora me besaba tan fuerte que parecía que me quisiera encerrar y fundirme dentro de Sí, y mientras esto hacía yo sentía un gran dolor, tanto que me sentía desfallecer, y Él a pesar de que me veía sufrir así, no me prestaba atención, es más, si veía en mi rostro que yo sufría, porque no me atrevía a decirle nada, lo hacía más fuerte, me hacía sufrir más. Ahora, después de que se ha desahogado bien me ha dicho:

(2) "Hija mía, Yo soy tu dueño y puedo hacer de ti lo que quiero. Has de saber que siendo tú cosa mía, no eres dueña de ti, y si actúas por tu propio arbitrio, aun en un pensamiento, en un deseo, en un latido, debes saber que me harías un hurto".

(3) En este momento veía al confesor, que no estando bien quería como aliviar sus sufrimientos sobre mí, y Jesús a toda prisa con la mano lo ha rechazado, y ha dicho:

(4) "Primero debo aliviarme Yo de mis penas, que son muchas, y después tú".

(5) Y mientras esto decía se ha acercado a mí boca y ha derramado un líquido amarguísimo, y yo le he encomendado al confesor, pidiéndole que lo tocase con su manita y que lo hiciera estar bien. Lo ha tocado y ha dicho: "Sí, sí". Y ha desaparecido.

+ + + +

7-51
Octubre 8, 1906

La cruz sirve al hombre como la rienda al caballo.

(1) Encontrándome en mi habitual estado, en cuanto ha venido mi bendito Jesús me ha dicho:

(2) "Hija mía, la cruz sirve a la criatura como la rienda al caballo; ¿qué cosa sería del caballo si el hombre no usara la rienda? Sería indómito, desenfrenado, y no haría otra cosa que ir de precipicio en precipicio, hasta enfurecerse y hacerse nocivo para el hombre y para sí mismo; en cambio con la rienda se somete, se hace manso, camina por camino recto y sirve a las necesidades del hombre como un fiel amigo, y queda a salvo de cualquier precipicio, porque el hombre lo custodia y lo protege. Tal es la cruz al hombre, la cruz lo doma, lo frena, le detiene el curso de precipitarse en los caminos de las pasiones que siente en sí, que como fuego lo devoran; por lo

tanto, en lugar de enfurecerse contra Dios y hacerse daño a sí mismo, la cruz le apaga las pasiones, lo amansa, lo conduce y sirve a la gloria de Dios y a la propia salvación. ¡Oh, si no fuera por la cruz, que la Divina Providencia por su infinita Misericordia tiene como rienda para frenar al hombre, ¡oh! en cuántos otros males yacería la pobre humanidad".

+ + + +

7-52
Octubre 10, 1906

Jesús concurre en todas las acciones humanas.

(1) Esta mañana el bendito Jesús se hacía ver dentro de un torrente de luz, y de esta luz quedaban inundadas las criaturas, de modo que todas las acciones humanas recibían la actitud de obrar de esta luz. Mientras esto veía el bendito Jesús me ha dicho:

(2) "Hija mía, Yo estoy continuamente concurriendo en cada mínima acción humana, aunque fuese un pensamiento, un respiro, un movimiento; pero las criaturas no piensan en esta mi actitud hacia ellas, y además de que no hacen para Mí sus obras, que soy de quien reciben la vida de su mismo obrar, se atribuyen a ellas lo que hacen. ¡Oh! Si pensaran en ésta mi continua actitud hacia ellas, no usurparían lo que es mío, con detrimento de mi gloria y de su bien; mientras que deberían hacer todo para Mí, y dármelo a Mí, porque todo lo que es hecho para Mí puede entrar en Mí, y Yo lo tengo en Mí en depósito para darlo todo a ella en la otra vida, mientras que lo que no es hecho para Mí no puede entrar en Mí, porque no son obras dignas de Mí, más bien siento náuseas y las rechazo, a pesar de que ha concurrido mi actitud".

+ + + +

7-53

Octubre 13, 1906

Desapego. Necesidad de estos escritos que son espejo divino.

(1) Encontrándome en mi habitual estado, por poco tiempo se ha hecho ver mi buen Jesús y me ha dicho:

(2) "Hija mía, para conocer si un alma está despojada de todo, basta con ver, si se suscitan deseos santos o aun indiferentes y está dispuesta a sacrificarlos al Querer Divino con santa paz, significa que está despojada; pero si en cambio se turba, se inquieta, significa que retiene para sí alguna cosa".

(3) Y yo, oyendo decir deseo, he dicho: "Mi sumo bien, mi deseo es que no quisiera escribir más, cuánto me pesa, si no fuera por temor de salir de tu Querer y desagradarte, no lo haría". Y Él truncando mi hablar ha agregado:

(4) "Tú no lo quieres, pero Yo lo quiero, quiero aquello que te digo, y tú para obedecer escribe. Por ahora esto que escribes sirve de espejo a ti y a aquellos que toman parte en tu dirección, pero vendrá el tiempo en que servirá de espejo a los demás, así que lo que tú escribes dicho por Mí, se puede llamar espejo divino, ¿y tú quisieras quitar este espejo divino a mis criaturas? Piénsalo seriamente hija mía, y no quieras restringir este espejo de Gracia con no escribir todo".

(5) Yo al oír esto he quedado confundida y humillada y con gran repugnancia de escribir estas últimas palabras suyas, pero la obediencia me lo ha impuesto absolutamente, y sólo por obedecer he escrito.

(6) Deo Gratias

+ + + +

7-54
Octubre 14, 1906

La propia estima envenena la Gracia. Purgatorio de un alma por haber descuidado la comunión.

(1) Encontrándome en mi habitual estado, me he encontrado fuera de mí misma con Jesús niño, y parecía que decía a un sacerdote:

(2) "La estima propia envenena la Gracia en ti y en los demás, porque debiendo por tu oficio suministrar la Gracia, si las almas advierten, porque fácilmente se advierte cuando hay este veneno, que lo que dices y haces lo haces para ser estimado, la Gracia ya no entra sola, sino junto con el veneno que tú tienes, y por lo tanto en vez de resurgir a la vida encuentran la muerte".

(3) Después ha agregado: "Es necesario vaciarte de todo para poderte llenar del Todo que es Dios, y teniendo en ti el Todo, darás el Todo a todos aquellos que vendrán a ti, y dando el Todo a los demás encontrarás todo a tu disposición, de modo que ninguno sabrá negarte nada, ni siquiera la estima, es más, de humana la tendrás divina como conviene al Todo que habita en ti".

(4) Después de esto veía a un alma del purgatorio que al vernos se escondía y nos rehuía, y era tal la vergüenza que ella sentía que permanecía como aplastada. Yo he quedado asombrada, porque en vez de correr hacia el niño, huía; Jesús ha desaparecido y yo me he acercado a ella preguntándole la causa de esta actitud, pero ella estaba tan avergonzada que no podía decir palabra, y habiéndola forzado me ha dicho:

(5) "Justa justicia de Dios, que ha sellado sobre mi frente la confusión y tal temor de su presencia, que estoy obligada a rehuirlo, obro contra mi mismo querer, porque mientras me consumo por quererlo, otra pena me inunda y huyo de Él. ¡Oh Dios,

verlo y huir de Él son penas mortales e inexpresables! Pero me he merecido estas penas distintas de las de otras almas, porque llevando una vida devota dejé muchas veces de comulgar por cosas de nada, por tentaciones, por frialdades, por temores, y también, alguna vez para poder acusarme de ello ante el confesor y hacerme oír que no recibía la comunión. Entre las almas esto se tiene como una nada, pero Dios hace de ello un severísimo juicio, dándoles penas que superan a las otras penas, porque son faltas más directas al amor. Además de todo esto, Jesucristo en el Santísimo Sacramento arde de amor y por el deseo de darse a las almas, se siente morir continuamente de amor, y el alma pudiendo acercarse a recibirlo y no haciéndolo, es más, se queda indiferente con tantos inútiles pretextos, es una afrenta y un desprecio tal que Él recibe, que se siente delirar, quemar, y no puede dar desahogo a sus llamas, se siente como sofocar por su amor, sin que encuentre a quien darle parte, y casi enloqueciendo va repitiendo:

(6) "Los excesos de mis amores no son tomados en cuenta, más bien son olvidados, aun aquellas que se dicen mis esposas no tienen ansias de recibirme y de hacerme desahogar al menos con ellas, ¡ah, en nada soy correspondido! ¡Ah, no soy amado, no soy amado!"

(7) Y el Señor, para hacerme purgar estas faltas me ha hecho tomar parte en la pena que Él sufre cuando las almas no lo reciben. Esta es una pena, es un tormento, es un fuego que comparado al mismo fuego del purgatorio, se puede decir que éste es nada".

(8) Después de esto me he encontrado en mí misma, atónita pensando en la pena de aquella alma, mientras que para nosotros se tiene verdaderamente como una nada el dejar la santa comunión.

+ + + +

7-55
Octubre 16, 1906

Cómo cada bienaventurado es una música distinta en el Cielo.

(1) Habiendo dejado de escribir lo que sigue, la obediencia me ha ordenado que lo hiciera y por eso lo escribo. Me parecía encontrarme fuera de mí misma, y que en el Cielo se hacía una fiesta especial, y yo estaba invitada a esta fiesta, y parecía que cantaba junto con los bienaventurados, porque allá no hay necesidad de aprender, sino que se siente como una infusión en el interior, y lo que cantan o hacen los demás lo sabe hacer uno mismo. Ahora, me parecía que cada beato fuera una tecla, o sea que él mismo fuera una música, pero todos acordes entre ellos, una distinta de la otra; quién canta las notas de la alabanza, quién las notas de la gloria, quién las del agradecimiento, quién las de las bendiciones, pero todas estas notas van a reunirse en una sola nota, y ésta nota es amor. Parece que una sola voz reúne todas aquellas voces y termina con la palabra amor. Es un resonar tan dulce y fuerte este grito, "amor", que todas las otras voces quedan como apagadas en este canto, "amor". Parecía que todos los bienaventurados quedaban por este canto – alto, armonioso, bello del "amor", que ensordecía todo el Cielo, – estáticos, embelesados, avivados, arrobados, participaban, se puede decir, de un paraíso de más; ¿pero quienes eran los afortunados que gritaban de más y que hacían resonar en todo esta nota, "amor", y que aportaban tanta felicidad al Cielo? Eran aquellos que habían amado más al Señor cuando vivían sobre la tierra, ¡ah!, no eran aquellos que habían hecho cosas grandes, penitencias, milagros, ¡ah, no, jamás! Sólo el amor es el que está sobre todo, y todo queda detrás de él; así que quien ama mucho y no quien hace mucho, será más agradable al Señor. Parece que estoy diciendo disparates, ¿pero qué puedo hacer? La obediencia tiene la culpa, ¿quién no sabe que las cosas de allá no se pueden decir acá? Por eso para no decir más desatinos termino.

+ + + +

7-56
Octubre 18, 1906

Las obras que más agradan a Jesús, son las obras ocultas.

(1) Encontrándome en mi habitual estado, después de haberme hecho esperar mucho ha venido el bendito Jesús y me ha dicho:

(2) "Hija mía, las obras que más me agradan son las obras ocultas, porque exentas de cualquier espíritu humano contienen tanto valor en ellas, que Yo las tengo como las cosas más excelentes dentro de mi corazón; tanto, que confrontadas mil obras externas y públicas con una obra interna y oculta, las mil externas quedan por debajo de la obra interna, porque en las obras externas el espíritu humano toma siempre su parte".

+ + + +

7-57
Octubre 20, 1906

Jesús se lamenta por el estado de sus Ministros.

(1) Encontrándome fuera de mí misma me he encontrado dentro de una iglesia, en el cual había mucha gente asistiendo a las funciones sagradas. En ese momento parecía que por autoridad del gobierno entraban otras personas a profanar el lugar santo. Quién bailaba, quién violentaba y quién metía mano al Santísimo y a los sacerdotes. Yo al ver esto lloraba y rogaba diciendo al Señor: "No permitas que lleguen a esto, a profanar vuestros sagrados templos, porque quién sabe cuántos castigos tremendos descargarás sobre tus criaturas por estos horrendos pecados". Mientras esto decía me ha dicho:

(2) "Hija mía, la causa de todos estos enormes delitos han sido los pecados de los sacerdotes, porque un pecado es causa y castigo de hacer caer en otros pecados. Primero me lo han profanado ellos, ocultamente, mi santo templo con las misas sacrílegas, con mezclar los actos impuros en la administración de los sacramentos, y han llegado, bajo el aspecto de cosas santas no sólo a profanar mis templos de piedra, sino a profanar y a violentar mis templos vivos, que son las almas y a profanar mi mismo Cuerpo. De todo esto los seglares han tenido un indicio, y no viendo en ellos la luz necesaria para su camino, es más, no han encontrado otra cosa en ellos que tinieblas, han quedado tan obscurecidos que han perdido la bella luz de la fe, y sin luz no es de asombrarse que lleguen a tan graves excesos.

(3) Por eso reza por los sacerdotes, a fin de que sean luz en los pueblos, para que renaciendo la luz, los seglares puedan adquirir la vida y ver los errores que cometen, y viéndolos tendrán horror de cometer estos graves excesos, que serán causa de graves castigos".

+ + + +
7-58
Octubre 23, 1906

Cómo en estos tiempos todo es afeminado.

(1) Encontrándome en mi habitual estado, por poco tiempo ha venido mi adorable Jesús, y todo agobiado y afligido ha querido derramar en mí sus amarguras, y después me ha dicho:

(2) "Hija mía, son tales las amarguras que me dan las criaturas, que no puedo contenerlas, por eso he querido participártelas. En estos tiempos todo es afeminado; los mismos sacerdotes parece que han perdido el carácter masculino y adquirido el carácter femenino, así que raramente se encuentra un sacerdote varonil, y el resto todos

afeminados. ¡Ah! En qué estado deplorable se encuentra la pobre humanidad".

(3) Dicho esto ha desaparecido. Yo misma no comprendo el significado de esto, pero la obediencia ha querido que lo escriba.

+ + + +

7-59
Octubre 25, 1906

La Gracia para quien la recibe es luz, y para quien no, es fuego.

(1) Continuando mi habitual estado, me he encontrado fuera de mí misma, y parecía que había algunas personas que me querían crucificar, y mientras me extendían sobre la cruz veía a Nuestro Señor dentro de mí, y conforme me extendía yo, así se extendía Él, así que en mis manos estaban sus manos y el clavo traspasaba mis manos y sus manos, así que lo que sufría yo sufría Él. Era tal el dolor que esos clavos despuntados nos daban, que me sentía morir; pero que dulce morir junto con Jesús, sólo temía el no morir.

(2) Ahora, mientras esas personas se aprestaban a crucificarme los pies, Jesús ha salido de dentro de mí y se ponía frente a mí, y mis sufrimientos tomaban como forma de luz y se ponían delante al Señor como en acto de adoración, y después de esto me ha dicho:

(3) "Hija mía, la Gracia para quien la recibe es luz, es camino, es alimento, es fuerza, es consuelo; para quien no la recibe, además de que no encuentra luz y se siente faltar el camino bajo sus pies, como permanece en ayuno queda sin fuerza, y la Gracia se convierte en fuego y castigo".

(4) Mientras esto decía, de su mano salía un torrente de luz que descendía sobre las criaturas, y esta luz, para quien quedaba como luz, y para quién como fuego.

+ + + +

7-60
Octubre 28, 1906

Todo lo que es luz, viene de Dios.

(1) Habiendo recibido la comunión, me encontraba dentro de una gran luz, era el mismo Jesús, el cual me ha dicho:

(2) "Hija mía, todo lo que es luz, todo es mío, nada es de la criatura. Sucede como con una persona que se encuentra investida por los rayos del sol, si quisiera atribuirse a sí misma la luz que goza sería una tonta y sin cerebro. Lo único que podría hacer es esto, que la persona en vez de gozar la luz del sol, podría decir, yo quiero caminar a la sombra, y retirarse de la luz, y el alma retirándose de mi luz queda en tinieblas, y las tinieblas no pueden producir otra cosa que mal".
+ + + +

7-61
Octubre 31, 1906

Cómo el alma, por cada sufrimiento
adquiere un reino de más en sí misma.

(1) Continuando mi habitual estado, por poco tiempo ha venido el bendito Jesús, y solamente me ha dicho:

(2) "Hija mía, cada sufrimiento que el alma padece es un dominio de más que adquiere de sí misma, porque la paciencia en el sufrir es régimen, y rigiéndose a sí misma, por cuanto más sufre tantos dominios de más adquiere, y no hace otra cosa que ampliar y engrandecer su reino del Cielo, adquiriendo riquezas inmensas

para la vida eterna. Así que cada cosa de más que tú sufres, debes tener en cuenta que adquieres un reino de más en tu alma, esto es, un reino de gracia correspondiente a un reino de virtud y de gloria".

+ + + +

7-62
Noviembre 6, 1906

La fe y la esperanza en el alma que vive en el Divino Querer.

(1) Mientras estaba rezando, y según mi costumbre que lo que hago lo hago como si lo estuviera haciendo con Nuestro Señor y con sus mismas intenciones, así estaba recitando el credo, y no poniendo atención decía que intentaba tener la fe de Jesucristo para reparar tantas incredulidades y para impetrar que todos tuviesen el don de la fe. Mientras estaba en esto se ha movido en mi interior y me ha dicho:

(2) "Te equivocas, Yo no tenía ni fe, ni esperanza, ni las podía tener porque Yo era el mismo Dios, Yo era sólo Amor".

(3) Al oír amor, me agradaba tanto el poder llegar a ser sólo amor, que no poniendo atención he dicho otro disparate, esto es: "Señor mío, también yo quisiera ser como Tú, toda amor y nada más". Y Él ha agregado:

(4) "Esta es mi idea, por eso te voy hablando frecuentemente de la perfecta resignación, porque viviendo de mi Querer el alma adquiere el amor más heroico, y llega a amarme con mi mismo amor y se vuelve toda amor, y volviéndose toda amor, está continuamente en contacto Conmigo, así que está conmigo, en Mí, y por Mí hace todo lo que quiero, no se mueve, ni desea otra cosa que mi Querer, en el cual está encerrado todo el amor del Eterno, y donde queda ella encerrada; y viviendo de este modo el alma llega casi a perder la fe y la esperanza, porque llegando a vivir del

Querer Divino, el alma no se siente más en contacto de la fe y de la esperanza, pues si vive de su Querer, ¿qué cosa debe creer si lo ha encontrado y hace de Él su alimento? ¿Y qué cosa debe esperar si ya lo posee, viviendo no fuera de Dios sino en Dios? Por eso la verdadera y perfecta resignación es el sello de la segura predestinación, y la certeza de la posesión de Dios que el alma adquiere. ¿Has entendido? Piénsalo bien".

(5) Yo he quedado como arrebatada y decía entre mí: "¿Pero es que se puede llegar a esto? Y casi dudaba diciendo: "Tal vez ha querido ponerme una tentación para ver lo que hago yo, y darme ocasión de decir más disparates y hacerme ver hasta dónde llega mi soberbia; sin embargo creo que es bueno decir algún disparate, porque al menos se le obliga a Él a decir alguna cosa, y se tiene el bien de oír su voz, que hace regresar de la muerte a la vida". Y pensaba qué otro disparate podría decir. Mientras estaba en esto se ha movido de nuevo y ha replicado:

(6) "Tú quieres tentarme, no Yo, y además, deja de dudar de mis verdades".

(7) Y ha hecho silencio. Yo me sentía confundida e iba pensando en lo que me había dicho, pero quién puede decirlo todo, son cosas que no se pueden expresar.

+ + + +

7-63
Noviembre 9, 1906

Efectos de meditar siempre en la Pasión.

(1) Encontrándome en mi habitual estado, estaba pensando en la Pasión de Nuestro Señor, y mientras esto hacía ha venido y me ha dicho:

(2) "Hija mía, me es tan querido quien siempre va pensando en mi Pasión, y siente desagrado y me compadece, que me siento como retribuido por todo lo que sufrí en el curso de mi Pasión, y el alma rumiándola siempre, viene a formar un alimento continuo, en el que hay tantos diversos condimentos y sabores que producen diversos efectos. Así que si en el curso de mi Pasión me dieron cadenas y cuerdas para atarme, el alma me desata y me da la libertad; aquellos me despreciaron, me escupieron y me deshonraban, ella me aprecia, me limpia de esas escupitinas y me honra; aquellos me desnudaron y me flagelaron, ella me cura y me viste; aquellos me coronaron de espinas tratándome como rey de burla, me amargaron la boca con hiel y me crucificaron, el alma rumiando todas mis penas me corona de gloria y me honra como su Rey, me llena la boca de dulzura dándome el alimento más exquisito como es el recuerdo de mis mismas obras, y desclavándome de la cruz me hace resucitar en su corazón, dándole Yo por recompensa, cada vez que hace esto, una nueva vida de gracia, así que ella es mi alimento y Yo me hago su alimento continuo. Así que la cosa que más me agrada es que el alma piense siempre en mi Pasión".

+ + + +

7-64
Noviembre 12, 1906

El alma da a Jesús la habitación en el
tiempo, y Él la da al alma en la Eternidad

(1) Continuando mi acostumbrado estado, estaba diciendo al bendito Jesús: "¡Oh, cuánto quisiera amarte para ser más amada por Ti!" Y Él en mi interior me ha dicho:

(2) "Te amo tanto, que jamás te dejo, y habito en ti continuamente".

(3) Y yo: "Gracias por tu bondad de habitar en mí, pero no estoy tan contenta, estaría más contenta y me sentiría más segura si yo pudiese habitar en Ti".

(4) Y Él: "¡Ah! Hija mía, en el tiempo tú me darás habitación a Mí, en la eternidad Yo te la daré a ti, y debes estar contenta y segura porque Aquél que habita en ti tiene potencia para mantener consolidada y libre de todo peligro su habitación".

+ + + +

7-65
Noviembre 14, 1906

La cruz ensancha los confines del reino del Cielo.

(1) ¡Oh! Cuánto he esperado y sufrido por su privación. Entonces, después de mucho esperar, por breves instantes se ha hecho ver y me ha dicho:
(2) "Hija mía, si la perfecta resignación es la señal cierta y segura de la predestinación, la cruz ensancha los confines del reino del Cielo".

Y como relámpago ha desaparecido.

+ + + +

7-66
Noviembre 16, 1906

Diferencia que hay entre las ofensas de los religiosos y las de los seglares.

(1) Encontrándome fuera de mí misma veía las tantas ofensas que cometen los sacerdotes y personas religiosas, y el gran desagrado que el bendito Jesús sentía por ellas. Entonces yo, casi

asombrándome he dicho: "Dulce vida mía, es verdad que las personas religiosas te ofenden, pero a mí me parece que los seglares te ofenden mayormente, no obstante muestras más disgusto por las ofensas de aquellas que por las de éstos, parece que eres todo ojos para mirar todo lo que hacen los primeros, y aparentas no ver lo que hacen los segundos".

(2) Y Él: "¡Ah! Hija mía, tú no puedes comprender la diferencia que hay entre las ofensas de los religiosos y las de los seglares, por eso te asombras. Los religiosos han declarado pertenecerme, amarme y servirme, y Yo les he confiado los tesoros de mi Gracia, y a otros los tesoros de los sacramentos, como es el caso de los sacerdotes. Ahora, fingiendo en lo exterior que me pertenecen, en su interior, si es necesario, están lejos de Mí, aparentan amarme y servirme, en cambio me ofenden y se sirven de las cosas santas para servir a sus pasiones, por eso soy todo ojos para no dejarlos desperdiciar mis dones, mis gracias, pero a pesar de mis premuras llegan a malgastar mis dones aun en aquellas mismas cosas externas con las que externamente parece que me están glorificando. Esta es una ofensa tan grave, que si tú la pudieses comprender morirías de aflicción. En cambio los seglares declaran no pertenecerme, no conocerme y no quererme servir, y esta es la primera cosa, que están libres del espíritu de hipocresía, la cosa que más me disgusta; por eso, habiéndose ellos declarado, no les he podido confiar mis dones, si bien la Gracia los exhorta y les hace la guerra, pero no se ha donado porque no la quieren. Sucede como a un rey que ha combatido para liberar los pueblos de la esclavitud en la cual eran tenidos por otros reyes, a fuerza de sangre ha logrado liberar a una parte de aquellos pueblos y los ha puesto bajo su dominio, proveyéndolos de todo, y si fuera necesario haciéndolos habitar su misma habitación. Ahora, ¿de quién se desagradaría más si lo ofendieran, de aquellos pueblos que han quedado lejanos de él, que también quería liberar, o de aquellos que viven con él?"

+ + + +

7-67
Noviembre 18, 1906

Las obras sin espíritu interior y sin recta intención, envanecen el alma.

(1) Encontrándome en mi habitual estado, como una sombra he visto al bendito Jesús, y sólo me ha dicho:

(2) "Hija mía, si a un alimento se le pudiera separar la sustancia y una persona lo comiera, valdría nada, más bien serviría para inflar su estómago. Así son las obras sin espíritu interior y sin recta intención, vacías de sustancia divina, valen nada y sirven sólo para inflar a la persona, así que recibe más daño que bien".

+ + + +

7-68
Noviembre 20, 1906

La obediencia comunica al alma la fuerza divina.

(1) Continua mi pobre estado lleno de amarguras, pero de paz, por las casi continuas privaciones que sufro; entonces como relámpago lo he visto diciéndome:

(2) "Hija mía, la obediencia es un muro irremovible, y tal vuelve al alma, y no sólo esto, sino que para ser irremovible es necesario ser fuerte, robusto, y la obediencia comunica la fuerza divina, de modo que todas las cosas ante la fuerza divina que el alma tiene, quedan débiles, así que ella puede remover todo, pero a ella no la puede remover ninguno".

(3) Y ha desaparecido.

++++

7-69
Noviembre 28, 1906

El bien de obrar junto con Jesús.

(1) Continuando mi pobre estado, en cuanto he visto al bendito Jesús parecía que se transformaba todo en mí, de modo que si yo respiraba sentía su respiro en el mío; si yo movía un brazo, sentía mover el suyo en el mío, y así de todo lo demás. Mientras esto hacía me ha dicho:

(2) "Hija amada mía, mira en qué estrecha unión estoy Yo contigo, así te quiero a ti, toda unida y estrechada Conmigo; y esto no creas que lo debes hacer sólo cuando sufres o rezas, sino siempre, siempre; si te mueves, si respiras, si trabajas, si comes, si duermes, todo, todo lo debes hacer como si lo hicieras en mi Humanidad y saliera de Mí tu obrar, de modo que no deberías ser tú otra cosa que la cáscara, y rota la cáscara de tu obra se debería encontrar el fruto de la obra divina, y esto debes hacerlo en favor de toda la humanidad, de modo que mi Humanidad se debe encontrar como viviente en medio de las criaturas, porque haciendo tú todo, aun las acciones más indiferentes con esta intención de recibir de Mí la vida, tu acción adquiere el mérito de mi Humanidad, porque siendo Yo Hombre y Dios, en mi respiro contenía los respiros de todos, los movimientos, las acciones, los pensamientos, todo contenía en Mí, así que los santificaba, los divinizaba, los reparaba. Por eso, haciendo todo con la intención de recibir de Mí tu obrar, también tú vendrás a abrazar y a contener a todas las criaturas en ti, y tu obrar se difundirá para bien de todos; así que aunque los demás no me den nada, Yo tomaré todo de ti".

(3) Parece que estoy diciendo muchos disparates. Son cosas íntimas y no sé decirlas bien, quisiera escribirlas como las tengo en la mente pero no puedo. Me parece que tomo una gota de luz y cientos se me escapan, hubiera sido mejor callar, pero todo sea para gloria de Dios.

+ + + +

7-70
Diciembre 3, 1906

La dulzura y la paz en el alma.

(1) No viniendo el bendito Jesús, sentía gran amargura, no sólo, sino como un choque en mi interior que me dejaba casi inquieta. ¡Oh! Dios, qué pena, que comparada a todas las otras penas, éstas no son otra cosa que sombras, más bien son refrigerios; es solamente a tu privación a la que debe dársele el nombre de pena. Ahora, mientras deliraba ha salido de dentro de mi interior y me ha dicho:

(2) "¿Qué tienes? Cálmate, cálmate, aquí estoy, no sólo estoy contigo sino en ti; además no quiero este ánimo inquieto, todo debe ser dulzura y paz en ti, de manera que se pueda decir de ti lo que se dice de Mí: Que no escurre de Mí otra cosa que miel y leche, figurando la miel a la dulzura y la leche a la paz; Yo estoy tan lleno y empapado de éstos, que escurren de mis ojos, de mi boca y en todo mi obrar, y si tú no eres así Yo me siento deshonrado por ti, porque mientras habita en ti Aquél que es todo paz y dulzura, tú no me honras, mostrando, aunque fuese la más mínima sombra de un ánimo enfadado e inquieto. Yo amo tanto esta dulzura y paz, que a pesar de que se tratara de cosas grandes, de mi honor y gloria, no quiero, no apruebo jamás aquellos modos enfadados, violentos, fogosos, sino aquellos modos dulces, pacíficos, porque sólo la dulzura es aquella que como cadena encadena los corazones, de modo que no se pueden soltar, es como brea que se pega y no se pueden liberar, y estoy obligado a decir: "En esta alma está el dedo de Dios". Y además si no me agrada a Mí el modo enfadado, no agradará ni siquiera a las criaturas. Uno que habla, que trata aun cosas de Dios con modos no dulces y pacíficos, es señal de que no tiene sus pasiones ordenadas, y quien no se tiene a sí mismo

ordenado no puede ordenar a los demás. Por eso sé atenta a todo lo que no sea dulzura y paz, si no quieres deshonrarme".

+ + + +

7-71
Diciembre 6, 1906

Jesús se esconde para ver que cosa hace el alma.
(1) Continuando el estado de casi total privación, en que a lo más como relámpago o como una sombra se hace ver, decía en mi interior: "Vida de mi vida, ¿por qué no vienes? ¡Oh, cómo te has hecho cruel conmigo! Cómo se ha endurecido tu corazón que llegas a no escucharme, ¿dónde están tus promesas, dónde tu amor si me dejas desamparada en el abismo de mis miserias? Sin embargo me prometías no dejarme jamás, me decías que me amabas mucho, ¿y ahora, y ahora? Tú mismo me lo has dicho, que por la constancia se conoce si alguien te ama de verdad; y si no hay constancia no se puede hacer ningún cálculo sobre este amor, y esto lo quieres de mí, que no formo tu vida, y Tú que eres mi vida ¿me la niegas?" Pero quién puede decir todos mis desatinos, me alargaría demasiado. Mientras estaba en esto se ha movido en mi interior, y poniendo su brazo en acto de sostenerme me ha dicho:

(3) "Estoy en ti, y me escondo más en ti para ver qué cosa haces. No he faltado en nada, ni a las promesas, ni al amor, ni a la constancia, si tú lo haces en modo imperfecto, Yo lo hago en la plenitud de la perfección hacia ti".

(4) Y ha desaparecido.

+ + + +

7-72
Diciembre 15, 1906

La Divina Voluntad contiene todos los bienes.

(1) Continuando mi habitual estado, me sentía más que nunca amargada por su privación. En un instante me he sentido como absorbida en la Voluntad de Dios, y sentía todo mi interior tranquilo, de modo de no sentirme más a mí misma, sino en todo al Querer Divino, aun su misma privación, y yo decía para mí: "¡Qué fuerza, qué encanto, qué atractivo contiene esta Divina Voluntad, que hace que me olvide de mí misma, y hace correr en todo al Querer Divino!" Mientras estaba en esto se ha movido en mi interior y me ha dicho:

(2) "Hija mía, como la Divina Voluntad es el único alimento sustancioso, que contiene todos los sabores y los gustos adecuados al alma, en Ella el alma encuentra su alimento exquisito y se tranquiliza; el deseo encuentra su alimento y piensa en apacentarse lentamente, y se forma sin desear otra cosa; la inclinación no tiene hacia donde tender, porque ha encontrado el alimento que la satisface; la propia voluntad no tiene otra cosa que querer, porque se ha dejado a sí misma, que formaba su tormento y ha encontrado la Voluntad Divina que forma su felicidad; ha dejado la pobreza y ha encontrado la riqueza, no humana sino Divina; en suma, todo el interior del alma encuentra su alimento, es decir su trabajo en el cual queda ocupada y absorbida, tanto que no puede hacer nada más, porque en este alimento y trabajo, mientras encuentra todos los contentos, encuentra tanto qué hacer y aprender, y gustar siempre nuevas cosas, que el alma de una ciencia menor aprende ciencias mayores, y siempre queda qué aprender; de cosas pequeñas pasa a cosas grandes, de un gusto pasa a otros gustos, y siempre queda algo más de nuevo por gustar en este ambiente de la Divina Voluntad".

+ + + +

7-73
Enero 3, 1907

La verdadera confianza reproduce la Vida Divina en el alma.

(1) Continuando mi habitual estado, en cuanto he visto al bendito Jesús me ha dicho:

(2) "Hija mía, quien mucho teme, es señal de que mucho confía en sí misma, porque no descubriendo en sí misma otra cosa que debilidades y miserias, naturalmente y justamente teme; y quien nada teme, es señal de que confía en Dios, porque confiando en Dios, las miserias y las debilidades quedan perdidas en Dios; sintiéndose investida por el Ser Divino, no más obra ella, sino Dios en ella, ¿y qué puede temer? Así que la verdadera confianza reproduce la Vida Divina en el alma".

+ + + +

7-74
Enero 5, 1907

La verdadera santidad consiste en recibir como
especialidad de amor divino todo aquello
que nos pueda suceder.

(1) Habiendo leído que un alma hacía escrúpulo de todo y temía que todo fuera pecado, estaba pensando en mí misma: "Y yo, cómo soy liberal, quisiera pensar también yo que todo fuera pecado para estar más atenta a no ofender al Señor". Entonces, viniendo el bendito Jesús me ha dicho:

(2) "Hija mía, estas son tonterías, y el alma con esto queda detenida en el camino de la santidad, mientras que la verdadera y estable santidad consiste en recibir como especialidad de amor divino todo lo que le pueda suceder y todo lo que pueda hacer, aunque sea la cosa más indiferente, como sería el recibir un alimento agradable o desagradable; especialidad de amor en el agradable, pensando que Jesús produce aquel gusto en el

alimento, porque la ama tanto, hasta darle gusto aun en las cosas materiales; especialidad de amor en el desagradable, pensando que la ama tanto que le ha producido aquel desagrado para semejarla a Él en la mortificación, dándole Él mismo una monedita para ofrecérsela a Él; especialidad de amor divino si es humillada, si es exaltada, si está sana, si está enferma; si es pobre o rica; especialidad de amor el respiro, la vista, la lengua, todo, todo, y así como todo, todo lo debe recibir como especialidad de amor divino, así ella debe dar de nuevo todo a Dios como un especial amor suyo, así que debe recibir la ola del amor de Dios, y debe dar a Dios la ola de su amor. ¡Oh! Qué baño santificante es esta ola del amor, la purifica, la santifica y la hace progresar sin que ella misma lo advierta; es más vida de Cielo que de tierra. Es esto lo que quiero Yo de ti; el pecado, el pensamiento del pecado no debe existir en ti".

+ + + +

7-75
Enero 10, 1907

El mal que forma el propio gusto.

(1) Encontrándome en mi habitual estado, en cuanto ha venido el bendito Jesús me ha dicho:

(2) "Hija mía, es tanto el apego de las criaturas al propio gusto, que estoy obligado a contener en Mí mis dones, porque en lugar de apegarse al Donador, se apegan a mis dones, idolatrando mis dones con ofensa al Donador, así que si encuentran su propio gusto hacen algo, más bien, no hacen, sino que satisfacen el propio gusto; si no hay gusto no hacen nada, así que el propio gusto forma una segunda vida en las criaturas. Miserables, no saben que donde está el propio gusto, difícilmente puede estar el gusto divino, aun en las cosas santas. Así que recibiendo mis dones, las gracias, los favores, no deben apropiárselos como cosas suyas, formando de

ellos un gusto propio, sino tenerlos como gustos divinos, sirviéndose de ellos para amar mayormente al Señor y prontos a sacrificarlos al mismo amor".

+ + + +

7-76
Enero 13, 1907

Jesús quiso sufrir en su Humanidad
para rehacer la naturaleza humana.

(1) Continuando mi habitual estado, por un instante he visto a mi bendito Jesús, y me ha dicho:

(2) "Hija mía, cuánto amo a las almas, mira: La naturaleza humana estaba corrompida, humillada, sin esperanza de gloria y de resurgimiento, y Yo quise sufrir todas las humillaciones en mi Humanidad, especialmente quise ser desnudado, flagelado y que a pedazos cayeran mis carnes bajo los azotes, casi deshaciendo mi Humanidad para rehacer la humanidad de las criaturas, y hacerla resurgir llena de vida, de honor y de gloria a la vida eterna. ¿Qué otra cosa podía hacer y que no haya hecho?"

+ + + +
7-77
Enero 20, 1907

La mayor santidad es el vivir en el Divino Querer.

(1) Habiendo leído dos vidas de santas, una que ansiaba mucho el sufrir, y la otra que quería ser pequeña, yo pensaba en mi interior cuál de las dos sería mejor para poderla imitar, y no sabiendo resolver esto me sentía como confundida, y para poder estar libre y pensar sólo en amarlo he dicho entre mí: "Yo no quiero aspirar a nada sino solamente a amarlo y cumplir perfectamente su santo

Querer". Mientras me encontraba en esto, el Señor en mi interior me ha dicho:

(2) "Y Yo aquí te quiero, en mi Querer; hasta en tanto que el grano de trigo no es sepultado bajo tierra y muere del todo, no puede renacer a vida nueva y multiplicarse y dar vida a otros granos; así el alma, hasta que no se sepulta en mi Voluntad, hasta morir del todo en Ella con deshacer todo su querer en el mío, no puede resurgir a nueva Vida Divina con el resurgimiento de todas las virtudes de Cristo, que contienen la verdadera santidad, por eso mi Voluntad sea el sello que te marque el interior y el exterior, y cuando mi Voluntad haya resurgido toda en ti, en Ella encontrarás el verdadero amor, y esta es la mejor de todas las otras santidades a las cuales puede uno aspirar".

+ + + +

7-78
Enero 21, 1907

Quien siempre ama a Jesús no lo puede desagradar.

(1) Encontrándome en mi habitual estado estaba diciendo en mi interior: "Señor, haz que sea toda tuya y que esté siempre, siempre Contigo, y que jamás me separe de Ti; pero mientras yo esté Contigo no permitas que yo sea aguijón que te amargue, que te dé fastidio, que te dé disgustos, sino puntal que esté en Ti para sostenerte cuando estás cansado y oprimido, que te consuele cuando estés fastidiado de las otras criaturas". Mientras esto decía el bendito Jesús me ha dicho:

(2) "Hija mía, quien está en continua actitud de amarme está siempre Conmigo, y no puede ser jamás aguijón que pueda darme fastidio, sino puntal que me sostiene, me consuela, me endulza, porque el verdadero amor tiene la propiedad de hacer feliz a la persona amada, y además, quien siempre me ama no podrá jamás desagradarme, porque el amor absorbe toda la persona, a lo más

podrá haber pequeñas cosas que el alma misma ni siquiera advierte que me puedan desagradar, y el amor mismo toma el empeño de purificarla para hacer que Yo pueda encontrar siempre en ella mis delicias".

+ + + +

7-79
Enero 25, 1907

Castigos. Ve ciudades desiertas.

(1) Paso días amarguísimos por las privaciones casi continuas del bendito Jesús, a lo más por un instante y como relámpago se hace ver y en seguida se esconde tan adentro en mi interior, que no lo puedo encontrar, y siempre en silencio. Ahora, habiéndolo visto después de mucho esperar, pero muy amargado y oprimido, le he dicho: "Pero dime al menos qué cosa te hace sufrir tanto?" Y Él, de mala gana, sólo por contentarme me ha dicho:

(2) "¡Ah! Hija mía, tú no sabes lo que debe suceder, si te lo dijera romperías mi indignación y no haría lo que debo hacer. He aquí el por qué guardo silencio. Tú tranquilízate acerca del modo que tengo contigo en este periodo de tiempo, ten valor, te será demasiado amargo, pero hazla de atleta, de generosa, viviendo siempre, y muerta, en mi Voluntad, sin ni siquiera llorar".

(3) Dicho esto se ha escondido más adentro en mi interior, dejándome como petrificada, sin ni siquiera poder llorar su privación.

(4) Ahora para obedecer escribo que desde antes del mes de enero hasta ahora, no hago otra cosa que encontrarme fuera de mí misma, tal vez sea sólo un sueño, pero me parecía ver lugares desolados, ciudades desiertas, calles enteras con las casas cerradas sin que ninguno camine por ellas, gentes muertas, y es

tanto el espanto al ver estas cosas que me quedo como atontada y quisiera imitar a mi buen Jesús estándome yo también taciturna y silenciosa. El por qué de esto no lo sé decir, porque mi luz Jesús no me dice nada. Lo he escrito sólo por obedecer.

(5) Deo Gratias.

+ + + +

7-80
Febrero 20, 1907

La incorrespondencia a la Gracia.

(1) Continúa siempre en silencio y viniendo por un instante y como relámpago; paso mis días en la amargura y como atónita, todo mi interior ha quedado golpeado como por un rayo, sin poder caminar hacia adelante ni hacia atrás, yo misma no sé decir lo que ha sucedido en mi interior, creo que sea mejor callar que hablar de ello. Entonces, esta mañana en cuanto ha venido me ha dicho:

(2) "Hija mía, quien no corresponde a mi gracia, vive como esas aves que viven de rapiña, así el alma no hace otra cosa que vivir de rapiña, me roba la gracia, vive y no me reconoce y además me ofende".

(3) Y como relámpago ha desaparecido dejándome más admirada que antes.

+ + + +

7-81
Marzo 2, 1907

No hay nada que iguale al sufrir voluntario.

(1) Continuando mi habitual estado, y habiendo oído que casi todo el país estaba con la epidemia de influencia y que moría mucha gente, estaba pidiendo a Nuestro Señor que se complaciera en evitar tantas víctimas y que me hiciera sufrir a mí para perdonar a aquellos, porque ahora como nunca poco o nada sufro, porque aun esto me ha quitado. Mientras esto pensaba, en mi interior me ha dicho:

(2) "Hija mía, de Mí se dijo que era necesario que muriera uno para salvar a todo el pueblo. Era una verdad, pero en aquel tiempo no comprendida. Así en todos los tiempos es necesario que sufra uno para perdonar a los demás, y este uno para ser acepto debe ofrecerse voluntariamente y sólo por amor de Dios y por amor del prójimo, sufriendo él para evitar a todos los demás el sufrimiento; y el sufrir de éste no puede equivaler al sufrimiento de todos los demás juntos, no hay valor que lo iguale. ¿Crees tú que es nada el vacío de tu sufrir? No obstante no es un vacío del todo, y si te suspendo del todo, ¿dónde irán a terminar los pueblos? ¡Ay, ay, las cosas no terminan aquí!"

+ + + +

7-82
Marzo 13, 1907

Luisa le pide a Jesús que al morir su
madre no pase por el Purgatorio.

(1) Continúa casi siempre lo mismo, y a lo más se hace ver en silencio. Ahora, en estos días, Jesús, habiéndose dejado ver me acariciaba y me besaba, y estando mi mamá enferma me hacía comprender que pronto se la iba a llevar, y yo le decía: "Señor mío, Tú lo quieres y yo te la doy antes de que te la lleves, no quiero esperar a que te la lleves sin que antes te la done, pero quiero de Ti la recompensa por el don que te hago, dándome en premio que te la lleves directo al paraíso, sin hacerla pasar por el purgatorio, a

costa de sufrir yo el purgatorio que le correspondiera a mi mamá". Y Jesús bendito me decía:

(2) "Hija mía, déjame hacer a Mí".

Yo continuaba pidiéndole diciendo: "Pero dulce amor mío, quien tendrá corazón para ver sufrir a mi mamá en el purgatorio, a ella que ha sufrido tanto, que ha llorado tanto por causa mía. Es el peso de la gratitud lo que me empuja, lo que me apremia y me fuerza, en todas las demás cosas haz lo que quieras, pero en esto no, no cedo. Me contentarás y harás lo que quiero".

(3) Y Él: "Pero amada mía, no te vuelvas demasiado fastidiosa, eres incansable, y con el volverte incansable en pedir me obligas a contentarte".

(4) Pero sin embargo no me daba una respuesta precisa, y yo insistía y lloraba como una niña, y pidiéndole y volviéndole a pedir iba ofreciendo minuto a minuto, hora tras hora todo lo que Él sufrió en su Pasión, aplicando todo esto al alma de mi madre para hacerla quedar purificada y embellecida, y así poder obtener lo que yo quería. Y Él secándome las lágrimas agregaba:

(5) "Pero querida amada mía, no llores, tú sabes que te quiero mucho, ¿podría no contentarte? Mira, con el continuo ofrecimiento de mi Pasión, no dejando escapar nada de lo que Yo sufrí en beneficio de tu madre, su alma está dentro de un mar inmenso, y este mar la lava, la embellece, la enriquece, la inunda de luz, y para asegurarte que te contentaré, cuando muera tu madre serás sorprendida por un fuego por el que te sentirás quemar".

(6) Yo he quedado contenta pero no segura, porque no me había dicho aún nada de que la llevaría directa al paraíso.

+ + + +

7-83

Mayo 9, 1907

Muerte y purgatorio de los padres de Luisa.

(1) Hace más de un mes que no escribo, y con gran repugnancia y sólo por obedecer me pongo de nuevo a escribir. ¡Oh! Qué pena siento, sólo el pensamiento de que podría decir a mi amado Jesús: "Mira cómo te amo de más y cómo crece mi amor, que sólo por amor tuyo me someto a este duro sacrificio, y por cuanto duro, otro tanto puedo decir que más te amo". Y pensando que puedo decir a mi Jesús que lo amo más, siento la fuerza para cumplir el sacrificio de obedecer.

(2) Entonces no recordando todo perfectamente, diré todo junto y un poco confuso lo que ha pasado, comenzando donde lo dejé cuando estaba rogándole que se llevara a mi madre al paraíso sin pasar por el purgatorio;

(3) El día 19 de Marzo, consagrado a San José, por la mañana encontrándome en mi habitual estado, mi madre pasaba de esta vida al ambiente de la eternidad, y el bendito Jesús haciéndome ver que se la llevaba me ha dicho:

(4) "Hija mía, el Creador se lleva a la criatura".

(5) En este momento me he sentido investir por dentro y por fuera por un fuego tan vivo que me sentía quemar las vísceras, el estomago y todo el resto, y si tomaba alguna cosa se convertía en fuego y era obligada a vomitarla en cuanto me la comía; este fuego me consumía y me mantenía en vida. ¡Oh! Cómo comprendía el fuego devorador del purgatorio, que mientras consume da la vida. El fuego hace el oficio de alimento, de agua, de muerte y de vida, pero en este estado yo era feliz, pero habiendo visto solamente que Jesús se la había llevado, pero no me había hecho ver a dónde la había llevado, mi felicidad no era completa, y por mis mismos sufrimientos sentía inquietud por cuáles serían los sufrimientos de mi madre si estuviese en el purgatorio, y viendo al bendito Jesús, que en estos días casi no me ha dejado sola, lloraba y le decía:

"Dulce Amor mío, dime adonde la has llevado. Yo estoy contenta conque te la hayas llevado porque la tienes Contigo, pero si no la tienes Contigo, esto no lo tolero y llorare tanto hasta que me contentes". Y Él parecía que gozaba con mi llanto y me abrazaba, me sostenía, me secaba las lágrimas y me decía:

(6) "Hija mía, no temas, tranquilízate, y cuando te hayas tranquilizado te la haré ver, y por ello estarás contenta; además, el fuego que tú sientes te sirva como prueba de que te he contentado".

(7) Pero yo seguía llorando, especialmente cuando lo veía, porque sentía en mi interior que todavía faltaba alguna cosa a la beatitud de mi madre; lloraba tanto, que las personas que me circundaban, que habían venido por la muerte de mi madre, viéndome llorar así, creyendo que lloraba por la muerte de ella quedaban casi escandalizadas, pensando que yo me había separado de la Voluntad Divina, cuando que yo más que nunca nadaba en este ambiente de la Divina Voluntad. Pero yo no me acojo a ningún tribunal humano, porque todos son falsos, sino sólo al divino porque está lleno de verdad. Si el buen Jesús no me condenaba, más bien me compadecía, y para sostenerme venía más seguido, dándome casi un motivo para hacerme llorar, porque si Él no venía, ¿con quién debía llorar para conseguir lo que quiero? Aquellos tenían razón porque juzgaban lo externo, además, siendo yo tan mala no es de maravillarse que los otros se escandalizaran de mí. Después de algunos días, viniendo el buen Jesús me ha dicho:

(8) "Hija mía, consuélate, porque quiero decirte y hacerte ver dónde está tu madre y como tú, tanto antes como después de habérmela Yo traído me has ofrecido continuamente lo que Yo merecí, hice y sufrí en el curso de mi Vida en su favor, por esto ella ahora se encuentra tomando parte en todo lo que Yo hice y goza de mi Humanidad, quedándole aún oculta mi Divinidad, que en breve le será también develada, y el fuego que tú sientes y tus oraciones han servido para exentarla de cualquier otra pena de sentido, que a

todos corresponden, porque mi justicia, tomando de ti la satisfacción, no podía tomarla de las dos".

(9) En ese momento, me parecía ver a mi madre dentro de una inmensidad que no tenía confines, y en esta inmensidad había tantos gozos y alegrías por cuantas palabras, pensamientos, suspiros, obras y sufrimientos, latidos, en suma, todo lo que contenía la Humanidad Santísima de Jesucristo. Comprendía que es un segundo paraíso para los bienaventurados, y que todos para entrar al paraíso de la Divinidad deben pasar por éste de la Humanidad de Cristo. Así que para mi madre había sido un singularísimo privilegio reservado a poquísimos, el no haber tocado otro purgatorio; sin embargo comprendía que si bien no estaba en tormentos, sino más bien en gozos, su felicidad no era perfecta, sino casi a la mitad.

(10) Sean dadas las gracias al Señor por esto. Yo continué sufriendo durante doce días, tanto que me encontré al borde de la muerte, pero habiéndose interpuesto la obediencia para hacer que ese hilo de vida que me quedaba no se rompiera, he regresado a mi estado natural. Yo no sé, parece que esta obediencia tiene un arte mágico sobre mí, pero el Señor pronto la hará perder su autoridad para llevarme con Él. Yo sentía un descontento porque la obediencia se atraviesa para no dejarme ir al Cielo, y en esto Jesús me ha dicho;

(11) "Hija mía, los bienaventurados en el Cielo me dan tanta gloria por la unión perfecta de su voluntad con la mía, que su vida es una reproducción de mi Querer, hay tanta armonía entre Yo y ellos, que su aliento, su respiro, los movimientos, los gozos, y todo lo que constituye la bienaventuranza de ellos, es efecto de mi Querer; sin embargo te digo que el alma aún viadora, si está unida con mi Querer de modo que no se separa jamás de Él, su vida es de Cielo, y Yo recibo de ella la misma gloria, pero tomo más gusto y complacencia de ella, porque lo que hacen los bienaventurados lo hacen sin sacrificios y con gozos, mientras que lo que hacen los viadores lo hacen con sacrificio y con padecimientos, y donde hay

sacrificio Yo tomo más gusto y me complazco de más, y los mismos bienaventurados, viviendo en mi Querer, como el alma también viviendo en mi Voluntad forma una misma vida, participan en el gusto que Yo tomo del alma viadora".

(12) Recuerdo que en otra ocasión estando yo con el temor de que mi estado fuera obra del demonio, el buen Jesús me dijo:

(13) "Hija mía, el demonio también sabe hablar de virtud, pero mientras habla de virtud, en el interior arroja repugnancia, odio a la misma virtud; así que la pobre alma se encuentra en contradicción y sin fuerza para practicar el bien. En cambio cuando soy Yo el que habla, siendo Yo verdad, mi palabra está llena de vida, no es estéril sino fecunda, así que mientras hablo infundo amor a la virtud y produzco la misma virtud en el alma, porque la verdad es fuerza, es luz, es sostén y una segunda naturaleza para el alma que se deja guiar por la verdad".

(14) Continúo diciendo que apenas habían pasado unos diez días de la muerte de mi madre, mi padre cayó gravemente enfermo, y el Señor me hacía comprender que también él iba a morir; yo le hice el don anticipado y repetí lo que había hecho por mi madre para que tampoco a mi padre lo hiciera tocar el purgatorio, pero el Señor se mostraba más reacio y no me escuchaba; yo temía mucho, no por su salvación porque el buen Jesús me había hecho la solemne promesa, desde hace casi quince años, de que de todos los míos y de aquellos que me pertenecen ninguno se perdería; pero temía mucho por el purgatorio. Yo le rogaba continuamente, el buen Jesús casi no venía. Sólo el día en que mi padre moría, después de una enfermedad de quince días, el bendito Jesús se hizo ver todo benigno, vestido de blanco, como si estuviera de fiesta y me dijo:

(15) "Hoy espero a tu padre, y por amor tuyo me haré encontrar no como juez, sino como padre benigno, lo acogeré entre mis brazos".

(16) Yo insistí por lo del purgatorio, pero no me prestó atención, y desapareció. Muerto mi padre, no me vino ningún sufrimiento

nuevo como sucedió con mi madre, y por esto entendí que había ido al purgatorio. Yo rogaba y volvía a rogar, pero Jesús se hacía ver sólo como relámpago, sin darme tiempo de nada, y por añadidura ni siquiera podía llorar, porque no tenía con quien hacerlo, y Aquél que es el único que podía escuchar mi llanto me rehuía. Adorables juicios de Dios en sus modos.

(17) Después de dos días de penas internas, mientras veía al bendito Jesús y le preguntaba por mi padre, lo oí detrás de las espaldas de Jesucristo, como si estallara en llanto y pedía ayuda, y desaparecieron. Yo quedé lacerada en el alma por esto y rezaba, finalmente, después de seis días, encontrándome en mi acostumbrado estado, me encontré fuera de mí misma, dentro de una iglesia en la que estaban muchas almas purgantes, yo pedía a Nuestro Señor que al menos hiciera venir a mi padre dentro de la iglesia a hacer su purgatorio, porque veía que estas almas, en las iglesias, están en constantes alivios por las oraciones y misas que se dicen, pero mucho más por la presencia real de Jesús Sacramentado, que parece que es para ellas un continuo refrigerio. Mientras estaba en esto vi a mi padre, con un aspecto venerable, y Nuestro Señor lo puso cerca del tabernáculo. Con esto he quedado menos lacerada en mi interior.

(18) Recuerdo confusamente que otro día viniendo el buen Jesús me hacía comprender la preciosidad del sufrir, y yo le pedía que hiciera comprender a todos el bien que hay en el sufrir. Y Él me dijo:

(19) "Hija mía, la cruz es un fruto espinoso, que por fuera es molesto y punzante, pero quitadas las espinas y la cáscara se encuentra un fruto precioso y exquisito, que sólo quien tiene la paciencia de soportar las molestias de los pinchazos puede llegar a descubrir el secreto de la preciosidad y sabor de aquel fruto; y sólo aquél que ha llegado a descubrir este secreto lo mira con amor, y con avidez va en busca de ese fruto sin cuidarse de los pinchazos, y todos los demás lo miran con desdén y lo desprecian".

(20) Y yo: "Pero dulce Señor mío, ¿cuál es este secreto que hay en el fruto de la cruz?"

(21) Y Él: "El secreto de la eterna bienaventuranza, porque en el fruto de la cruz se encuentran tantas moneditas que sólo sirven para entrar al Cielo, y el alma con estas moneditas se enriquece y se vuelve bienaventurada eternamente".

(22) El resto lo recuerdo confusamente y no lo siento ordenado en mi mente, por eso paso adelante y hago punto en esto.

+ + + +

7-84
Mayo 30, 1907

Eficacia de la oración.

(1) Encontrándome en mi habitual estado, por breve tiempo he visto al bendito Jesús, y yo le rogaba por mí y por otras personas, pero lo hacía con alguna dificultad fuera de lo acostumbrado, como si no hubiera podido obtener tanto como si hubiera rogado sólo por mí, y el buen Jesús me ha dicho:

(2) "Hija mía, la oración es un punto solo, y mientras ella es un punto, puede aferrar todos los demás puntos juntos; así que tanto puede conseguir la oración si se reza para sí sola como si se reza por los demás, una es su eficacia".

Deo Gratias.

Nihil obstat

Canonico Hanibale
M. Di Francia

Eccl.

Imprimatur
Arzobispo Giuseppe M. Leo
Octubre de 1926

[1] Este libro ha sido traducido directamente del original manuscrito de Luisa Piccarreta.

[1]

I. M. I
8-1
Junio 23, 1907

El acto más bello es el abandono en la Voluntad de Dios.

(1) Encontrándome en mi habitual estado, el bendito Jesús no venía, y yo estaba pensando entre mí cuál sería el acto más bello y más a Nuestro Señor, que pudiese más fácilmente inducirlo a venir: El dolor de las propias culpas o la resignación. Mientras estaba en esto, en cuanto ha venido me ha dicho:

(2) "Hija, el acto más bello y que más me agrada es el abandono en mi Voluntad, pero tanto, que no se recuerde que existe el propio ser, sino que todo para ella sea el Divino Querer. Si bien el dolor de las propias culpas es bueno y laudable, pero no destruye el propio ser; en cambio el abandonarse del todo en mi Voluntad destruye el propio ser y readquiere el Ser Divino. Entonces, el alma con abandonarse en mi Voluntad, me da más honor, porque me da todo lo que Yo puedo exigir de la criatura, y vengo a readquirir en Mí lo que de Mí había salido, y el alma readquiere lo único que debería readquirir, a Dios con todos los bienes que el mismo Dios posee, sólo que, hasta que el alma está del todo en la Voluntad de Dios,

readquiere a Dios, y si se sale de mi Voluntad readquiere su propio ser junto con todos los males de la corrompida naturaleza".

+ + + +

8-2
Junio 25, 1907

El alma detenida o caminando, debe estar siempre en la Divina Voluntad.

(1) Esta mañana estaba pensando en que me sentía como detenida, sin ir ni hacia adelante ni hacia atrás, y decía: "Señor, yo misma no sé decir lo que siento, si estoy atrás, o detenida, o adelante, pero del resto no me aflijo, pues con tal que esté en tu Voluntad estoy siempre bien, en cualquier punto o en cualquier modo que pueda estar, tu Voluntad es siempre santa y yo en cualquier modo que esté, estaré siempre bien".

(2) En ese momento el bendito Jesús ha venido por poco tiempo y me ha dicho:

(3) "Hija mía, ánimo, no temas si te sientes detenida, pero está atenta a que esas detenidas las hagas en mi Voluntad, sin salirte en nada de mi Querer. También Yo me detengo, pero en un abrir y cerrar de ojos hago más de lo que no he hecho por años y años; mira, para el mundo parece que Yo estuviera detenido, porque mereciendo ser severamente castigado y no haciéndolo, parece que no esté caminando, pero si tomo la vara en mis manos, verás como me reharé de todas mis paradas. Así tú, estando siempre en mi Voluntad, si ves que mi Voluntad te quiere detenida, detente entonces y goza de mi Voluntad; si ves que mi Voluntad quiere que camines, camina pues, pero camina siempre en mi Querer, porque caminando en mi Voluntad caminarás Conmigo mismo y tendrás la misma Voluntad de mi caminar, por eso estate siempre en mi Voluntad, detenida o en camino, y estarás siempre bien".

+ + + +

8-3
Julio 1, 1907

En la Divina Voluntad se olvidan los pecados.

(1) Estaba leyendo de una santa que siempre pensaba en las propias culpas, y que pedía a Dios dolor y perdón. Y yo en mi interior decía: "Señor, qué diferencia entre esta santa y yo, yo nunca pienso en los pecados, y ella que siempre piensa en ellos, se ve que me he equivocado". En ese instante lo he sentido moverse en mi interior y se hizo como un relámpago de luz en mi mente, y oí que me decían:

(2) "Necia, necia que eres, ¿no quieres entenderlo? ¿cuándo mi Voluntad ha producido pecados, imperfecciones? Mi Voluntad es siempre santa, y quien vive en Ella queda ya santificado, y goza, se alimenta y piensa en todo lo que mi Voluntad contiene, y aunque en el pasado haya cometido pecados, encontrándose en la belleza, en la santidad, en la inmensidad de los bienes que contiene mi Voluntad, olvida lo feo de su pasado y se recuerda sólo del presente, con la condición de que no salga de mi Querer; pero si llegara a salir, regresando al propio ser, no es de asombrarse que recuerde pecados y miserias. Ten presente en tu mente que en mi Voluntad no entran ni pueden entrar estos pensamientos de pecados y de sí misma, y si el alma los siente significa que no es estable ni está fija dentro de Mí, sino que se da sus escapadas".

(3) Encontrándome después en mi habitual estado, en cuanto lo he visto me ha dicho:

(4) "Hija mía, la verdad, por cuanto sea perseguida, no se puede hacer menos que reconocer que es verdad, y llegará el tiempo en que esa misma verdad perseguida venga a ser reconocida y

amada. En estos tristes tiempos todo es falsedad y doblez, y para hacer que la verdad pueda señorear, el hombre necesita ser castigado y destruido; y estos golpes, parte se los darán ellos mismos y se destruirán mutuamente, otros vendrán de Mí, especialmente para Francia, donde habrá gran mortalidad, tanto, que quedará casi despoblada".

+ + + +

8-4
Julio 4, 1907

El alma debe rumiar en su mente las verdades aprendidas.

(1) Estaba pensando: "Cómo me he vuelto mala, no obstante el Señor no me corrige, no me reprende". Mientras esto pensaba lo he sentido moverse en mi interior, y me ha dicho:

(2) "Hija mía, camina, camina. Si Yo soy bondad, misericordia, dulzura, soy también justicia, fortaleza, potencia; si Yo te viera retroceder o cometer defectos voluntarios, ante tantas gracias que te he hecho, merecerías ser fulminada, y en verdad te fulminaría; y si no lo hago tú misma comprendes el por qué, y si no te hablo siempre, debes rumiar continuamente en tu mente cuantas verdades te he enseñado, después entra en tu interior, únete Conmigo, y Yo estaré siempre junto contigo para obrar interiormente".

+ + + +

8-5
Julio 10, 1907

Se comienza a vivir de verdad, cuando se comienza a ser víctima.

(1) Encontrándome en mi habitual estado, me he encontrado fuera de mí misma junto con mi adorable Jesús, y viéndolo coronado de espinas le he quitado la corona y con ambas manos la he puesto sobre mi cabeza, oprimiéndola muy bien. ¡Oh! cómo sentía que me penetraban las espinas, pero me sentía feliz de sufrir, para aligerar las penas de Jesús. Después he dicho: "Mi buen Jesús, dime, ¿falta mucho tiempo para que me lleves al Cielo?"

(2) Y Él: "Más bien, poquísimo".

(3) Y yo: "Tu poco pueden ser diez, veinte años, y ya tengo cuarenta y dos".

(4) Y Él: "No es verdad; tus años no son más que desde que comenzaste a ser víctima. Entonces mi bondad te llamó, y tú puedes decir que desde entonces comenzaste a vivir de verdad. Y así como te llamé a vivir mi Vida en la tierra, así dentro de poco te llamaré a vivir mi Vida en el Cielo".

(5) Mientras estaba en esto, he visto que de las manos del bendito Jesús salían dos columnas que luego formaban una sola, y las tenía apoyadas fuertemente sobre mis hombros, sin que yo pudiera quitarme de abajo; y si me llamaba no había quien viniera a poner los hombros bajo aquellas columnas y permanecían suspendidas en sus manos, y estando suspendidas sucedían estragos de todo tipo; comprendía que estas columnas eran la Iglesia y el mundo, salidos de sus santísimas manos y que los tenía en sus santas llagas, y siempre estarán ahí, pero si el buen Jesús no tiene donde apoyarlas, se cansará muy pronto de tenerlas suspendidas en sus manos, y ay, pero ay que harán horrorizar, son tales y tantos estos ay, que creo que es mejor hacer silencio.

+ + + +

8-6
Julio 14, 1907

Todo en el alma debe ser amor.

(1) Continuando mi habitual estado, por poco tiempo ha venido el bendito Jesús, y yo sin pensarlo he preguntado: "Señor, ayer me confesé; si hubiera muerto, siendo que la confesión perdona las culpas, ¿me habrías llevado directamente al paraíso?"

(2) Y Él: "Hija mía, es verdad que la confesión perdona las culpas, pero la cosa más segura y cierta para exentar el purgatorio es el amor, así que en el alma el amor debe ser la pasión predominante: Amor el pensamiento, la palabra, los movimientos, todo, todo debe ser envuelto por este amor, y así, el Amor Increado encontrando todo amor, absorbe en Sí al amor creado. En efecto, qué otra cosa hace el purgatorio sino llenar los vacíos de amor que hay en el alma, y cuando llena estos vacíos la manda al Cielo. Si no hay estos vacíos, no es cosa que pertenezca al purgatorio".

+ + + +

8-7
Julio 17, 1907

Verdadera señal para conocer si se vive en la Divina Voluntad.

(1) Continuando mi habitual estado, en cuanto ha venido el bendito Jesús me ha dicho:

(2) "Hija mía, la verdadera señal para conocer si el alma vive en mi Voluntad, es que todo lo que le sucede, en cualquier cosa se desenvuelve la paz, porque mi Voluntad es tan perfecta y santa que no puede producir ni siquiera la sombra de la turbación. Así que si en los conflictos, mortificaciones, amarguras, se siente turbada, no puede decir que está dentro de mi Voluntad; a lo más, si se siente resignada y al mismo tiempo turbada, puede decir que está a la

sombra de mi Voluntad, porque estando fuera es dueña de sentirse a sí misma, pero adentro no".

+ + + +

8-8
Julio 19, 1907

En la Divina Voluntad no entran ni arideces, ni tentaciones, ni defectos.

(1) Habiendo hablado con una persona sobre la Voluntad de Dios, se me había salido decirle que estando en la Voluntad de Dios y sintiéndose árida se encontraría también en paz. Después, encontrándome en mi habitual estado, el bendito Jesús me ha corregido diciéndome:

(2) "Hija mía, pon mucha atención cuando hablas de mi Voluntad, porque mi Voluntad es tan feliz, que forma nuestra misma bienaventuranza, y la voluntad humana es tan infeliz, que si pudiese entrar en la nuestra destruiría nuestra felicidad y nos haría guerra; por eso en mi Voluntad no entran ni arideces, ni tentaciones, ni defectos, ni inquietudes, ni frialdades, porque mi Voluntad es luz y contiene todos los gustos posibles; la voluntad humana no es otra cosa que una gotita de tinieblas, toda llena de disgustos. Así que si el alma está ya dentro de mi Querer, antes de entrar, al contacto con mi Querer la luz le ha disipado la gotita de las tinieblas para poderla tener en sí, el calor ha derretido el hielo y la aridez, los gustos divinos han quitado los disgustos, mi felicidad la ha liberado de todas las infelicidades".

+ + + +

8-9
Agosto 6, 1907

No ve otra cosa que castigos.

(1) Continuando mi habitual estado, me encontraba fuera de mí misma dentro de una iglesia, y me parecía ver a una bellísima señora con sus senos tan llenos de leche, que parecía que se le quisiera abrir la piel. Después, llamándome me dijo:

(2) "Hija mía, éste es el estado de la Iglesia, está llena de amarguras internas, y aunado a éstas está en acto de recibir las amarguras externas. Sufre tú un poco para mitigarlas en algo".

(3) Y mientras esto decía, parecía que se abriese los senos, y llenando su mano con leche me la daba a beber; era amarguísima y producía tantos sufrimientos que yo misma no sé decirlo. En ese momento veía que hacían revoluciones, entraban en las iglesias, despojaban altares, los quemaban, atentaban contra sacerdotes, rompían estatuas, y miles de otros insultos e infamias. Mientras esto hacían, el Señor mandaba otros castigos del Cielo, muchos quedaban muertos o heridos, parecía una riña general contra la Iglesia, contra el gobierno y entre ellos mismos. Yo he quedado espantada y me he encontrado en mí misma, y continuaba viendo a la Reina Madre, junto con otros santos, que rogaban a Jesucristo que me hiciera sufrir, pero parecía que Él no prestaba atención, y entraban en conflicto, y molesto ha respondido el bendito Jesús:

(4) "No me molesten, estense tranquilos, de otra manera me la traigo".
(5) Pero a pesar de esto parece que he sufrido un poco.

(6) Ahora digo todo junto, que en todos estos días, encontrándome en mi habitual estado, no he visto otra cosa que revoluciones y castigos. El bendito Jesús está casi siempre taciturno, y de vez en cuando sólo me dice:

(7) "Hija mía, no me hagas violencia, de otra manera te haré salir de este estado".

(8) Y yo digo: "Mi vida y mi todo, si quieres ser dejado libre para hacer lo que quieres, llévame, y después podrás hacer lo que quieras".

(9) Parece que en estos días se necesita gran paciencia para tratar con Jesús bendito.

+ + + +

8-10
Agosto 22, 1907

El alma debe estar en el mundo como si sólo estuvieran
Dios y ella. La causa que más renueva la Pasión a
Jesús es el incumplimiento de los propósitos.

(1) Encontrándome en mi habitual estado, en cuanto ha venido mi adorable Jesús me ha dicho:

(2) "Hija mía, para que la Gracia pueda tener libre la entrada en el alma, ésta debe estar en el mundo como si no hubiera otra cosa que Dios y ella, porque cualquier otro pensamiento o cosa se interponen entre el alma y la Gracia, e impiden a la Gracia entrar en el alma, y al alma recibir la Gracia".
(3) Otro día me dijo: "Hija mía, la causa que más me renueva la Pasión es el incumplimiento de los propósitos; ¡ah! ni siquiera entre ellos son tan viles de no mantener lo que se prometen, sólo Conmigo llegan a tal vileza de desconocer sus promesas, a pesar que saben que sufro mucho porque en un momento prometen, y en otro desdicen lo que prometen".

+ + + +

8-11
Septiembre, 1907

Por cuanto más el alma es igual en todo,
tanto más se acerca a la perfección divina.

(1) Paso días amarguísimos, con continuas privaciones, a lo más se hace ver como sombra o relámpago, y casi siempre con continuas amenazas de mandar castigos. ¡Oh! Dios, qué desorden, el mundo parece trastornado, todos están en actitud de hacer revoluciones, de matarse; el Señor parece que retira su Gracia y los hombres se vuelven tantas bestias feroces, pero es mejor callar estas cosas, porque hablar de ellas amarga demasiado mi pobre alma, bastante saturada de amarguras. Después, esta mañana en cuanto ha venido el bendito Jesús, me ha dicho:

(2) "Todas las obras de Dios son perfectas, y su perfección se conoce por ser redondas o a lo más cuadradas, tanto que ninguna piedra es colocada en la Jerusalén Celestial que no sea redonda o cuadrada".

(3) Yo no entendía nada de esto, pero hacía por ver la bóveda del cielo y veía en ella las estrellas, el sol, la luna, y también la misma forma de la tierra, todas redondas, pero no entendía el significado de esto, y el Señor ha agregado:

(4) "La redondez es la igualdad en todas las partes, así que el alma para ser perfecta debe ser igual en todos los estados, en todas las circunstancias, sean prósperas o adversas, dulces o amargas. La igualdad debe circundarla en todo, para formarla al modo de un objeto redondo, de otramanera, si no es igual en todas las cosas, no podrá entrar bella y pulida a formar parte de la Jerusalén Celestial, y no podrá adornar a modo de estrella la patria de los bienaventurados, así que por cuanto más el alma es igual en todo, tanto más se acerca a la perfección divina".

+ + + +

8-12
Octubre 3, 1907

Cómo el propio yo vuelve esclavo a Dios.

(1) Encontrándome en mi habitual estado, el bendito Jesús no venía, y yo estaba desgarrada por el dolor de su privación, y no sólo por esto, sino por el pensamiento de que mi estado de víctima no fuera más Voluntad de Dios; me parece haberme vuelto nauseante ante la presencia de Dios, digna sólo de ser aborrecida. Ahora, mientras esto pensaba, en cuanto ha venido Jesús me ha dicho:

(2) "Hija mía, quien elige al propio yo, aun por un momento, reprime la Gracia, se hace dueño de sí mismo y vuelve esclavo a Dios".

(3) Después ha agregado: "La Voluntad de Dios hace tomar la posesión Divina, pero la obediencia es la llave para abrir la puerta y entrar en esta posesión".

(4) Dicho esto ha desaparecido.

+ + + +

8-13
Octubre 4, 1907

La cruz injerta la Divinidad en la humanidad.

(1) Continuando mi habitual estado de privaciones, y por lo tanto con pocos sufrimientos, estaba diciendo para mí: "No sólo de Jesús estoy privada, sino que también el bien de los sufrimientos me es quitado. ¡Oh Dios!, por todas partes quieres usar fierro y fuego y tocarme en las cosas más amadas por mí, y que formaban mi misma vida: Jesús y la cruz. Si a Jesús le soy abominable por mis

ingratitudes, tiene razón en no venir, pero tú, oh cruz, a ti ¿qué te he hecho que tan bárbaramente me has dejado? ¡Ah! ¿tal vez no te he puesto buena cara cuando has venido? Recuerdo que te amaba tanto que no sabía estar sin ti, y algunas veces te prefería aun sobre el mismo Jesús; yo no sabía qué cosa me habías hecho que no sabía estar sin ti, ¿no obstante me has dejado? Es verdad que muchos bienes me has hecho, tú eras el camino, la puerta, la estancia, el secreto, la luz en la cual encontraba a Jesús, por eso te amaba tanto, y ahora todo ha terminado para mí". Mientras esto pensaba, en cuanto ha venido el bendito Jesús me ha dicho:

(2) "Hija, la cruz es parte de la vida, y solamente no la ama quien no ama la propia vida, porque sólo con la cruz injerté la Divinidad a la humanidad perdida; sólo la cruz es la que continúa la Redención en el mundo, injertando a cualquiera que la recibe en la Divinidad; y quien no la ama significa que no sabe nada ni de virtudes, ni de perfección, ni de amor de Dios, ni de verdadera vida; sucede como a un rico que habiendo perdido las riquezas se le presenta un medio para adquirirlas de nuevo, y tal vez de más; ¿cuánto no amaría este medio? ¿Y no pondría acaso la propia vida en este medio para encontrar de nuevo la vida en las riquezas? Así es la cruz, el hombre se había vuelto pobrísimo, y la cruz es el medio no sólo para salvarlo de la miseria, sino para enriquecerlo con todos los bienes; por eso la cruz es la riqueza del alma".

(3) Y ha desaparecido, y yo he quedado más amargada pensando en la pérdida que había sufrido.

+ + + +

8-14
Octubre 12, 1907

Ve lugares devastados por la Justicia.

(1) Después de haber pasado días de privación y de lágrimas, finalmente esta mañana ha venido Jesús y me ha dicho:

(2) "¡Ah! hija mía, tú no sabes nada de lo que debe suceder de aquí a un año. ¡Oh, cuántas cosas sucederán! Mira un poco".

(3) Mientras me encontraba en esto me he encontrado fuera de mí misma junto con Jesús, y veía, dónde lugares hundidos y ciudades enteras sepultadas, donde lugares inundados y desaparecido lo que en aquellos lugares existía, en otros puntos terremotos con daño notable, gente muerta, revoluciones en más lugares, y en ciertos puntos tan violentas, que no se podía poner un pie en la tierra sin pisar sangre humana. ¿Pero quién puede decir lo que de trágico se veía? Después de esto el buen Jesús ha agregado:

(4) "¿Has visto? ¡Ah! hija mía, ánimo, paciencia en el estado en el que te encuentras, la justicia queriendo descargarse sobre las criaturas evita descargarse sobre de ti, y el vacío de tus sufrimientos llenará el vacío de los sufrimientos de ellas; dejemos correr un poco la justicia, es necesario; las criaturas se ensoberbecen demasiado, después terminará todo y Yo estaré contigo como antes".
+ + + +

8-15
Octubre 29, 1907

El verdadero amor y el sacrificio.

(1) Encontrándome en mi habitual estado me he encontrado fuera de mí misma, y veía al niño Jesús, que poniéndose sobre mi cama me golpeaba con sus manos todo el cuerpo, dándome también patadas. Cuando me ha abatido muy bien y pisoteado, ha desaparecido. Volviendo en mí misma no entendía el por qué de estos golpes, pero estaba contenta porque recordaba que yo misma me ponía bajo Jesús para ser más golpeada. Después,

sintiéndome toda magullada, de nuevo he sido sorprendida por el bendito Jesús, que quitándose la corona de espinas, Él mismo la ha clavado en mi cabeza, pero con tal fuerza que todas las espinas me penetraban dentro; después, metiéndose en mi interior, casi en acto de seguir más adelante me ha dicho:

(2) "Hija mía, ¿cómo estamos? Vayamos, vayamos más adelante en castigar al mundo".

(3) Yo me he espantado al oír que unía mi voluntad a la suya en el ir más allá en los castigos. Y Él ha agregado:

(4) "Lo que Yo te digo no lo debes olvidar. Recuérdate que tiempo atrás Yo te hacía ver los castigos presentes y aquellos que debía mandar, y tú, presentándote ante mi justicia, tanto imploraste en favor del genero humano, ofreciéndote tú a sufrir cualquier cosa, que te fue concedido como limosna que en vez de hacer por diez haría por cinco en consideración tuya. Por eso esta mañana te he golpeado, para poderte conceder tu deseo, que debiendo hacer por diez haga sólo por cinco".

(5) De nuevo ha agregado: "Hija mía, el amor es lo que ennoblece al alma y la pone en posesión de todas mis riquezas, porque el verdadero amor no tolera división de clase o condición, por mucho que uno pueda ser inferior al otro. Lo que es mío es tuyo, éste es el lenguaje de dos seres que en verdad se aman, porque el verdadero amor es transformación; por lo tanto, la belleza de uno quita la fealdad del otro y lo vuelve bello; si es pobre lo vuelve rico; si es ignorante lo vuelve docto; si es innoble lo vuelve noble; uno es el latido, uno el respiro, una la voluntad en dos seres que se aman, y si algún otro latido o respiro quisiera entrar en ellos, se sienten sofocados, agitados y lacerados, y quedan enfermos. Así que el verdadero amor es salud y santidad, y en él se respira un aire balsámico, perfumado, cual es el respiro y la vida del mismo amor, pero donde este amor queda más ennoblecido, más consolidado, más confirmado y más acrecentado, es en el sacrificio, así que el amor es la llama, el sacrificio la leña; entonces donde hay más leña, más altas son las llamas, y el fuego es siempre mayor. ¿Qué

cosa es el sacrificio? Es el desvivirse uno en el amor y en el ser de la persona amada, y por cuanto más uno se sacrifica, tanto más queda consumado en el ser amado, perdiendo su ser y retomando todos los lineamientos y nobleza del Ser Divino. Mira, también en el mundo natural la cosa pasa así, si bien en modo muy imperfecto, ¿quién adquiere nombre, nobleza, heroísmo, un soldado que se sacrifica, se expone a las batallas, expone la vida por amor del rey, o algún otro que se está con los brazos cruzados? Ciertamente el primero. Así un siervo, ¿quién puede esperar sentarse a la mesa de su amo, el siervo fiel que se sacrifica, que pone la propia vida, que tiene más cuidado de los intereses de su amo que de los suyos por amor a su amo, o aquél siervo que si bien hace su deber, cuando puede rehuir el sacrificio lo rehuye? Cierto que el primero. Y así el hijo con el padre, el amigo con el amigo, etc. Así que el amor ennoblece y une y forma una sola cosa; el sacrificio es la leña para engrandecer el fuego del amor, y la obediencia lo ordena todo".

+ + + +
8-16
Noviembre 3, 1907

El alma en la Divina Voluntad debe concurrir a todo.

(1) Esta mañana, encontrándome en mi habitual estado he sentidoa mi amable Jesús moverse en mi interior, y repetía:

(2) "Vayamos más adelante".

(3) Yo al oír esto me he encogido de hombros diciendo: "Señor, ¿por qué dices vayamos más adelante? Más bien di, iré más adelante en los castigos, yo tengo miedo de poner en esto mi voluntad".

(4) Y Él: "Hija mía, mi Voluntad y la tuya son una, y si digo vayamos más adelante en los castigos, ¿no digo lo mismo en el bien que

hago a las criaturas, que es, ¡oh! cuánto más que los castigos? Y en los tantos otros castigos que no mando, ¿no estás tú unida Conmigo? Entonces, quien está unido en el bien, ¿no debe estar unido en las mortificaciones? Entre Yo y tú no debe haber divisiones. Tú no eres otra cosa que aquella pequeña hierbita que Dios se ha complacido en dotar con una maravillosa virtud, y así como a la pequeña hierbita de la que no se conoce la virtud que contiene se pisa y ni siquiera se mira, así quien no conoce el don que he puesto en ti y la virtud que contiene mi hierbita, no sólo te pisa, sino que no comprende cuánto me complazco Yo con dar valor a las cosas más pequeñas".

(5) Después de esto parecía que apoyaba su cabeza sobre la mía, y yo he dicho: "¡Ah, hazme sentir tus espinas!"

(6) Y Él: "¿Quieres que te golpee?"

(7) Y yo: "Sí". En este momento se ha encontrado en manos de Jesús una vara con bolas de fuego, y yo viendo el fuego: "Señor, tengo miedo del fuego, golpéame sólo con la vara".

(8) Y Él: "No quieres ser golpeada, Yo me voy".

(9) Y ha desaparecido sin darme tiempo de pedirle que me golpeara como a Él le agradara. ¡Oh! cómo he quedado pensativa y afligida, pero Él que es tan bueno me perdonará.

+ + + +

8-17
Noviembre 18, 1907

El alma viviendo su nada se llena de Dios.

(1) Encontrándome en mi habitual estado ha venido el bendito Jesús, y en cuanto lo he visto he dicho: "Dulce vida mía, cómo me

he hecho mala, me siento reducida en la nada, nada siento en mí, todo es vacío, sólo siento en mi interior un embeleso, y en este embeleso te espero a Ti, que me llenes, pero en vano espero este llenarme, más bien me siento regresar siempre en la nada".

(2) Y Jesús: "¡Ah! hija mía, ¿y tú te afliges porque te sientes reducida en la nada? Más bien te digo que por cuanto más la criatura se reduce en la nada, tanto más es llenada del Todo, y si fuera aun una sombra de sí que deja, esa sombra impide que Yo me pueda dar todo, todo al alma; y tu regresar siempre en la nada significa que vas perdiendo tu ser humano para readquirir el Divino".

+ + + +

8-18
Noviembre 21, 1907

Amor y unión que hay entre Creador y criatura.

(1) Continuando mi habitual estado, estaba uniéndome con Nuestro Señor, haciendo uno solo su pensamiento, su latido, su respiro y todos sus movimientos con los míos, y ponía la intención de ir a todas las criaturas para dar a todas todo esto, y como estaba unida a Jesús en el huerto de los olivos, daba también a todos y a cada uno, y aun a las almas purgantes, todas sus gotas de sangre, sus oraciones, sus penas y todo el bien que Él hizo, a fin de que todos los respiros, los movimientos, los latidos de las criaturas quedasen reparados, purificados, divinizados, y la fuente de todo bien, la cual son sus penas, fueran remedio para todos. Mientras esto hacía, el bendito Jesús en mi interior me ha dicho:

(2) "Hija mía, con estas intenciones tuyas me hieres continuamente, y como las haces frecuentemente, una flecha no espera a la otra y siempre quedo herido de nuevo".

(3) Y yo he dicho: "¿Cómo puede ser posible que quedes herido y te escondes y me haces penar tanto en esperar tu venida? ¿Éstas son las heridas, esto es lo mucho que me quieres?"

(4) Y Él: "Más bien no he dicho nada de todo lo que debería decirte, y el alma misma no puede comprender, mientras es viadora, todo el bien y el amor que corre entre las criaturas y el Creador, porque su obrar, el hablar, el sufrir, está todo en mi Vida, porque sólo haciéndolo así puede disponer para bien de todos. Sólo te digo que cada pensamiento tuyo, latido y movimiento, cada miembro tuyo, cualquier hueso tuyo sufriente, son tantas luces que salen de ti, que tocándome a Mí las difundo para bien de todos, y Yo te mando triplicadas tantas otras luces de gracia, y en el Cielo te las daré de gloria. Basta decirte que es tanta la unión, la estrechez que hay, que el Creador es el órgano y la criatura el sonido; el Creador es el sol, la criatura los rayos; el Creador la flor, la criatura el olor; ¿puede estar acaso el uno sin el otro? Ciertamente que no. ¿Crees tú que no tengo cuenta de todo tu trabajo interno y de tus penas? ¿Cómo puedo olvidarlas si salen de Mí mismo, y son una sola cosa Conmigo? Agrego aún que cada vez que se hace memoria de mi Pasión, siendo ésta un tesoro expuesto para bien de todos, es como si el alma pusiera este tesoro en el banco para multiplicarlo y distribuirlo para bien de todos".

+ + + +

8-19
Noviembre 23, 1907

Si el alma sufre distracciones en la comunión,
es señal de que no se ha dado toda a Dios.

(1) Habiéndome enterado por una persona, que fácilmente se distraía en la comunión, estaba diciendo en mi interior: "¿Cómo es posible distraerse estando Contigo? ¿Acaso no queda toda absorbida en Ti?" Después, encontrándome en mi habitual estado,

estaba haciendo mis acostumbradas cosas internas, y veía como si quisiera entrar en mí alguna distracción, y a Jesús bendito que poniendo sus manos impedía que entrara, y después me ha dicho:

(2) "Hija mía, si el alma sufre distracciones, disturbios, es señal de que no se ha dado toda a Mí, porque cuando el alma se ha dado toda a Mí, siendo cosa mía sé tener bien custodiado mi don; mientras que, cuando en virtud del libre albedrío no me dan todo, Yo no puedo tener esa custodia especial, y estoy obligado a sufrir las cosas molestas que turban mi unión con ellas, mientras que cuando es toda mía, el alma no hace ningún esfuerzo para estarse tranquila, el empeño es todo mío para no dejar entrar ninguna cosa que pudiera turbar nuestra unión".

+ + + +

8-20
Diciembre, 1907

La intención del alma en todo su obrar,
debe ser encontrarse con Jesús.

(1) Encontrándome en mi habitual estado, estaba pensando en el momento en el que el bendito Jesús encontró a su bendita Madre en el camino del calvario, y mientras los compadecía, el dulce Jesús me ha dicho:

(2) "Hija mía, mi Madre salió el día de mi Pasión sólo para poder encontrar y aliviar a su Hijo. Así el alma verdaderamente amante, en todo su obrar, su intención es únicamente la de encontrar a su querido amado y aliviarlo del peso de la cruz, y como la vida humana es una continua actitud de acciones, sea internas o externas, el alma no hace otra cosa que continuos encuentros con su amado; ¿y solamente lo encontrará? No, no, lo saludará, lo abrazará, lo besará, lo consuela, lo ama, y aunque sea con una sola palabrita que le diga de prisa, Él quedará satisfecho y

contento, y conteniendo la acción siempre un sacrificio, si la acción sirve para encontrar el sacrificio que hay dentro de la acción, servirá para aliviarme del peso de mi cruz. ¿Cuál será la felicidad de esta alma que en su obrar está en continuo contacto Conmigo? Cómo crecerá siempre más mi amor en cada encuentro que haga Conmigo mediante su obrar. Pero cuán pocos se sirven de esto para encontrar el brevísimo camino de sus acciones para venir a Mí y estrecharse, aliviarme de tantas aflicciones que me dan las criaturas".

+ + + +

8-21
Enero 23, 1908

Jesús jamás va al alma inútilmente. El contemporizar da tiempo y lugar a los enemigos para mover batalla.

(1) Habiendo venido M., me ha dicho que en estas venidas de Nuestro Señor yo no merecía nada, y que sólo merecía cuando practicaba las virtudes; y también me ha pedido que rezara por ciertas necesidades suyas. Después, en el curso del día he estado pensativa por lo que había oído, y para quitarme de encima este pensamiento decía entre mí:

(2) "Adorable bien mío, Tú sabes que jamás he puesto atención a los méritos, sino sólo a amarte, me parece que me quisiera hacer sierva en tu casa si me ocupara en la adquisición de méritos; pero no, no quiero ser sierva, sino hija, más bien Tú mi amado y yo la tuya".

(3) Pero a pesar de esto el pensamiento volvía frecuentemente. Ahora, encontrándome en mi habitual estado, mi bendito Jesús ha venido y me ha dicho:

(4) "Hija mía, M. no te ha dicho la verdad, porque cuando voy a un alma, jamás voy inútilmente, sino que siempre le llevo algún beneficio, ahora le hablo de las virtudes, ahora la corrijo, ahora le comunico mi belleza, de modo que todas las otras cosas le parecen feas, y tantas otras cosas, y aunque no dijese nada, ciertamente que el amor se desenvuelve de más en el alma, y por cuanto más me ama, más vengo Yo a amarla, y los méritos del amor son tan grandes, nobles y divinos, que comparados a los otros méritos se puede decir: Aquellos de plomo, y éstos de oro puro. Y además, él ha venido, y ciertamente que no ha venido como una estatua, ha tratado de decirte alguna palabra, de hacerte algún beneficio, aunque como criatura, ¿y Yo, que soy Creador, haré cosas inútiles?".

(5) En este momento he recordado las necesidades que me había dicho M., y rogaba a Nuestro Señor que lo atendiera. Entonces me parecía verlo con un vestido color plateado, y de la cabeza descendía un velo negro que le cubría parte de los ojos, y este velo parecía que se extendiera también a otra persona que estaba atrás de él. Yo no entendía nada de esto y el bendito Jesús me ha dicho:

(6) "El vestido plateado que le ves es su pureza en el obrar, y el velo negro es porque mezcla de lo humano, y esto de humano que mezcla es como velo que cubriéndole la luz de la verdad que le resplandece en la mente, lo hace obrar algunas veces con temor, o bien para contentar a algún otro, y no según la verdad que mi Gracia le hace resplandecer en su mente".

(7) Y yo: "Señor, escúchalo y concédele lo que me ha dicho, pues es cosa que concierne tanto a tu Gloria".

(8) Y Él: "El contemporizar, a un alma indecisa, da tiempo y lugar a los enemigos de hacerle la guerra; mientras que no dando tiempo y mostrándose resuelto e irremovible se cierran las puertas a los enemigos, y se tiene el bien de no exponerse ni siquiera a la disputa, así que si quiere llegar pronto al fin, éstos son los medios, y Yo estaré con Él y saldrá victorioso; y después, los mismos que

ahora le son contrarios le serán más favorables y lo admirarán más al ver que destruyó sus consideraciones humanas".

+ + + +

8-22
Febrero 6, 1908

Signos para conocer si el alma está en Gracia.

(1) Encontrándome en mi habitual estado, en cuanto ha venido el bendito Jesús me ha dicho:

(2) "Hija mía, para conocer si el alma está en Gracia mía, la señal es que cuando se comunica mi Gracia, el alma se encuentra lista para seguir lo que la Gracia quiere, de modo que la Gracia que estaba antes en el interior y la que se comunica después, se dan la mano recíprocamente y unidas con la voluntad del alma se ponen en actitud de obrar. Pero si no se encuentra pronta y dispuesta, hay mucho qué dudar. La Gracia es simbolizada por la corriente eléctrica, que enciende sólo aquellas cosas en las que se han hecho los preparativos para recibir la corriente eléctrica, pero donde no hay estos preparativos, o bien se ha roto algún hilo o consumido, a pesar de que esté la corriente, la luz no puede comunicarse".

(3) Y ha desaparecido.

+ + + +

8-23
Febrero 7, 1908

La vida es un peso que se cambiará en un tesoro.

(1) Continuando mi habitual estado, estaba pensando en el peso enorme que el bendito Jesús sintió al llevar la cruz, y decía entre mí: "Señor, también la vida es un peso, ¡pero qué peso! especialmente por la lejanía de Ti, mi sumo Bien". Mientras estaba en esto, ha venido y me ha dicho:

(2) "Hija mía, es cierto que la vida es un peso, pero cuando este peso es llevado junto Conmigo, al final de la vida se ve que este peso se puede descargar en Mí, y encontrará este peso cambiado en tesoro, donde encontrará las alhajas, las piedras preciosas, los brillantes y todas las riquezas que lo harán feliz eternamente".

+ + + +

8-24
Febrero 9, 1908

El modo en el cual el alma debe estar con
Jesús. La necesidad de amor de Jesús.

(1) Habiendo recibido la comunión estaba diciendo: "Señor, tenme siempre estrechada Contigo, porque soy demasiado pequeña, y si no me tienes estrechada, siendo pequeña puedo extraviarme".

(2) Y Él: "Quiero enseñarte el modo como debes estar Conmigo: Primero, debes entrar dentro de Mí y transformarte en Mí, y tomar lo que encuentres en Mí. Segundo, cuando te hayas llenado toda de Mí, sal fuera y obra junto Conmigo, como si Yo y tú fuéramos una sola cosa, de modo que si me muevo Yo, muévete tú; si pienso, piensa tú en la misma cosa pensada por Mí, en suma, cualquier cosa que haga Yo la harás tú. Tercero, con esto que hemos obrado juntos, aléjate por un instante de Mí y ve en medio de las criaturas, dando a todos y a cada uno todo lo que hemos obrado juntos, esto es dando a cada uno mi Vida Divina, regresando rápidamente en Mí para darme a nombre de todos toda aquella gloria que deberían darme, rogando, excusándolas,

reparando, amando; ¡ah! sí, ámame por todos, sáciame de amor; en Mí no hay pasiones, pero si pudiera tener alguna pasión, la sola y única pasión sería el amor. Pero el amor en Mí es más que pasión, es mi Vida, y si las pasiones se pueden destruir, la vida no. Ve en qué necesidad de ser amado me encuentro, por eso ámame, ámame".

+ + + +
8-25
Febrero 12, 1908

Hace más el alma animosa en un día, que la tímida en un año.

(1) Encontrándome en mi habitual estado, en cuanto ha venido el bendito Jesús me ha dicho:

(2) "Hija mía, la timidez reprime la Gracia y traba al alma. Un alma tímida jamás será buena para obrar cosas grandes, ni para Dios, ni para el prójimo, ni para sí misma. Un alma tímida es como si tuviera atadas las piernas, y no pudiendo caminar libremente, tiene los ojos puestos siempre en sí y en el esfuerzo que realiza para caminar. La timidez hace tener los ojos dirigidos siempre a lo bajo, jamás a lo alto; la fuerza para obrar no la toma de Dios sino de sí misma, y por lo tanto en vez de fortificarse se debilita. La Gracia, si siembra, le sucede como a aquel pobre agricultor que habiendo sembrado y trabajado su campito, poco o nada recoge; en cambio un alma animosa hace más en un día que la tímida en un año".

+ + + +

8-26
Febrero 16, 1908

Cómo la señal más cierta de que amamos al Señor es la cruz.

(1) Encontrándome en mi habitual estado, estaba pensando por qué sólo la cruz nos hace conocer si verdaderamente amamos al Señor, siendo que hay tantas otras cosas como las virtudes, la oración, los sacramentos, que nos podrían hacer conocer si amamos al Señor. Mientras esto pensaba, el bendito Jesús ha venido y me ha dicho:

(2) "Hija mía, es exactamente así, sólo la cruz es la que hace conocer si verdaderamente se ama al Señor, pero la cruz llevada con paciencia y resignación, porque donde hay paciencia y resignación en las cruces, hay Vida Divina. Siendo la naturaleza tan reacia al sufrir, si hay paciencia no puede ser cosa natural sino divina, y el alma no ama más sólo con su amor al Señor, sino unida con el amor de la Vida Divina, entonces, ¿qué duda puede tener si ama o no, si llega a amarlo con su mismo amor? Mientras que en las otras cosas, y también en los mismos sacramentos, puede haber quien ama, quien contenga en sí esta Vida Divina, pero no pueden dar la certeza que da la cruz, puede ser, o no puede ser, y esto por falta de disposiciones; uno puede hacer muy bien la confesión, pero si faltan las disposiciones no puede decir ciertamente que ama y que ha recibido en sí esta Vida Divina; otro recibe la comunión, ciertamente recibe en sí la Vida Divina, pero puede decir que esa Vida permanece en él sólo si tenía las verdaderas disposiciones, porque se ve que algunos reciben la comunión, se confiesan, y ante las ocasiones y circunstancias no se ve en ellos la paciencia de la Vida Divina, y si falta la paciencia falta el amor, porque el amor se conoce sólo con el sacrificio, he aquí las dudas; mientras que la paciencia, la resignación, son los frutos que sólo produce la Gracia y el amor".

+ + + +

8-27
Marzo 9, 1908

Las vidas de todos palpitaban en el corazón de Jesús.

(1) Continuando mi habitual estado, en cuanto ha venido el bendito Jesús, parecía que se acercaba a mí y me hacía oír los latidos de su corazón, los oía muy fuerte, y en su latido palpitaban muchos otros pequeños latidos. Y Él me ha dicho:

(2) "Hija mía, en este estado se encontraba mi corazón en el momento de mi Pasión. En mi corazón palpitaban todas las vidas humanas, que con sus pecados estaban todas en actitud de darme la muerte, y mi corazón a pesar de su ingratitud, llevado por la violencia de amor les restituía a todos la vida, por eso palpitaba tan fuerte, y en mi latido encerraba todos los latidos humanos, haciéndolos resurgir en latidos de gracia, de amor y de delicias divinas".

(3) Y ha desaparecido. Después de esto, habiendo pasado una jornada de muchas visitas, me sentía cansada, y en mi interior me lamentaba con Nuestro Señor diciendo: "Aleja de mí a las criaturas; me siento muy oprimida, no sé qué cosa encuentran o quieren de mí, ten piedad de la violencia que me hago continuamente para entretenerme Contigo en mi interior y con las criaturas en el exterior". En ese momento ha venido la Reina Mamá y me ha dicho levantando su mano derecha y señalando hacia mi interior en el que parecía que estaba el amable Jesús:

(4) "Hija amada mía, no te oprimas, las criaturas corren a donde está el tesoro, y como en ti está el tesoro de los sufrimientos, donde está encerrado mi dulce Hijo, por eso vienen a ti. Pero tú mientras tratas con ellos no te distraigas de tu tesoro, haciendo amar a cada uno el tesoro que en ti contienes, cual es la cruz y mi Hijo, así los demás se irán enriquecidos".

+ + + +

8-28
Marzo 13, 1908

El calor de la unión con Jesús, disipa del
alma el frío de las inclinaciones humanas.

(1) Estando en mi habitual estado ha venido un demonio que hacía cosas extrañas. En cuanto ha desaparecido yo no he vuelto a pensar en él, tanto de olvidarme de sus extrañezas, ocupándome sólo de mi único y sumo Bien. Pero después me ha venido el pensamiento: "Cómo soy mala, insípida, ninguna cosa me causa impresión". Y el bendito Jesús me ha dicho:

(2) "Hija mía, hay ciertas regiones en las que las plantas no están sujetas a los fríos, a las heladas, a las nevadas, y por eso no son despojadas de sus hojas, de sus flores y de sus frutos, y si tienen épocas de reposo es por breve tiempo, porque cuando se cosechan los frutos se necesita poco tiempo para hacer crecer otros frutos, porque el calor las fecunda admirablemente y no están sujetas a largos períodos de inactividad, como lo están las plantas en las regiones frías, porque las pobres plantas por las heladas y las nevadas a que están sujetas por largos meses, son obligadas a dar por breve tiempo poquísimos frutos, casi cansando la paciencia del agricultor que los debe recoger. Así son las almas que han llegado a la unión Conmigo, el calor de mi unión disipa de ellas el frío de las inclinaciones humanas, que como frío para las plantas las vuelve estériles y despojadas de hojas y de frutos divinos. Las heladas de las pasiones, las nevadas de las turbaciones, impiden en el alma los frutos de la Gracia. Estando el alma a la sombra de mi unión nada le hace impresión, ninguna cosa entra en su interior que disturbe nuestra unión y nuestro reposo, toda su vida gira en torno a mi centro, así que sus inclinaciones, sus pasiones, son para Dios, y si alguna vez se hace una breve pausa, no es otra cosa que un simple ocultamiento mío para darle después una sorpresa de mayores alegrías y así poder gustar en ella frutos más exquisitos de paciencia y de heroísmo, que ha ejercitado durante mi ocultamiento. Todo lo contrario sucede a las almas imperfectas, parecen las plantas nacidas en las regiones frías, están sujetas a todas las impresiones, así que su vida vive más de impresiones que de razones y de virtudes; las inclinaciones, las pasiones, las

tentaciones, las turbaciones y todos los eventos de la vida son tantos fríos, heladas, nevadas, granizadas, que impiden el desarrollo de mi unión con ellas, y cuando parece que han hecho una bella floración, basta un nuevo suceso, una cosa que les haga impresión, para hacer que se marchite esta bella floración y hacerla caer por tierra; así que se encuentran siempre al principio. y poquísimos frutos producen, y casi cansan mi paciencia en cultivarlas".

+ + + +

8-29
Marzo 15, 1908

Las almas cuando están llenas de Dios, las tempestades no tienen la fuerza para agitarlas.

(1) Esta mañana me sentía más que nunca oprimida por la privación de mi sumo y único Bien, pero al mismo tiempo apacible, sin aquellas ansias que me hacían girar Cielo y tierra, y que sólo me detenía cuando lo encontraba. Y decía entre mí: "Qué cambio, me siento paralizada por el dolor de tu ausencia, sin embargo no lloro, me siento una paz profunda que toda me inviste, ningún aliento en contrario entra en mí". En este momento, el bendito Jesús ha venido y me ha dicho:

(2) "Hija mía, no te quieras afligir, debes saber que cuando hay una fuerte tempestad en el mar, donde las aguas son profundas la tempestad no es más que superficialmente, la profundidad del mar está en la más perfecta calma, las aguas permanecen tranquilas y los peces cuando advierten la tempestad, para estar más seguros se van a refugiar donde las aguas son más profundas, así que toda la tempestad se descarga donde el mar contiene poquísima agua, porque como las aguas son pocas, la tempestad tiene la fuerza para agitarlas desde la superficie hasta el fondo y transportarlas a otros puntos del mar. Así sucede a las almas cuando están todas

llenas de Dios, hasta el borde, hasta derramarse fuera, las tempestades no tienen la fuerza para agitarlas en lo más mínimo, porque contra Dios no hay fuerza que valga, a lo más la sentirán superficialmente, pero en cuanto advierten la tempestad ponen en orden las virtudes y se refugian en lo más profundo de Dios; así que exteriormente parece que haya tempestad, pero todo es falso, porque es entonces cuando el alma goza de más paz y se reposa tranquila en el seno de Dios, como los peces en el seno del mar.

(3) Todo lo contrario para las almas vacías de Dios, o que contienen algún poco de Dios, las tempestades las agitan todas, así que si tienen algo de Dios lo disminuyen, no se necesitan fuertes tempestades para agitarlas, basta un ligero viento para hacer huir de ellas las virtudes. Es más, las mismas cosas santas, que para las almas llenas de Dios forman su alimento excelente y toman de él hasta saciarse, para las otras se convierten en tempestades, son sacudidas por todos los vientos, por todas partes, jamás es bonanza para ellas, porque la razón lo exige, que donde no está todo Dios, la herencia de la paz está lejana de ellas".

+ + + +

8-30
Marzo 22, 1908

El estado de Luisa es estado de oración
continua, de sacrificio y de unión con Dios.

(1) Continuando mi habitual estado, me encontraba fuera de mí misma y me parecía ver a M. y a otros sacerdotes, y habiendo salido un joven de belleza divina, acercándose a mí me suministraba un alimento. Yo le he rogado que de ese alimento que me daba a mí diera también a M. y a los otros. Entonces, acercándose a M. le daba una buena parte diciéndole:

(2) "Yo te comparto de mi alimento, pero tú quítame el hambre a Mí dándome las almas", señalándole la obra que M. quiere hacer, y al mismo tiempo lo incitaba fuertemente en su interior dándole impulsos e inspiraciones. Después ha hecho partícipes a los demás del alimento. En este momento ha salido una mujer venerable, y aquellos que habían recibido el alimento del joven se han puesto en torno a Ella y le han preguntado cuál era mi estado; y la mujer ha respondido:

(3) "El estado de esta alma es estado de oración continua, de sacrificio y de unión con Dios; y mientras está en este estado está expuesta a todos los eventos de la Iglesia, del mundo y de la justicia de Dios, y reza, repara, desarma e impide, por cuanto puede, los castigos que la justicia quiere descargar sobre las criaturas, así que las cosas están todas suspendidas".

(4) Ahora, mientras esto escuchaba, decía entre mí: "Soy tan mala y a pesar de esto dicen que ese es mi estado". Yo me encontraba cerca de una ventanita alta, alta y desde ahí veía todo lo que se hacía en la Iglesia y en el mundo, y los flagelos que estaban por caer, ¿pero quién puede decirlos todos? Mejor sigo adelante para no extenderme demasiado. Pero yo, ¡oh! cómo gemía y rogaba, y habría querido deshacerme en pedazos para impedir todo, pero cuando estaba en esto todo ha desaparecido y me he encontrado en mí misma.

+ + + +

8-31
Marzo 25, 1908

Las tentaciones se vencen fácilmente. Donde hay pasión el demonio tiene más fuerza.

(1) Continuando mi habitual estado, en cuanto ha venido Jesús me ha dicho:

(2) "Hija, las tentaciones se vencen fácilmente, porque el demonio es la criatura más vil que pueda existir, y basta un acto en contra, un desprecio, una oración, para hacerlo huir, porque estos actos lo hacen aún más vil de lo que es, y él para no tener que soportar aquella confusión, en cuanto ve al alma resuelta que no quiere hacer caso a su vileza, huye aterrorizado.

(3) Ahora, si el alma no se puede liberar fácilmente, significa que no es sólo tentación, sino pasión radicada en el alma, que la tiraniza unida a la tentación, por eso no puede liberarse, y donde hay pasión el demonio tiene más fuerza para hacer del alma un juguete".

+ + + +

8-32
Marzo 29, 1908

Las almas pacíficas son la delicia de Dios.

(1) Esta mañana, al venir el bendito Jesús, parecía que traía un manto negro, y acercándose, parecía que me ponía bajo el manto diciéndome:

(2) "Así envolveré a las criaturas, como bajo de un manto negro".

(3) Y ha desaparecido. Yo he quedado preocupada pensando en algún castigo, y le pedía que regresara porque no podía estar más sin Él, pero como enojada por lo que había visto antes. Después de mucho esperar ha venido, trayendo una copa llena de un licor; me ha dado a beber y después ha agregado:

(4) "Hija mía, las almas pacíficas comen en mi misma mesa y beben de mi copa, y el Divino arquero no hace más que flecharlas continuamente, y ninguna flecha falla, todas hieren al alma amante,

y el alma languidece y el Divino arquero continúa lanzándole sus flechas, las cuales, ahora la hacen morir de amor, ahora le restituyen nueva vida de amor, y el alma de sus heridas lanza dardos para herir a quien tanto la ha herido. Así que el alma pacífica es la delicia y el entretenimiento de Dios; mientras que las almas turbias, turbulentas, si el Divino arquero les manda sus flechas, éstas fallan y Él queda amargado, y estas almas forman el juego y el gusto diabólico".

+ + + +

8-33
Abril 5, 1908

Todo lo que contiene la Reina Mamá,
tiene su principio en el Fiat.

(1) Continuando mi habitual estado, me he encontrado fuera de mí misma dentro de un jardín, en el cual veía a la Reina Mamá sentada sobre un altísimo trono. Yo ardía por el deseo de subir hasta arriba para besarle la mano, y mientras me esforzaba por subir, Ella ha venido a mi encuentro dándome un beso en el rostro. Al mirarla he visto en su interior como un globo de luz, y dentro de aquella luz estaba la palabra Fiat, y de esa palabra descendían tantos, diversos, interminables mares de virtud, de gracias, de grandezas, de gloria, de alegrías, de bellezas, y de todo lo que contiene nuestra Reina Mamá, así que todo estaba radicado en aquel Fiat, y del Fiat tenían principio todos sus bienes. ¡Oh, Fiat omnipotente, fecundo, santo, ¿quién te puede comprender? Yo me siento muda; es tan grande que no sé decir nada; por eso mejor pongo punto. Entonces yo la miraba maravillada y Ella me ha dicho:

(2) "Hija mía, toda mi Santidad ha salido de dentro de la palabra Fiat. Yo no me movía ni siquiera para un respiro, para un paso, ni ninguna otra acción, si no lo hacía dentro de la Voluntad de Dios; mi vida era la Voluntad de Dios, mi alimento, mi todo, y esto me

producía santidad, riquezas, glorias, honores, pero no humanos sino Divinos. Así que por cuanto más el alma está unida, fundida con la Voluntad de Dios, tanto más se puede decir santa, tanto más es amada por Dios, y por cuanto más amada más favorita, porque la vida de esa alma no es otra cosa que la reproducción de la Voluntad de Dios, ¿y podrá no amarla si es Ella misma? Así que no se debe mirar lo mucho o lo poco que se hace, sino más bien si es querido por Dios, porque el Señor mira más el pequeño hacer si es según su Voluntad, que el grande sin ella".

+ + + +

8-34
Abril 8, 1908

La Divina Voluntad es continua comunión.
Cómo saber si un estado es Voluntad de Dios.

(1) Estaba molesta por no poder recibir la comunión todos los días, y el buen Jesús al venir me ha dicho:

(2) "Hija mía, no quiero que ninguna cosa te dé fastidio. Es verdad que es cosa grande el recibir la comunión, ¿pero cuánto dura la unión estrecha del alma Conmigo? A lo más un cuarto de hora, así que la cosa que te debe importar más es el deshacer completamente tu voluntad en la mía, porque para quién vive de mi Voluntad la unión estrecha Conmigo no es sólo de un cuarto de hora, sino siempre, siempre. Así que mi Voluntad es continua comunión con el alma, por lo tanto no una vez al día, sino todas las horas, todos los momentos, es siempre comunión para quien hace mi Voluntad".

(3) Ahora, habiendo pasado días amarguísimos por la privación de mi sumo y único Bien, pensando y temiendo que mi estado fuera una ficción, el estar en la cama sin ningún movimiento, sin ninguna ocupación, esperando la venida del confesor y sin mi acostumbrado

adormecimiento, me angustiaba y martirizaba tanto, que me hacía caer enferma por el dolor y por las continuas lágrimas. Muchas veces he rogado al confesor que me diera el permiso y la obediencia de que, cuando no estuviera adormecida y Jesucristo no se complaciera en participarme, como víctima, un misterio de su Pasión, yo me pudiera sentar en la cama según mi costumbre y dedicarme a mi trabajo de tejer, pero él continua y absolutamente me lo ha prohibido, es más, ha agregado que este estado mío, si bien con la privación de mi sumo Bien, debía considerarse como estado de víctima por la violencia y el dolor en la dicha privación y por la obediencia. Yo he obedecido siempre, pero continuamente el martirio del corazón me decía: "¿Y no es ésta una ficción? ¿Dónde está tu adormecimiento? ¿Dónde el estado de víctima? ¿Y tú qué cosa sufres de los misterios de la Pasión? Levántate, levántate, no hagas simulaciones, trabaja, trabaja, ¿no ves que este fingimiento te llevará a la condenación? ¿Y tú no temes? ¿Y no piensas en el juicio tremendo de Dios? ¿No ves que después de tantos años no has hecho otra cosa que cavarte un abismo del cual no saldrás en toda la eternidad?" ¡Oh, Dios! ¿Quién puede decir el tormento del corazón y los crueles sufrimientos que me atormentan el alma, me oprimen y me arrojan en un mar de dolores? Pero la tirana obediencia no me ha permitido ni siquiera un átomo de mi voluntad. Sea hecha la Divina Voluntad que así dispone.

(4) Mientras estaba en estos crueles tormentos, esta noche, encontrándome en mi habitual estado me veía circundada por personas que decían:

(5) "Reza un Padre Nuestro, un Ave María, y un gloria en honor de San Francisco de Paúl, y él te traerá algún alivio a tus sufrimientos".

(6) Entonces yo los he rezado, y en cuanto los he terminado ha aparecido el santo trayéndome una pequeña hogaza de pan, me la ha dado diciéndome:

(7) "Cómela".

(8) Yo he comido y me he sentido toda fortificada, y después le he dicho: "Amado santo, quisiera decirte alguna cosa".

(9) Y Él con toda afabilidad: "Di, ¿qué cosa quieres decirme?"

(10) Y yo: "Temo tanto que mi estado no sea Voluntad de Dios. Mira, en los primeros años de esta enfermedad me sucedía a intervalos, sentía que Nuestro Señor me llamaba porque me quería víctima, y al mismo tiempo me sentía sorprender por dolores y heridas internas, tanto, que externamente parecía como si hubiera tenido un accidente, por lo tanto temo que mi fantasía me producía esos males".

(11) Y el santo: "La señal segura para conocer si un estado es Voluntad de Dios, es si el alma está dispuesta a hacer diversamente si conociera que la Voluntad de Dios no fuera más aquella".

(12) Y yo, no quedando convencida he agregado: "Querido santo, no te he dicho todo, escucha, las primeras veces fue a intervalos, pero desde que Nuestro Señor me llamó a la inmolación continua ya van 21 años que estoy siempre en cama, ¿y quién te podrá decir las vicisitudes? A veces parece que me deja, me quita el sufrir que es mi único y fiel amigo en mi estado, y yo quedo triturada sin Dios, sin el sostén del mismo sufrir, por esto las dudas, los temores de que mi estado no es Voluntad de Dios".

(13) Y Él todo dulzura: "Te repito lo que te dije antes, si estás dispuesta a hacer la Voluntad de Dios si la conocieras, tu estado es de su Voluntad".

(14) Y como yo siento en el alma, que si conociera la Voluntad de Dios con toda claridad estaría dispuesta a costa de mi propia vida, a seguir su Santo Querer, por eso he quedado más tranquila.

(15) Sean siempre dadas las gracias al Señor.

+ + + +

8-35
Mayo 3, 1908

Efectos de la circulación del Divino Querer en el alma.

(1) Continuando mi habitual estado, en cuanto he sentido junto a mí a Nuestro Señor, me ha dicho:

(2) "Hija mía, en el alma que hace mi Voluntad circula mi Querer en todo su ser, como le circula la sangre, así que está en continuo contacto conmigo, con mi potencia, sabiduría, caridad, belleza, así que toma parte en todo lo mío. Por eso, no viviendo más de su querer, su querer vive en el mío, y así como el mío circula en el suyo, así el suyo circula en todo mi Ser y siento continuamente su contacto, y sintiéndome continuamente tocado por ella, tú no puedes comprender cuánto siento amarla, cuánto quiero favorecerla y consentir en todo lo que me pide, y si se lo negase, me lo negaría a Mí mismo, porque a fin de cuentas, viviendo de mi Querer no pide otra cosa que lo que quiero Yo, esto quiere y sólo esto la hace feliz, tanto para ella como para los demás, porque su vida está más en el Cielo que en la tierra, este es el fruto que produce mi Voluntad, beatificarla anticipadamente".

+ + + +

8-36
Mayo 12, 1908

Los ricos, con su mal ejemplo han envenenado a los pobres.

(1) Continuando mi habitual estado, estaba rogando a Nuestro Señor que se dignara poner paz en los ánimos que están todos en

discordia, los pobres quieren agredir a los ricos; hay una agitación, una avidez de sangre humana, que parece que ellos mismos no saben contenerse más. Si el Señor no pone su mano, estamos ya a punto de recibir los castigos que tantas veces ha manifestado. Después, en cuanto ha venido me ha dicho:

(2) "Hija mía, justa justicia mía, los ricos han sido los primeros en dar mal ejemplo a los pobres, los primeros que se han alejado de la religión, de cumplir sus deberes, hasta avergonzarse de entrar en la iglesia, de escuchar la misa, de cumplir los preceptos. Los pobres se han nutrido de su baba venenosa, y habiéndose nutrido muy bien del veneno de su mal ejemplo, con ese mismo veneno dado por los ricos, no pudiéndolo contener más, buscan agredirlos y aun matarlos. No hay orden sin sujeción, los ricos se han sustraído de Dios, los pueblos se rebelan contra Dios, contra los ricos y contra todos, la balanza de mi justicia está llena y no puedo contenerla más".

+ + + +

8-37
Mayo 15, 1908

Ve guerras y revoluciones

(1) Estando en mi habitual estado, me he encontrado fuera de mí misma en medio de revoluciones, parece que se obstinan siempre más en querer derramar sangre. Yo rogaba al Señor, y Él me ha dicho:

(2) "Hija mía, son dos tempestades que los hombres están preparando: Una contra el gobierno, y la otra contra la Iglesia".

(3) En ese momento me parecía ver a los jefes huyendo, al rey que corría peligro de quedar prisionero y se ponía en fuga, no sé decirlo bien, pero me parecía que caía en las manos de los enemigos.

Todos los ricos estaban en graves peligros, y quién caía víctima, pero lo que más me daba pena era ver que entre los jefes de las revoluciones, aun contra la Iglesia, no faltaban los sacerdotes; cuando después las cosas llegaban a los últimos excesos, parecía que intervenía una potencia extranjera. No sigo más adelante porque son cosas dichas otras veces.

+ + + +

8-38
Junio 22, 1908

La Divina Voluntad triunfa sobre todo.

(1) Esta mañana me sentía muy oprimida por la privación de mi adorable Jesús, y decía entre mí: "No puedo más, ¿cómo puedo vivir sin mi Vida? ¡Qué paciencia se necesita sin Ti! ¿Cuál será la virtud que podrá inducirlo a venir?" Mientras estaba en esto, ha venido y me ha dicho:

(2) "Hija mía, la virtud que triunfa sobre todo, que conquista todo, que allana todo, que endulza todo, es la Voluntad de Dios, porque ésta contiene tal potencia que no hay cosa que pueda resistirle".

(3) Mientras esto decía aparecía ante mí un camino todo lleno de piedras, de espinas y de montes escarpados. Todo esto, puesto en la Voluntad de Dios, con su potencia las piedras quedaban pulverizadas, las espinas cambiadas en flores y los montes allanados, así que en la Voluntad de Dios todas las cosas tienen un solo aspecto, todas toman el mismo color. ¡Sea siempre bendita su Santísima Voluntad!

+ + + +

8-39
Junio 31, 1908

El verdadero espíritu de caridad
en los ricos y en los sacerdotes.

(1) Continuando mi habitual estado lleno de amarguras y de privaciones, después de haber esperado mucho, me parecía ver a los pueblos en actitud de rebelarse y agudizar la lucha contra los ricos. En este momento, el lamento del dulcísimo Jesús se hacía oír en mi oído, todo amargado que decía:

(2) "Soy Yo quien da la libertad a los pobres, estoy cansado de los ricos, mucho han hecho: Cuánto dinero gastado en bailes, en teatros, en inútiles viajes, en vanidades y también en pecados, ¿y los pobres? No han podido tener suficiente pan para saciar su hambre, oprimidos, cansados, amargados; si les hubieran dado sólo lo que han gastado en cosas no necesarias, mis pobres habrían sido felices, pero los ricos los han tenido como una familia que no pertenecía a ellos, es más, los han despreciado, teniéndose para ellos las comodidades, las diversiones, como cosas pertenecientes a su condición, y dejando a los pobres en la miseria como cosa de su condición".

(3) Y mientras esto decía, parecía que retiraba la gracia a los pobres, y estos enfurecían contra los ricos, de manera que sucedían cosas graves. Entonces yo al ver esto he dicho: "Amada vida mía y todo mi bien, es cierto que hay ricos malos, pero también hay buenos, las tantas señoras devotas que dan limosnas a las iglesias, tus sacerdotes que hacen tanto bien a todos".

(4) "¡Ah! hija mía, calla y no me toques una herida para Mí tan dolorosa, podría decir que no las reconozco a éstas tales devotas, dan las limosnas donde quieren ellas, para lograr sus propósitos, para tener a las personas a su disposición; para quien les simpatiza gastan aun millones de liras, pero donde es necesario no se dignan dar ni una moneda. ¿Podría decir que lo hacen por Mí? ¿Podría reconocer este su obrar? Y tú misma, por sus actitudes, podrás

reconocer si lo hacen por Mí si se encuentran dispuestas a resolver cualquier necesidad; pero si no cambian y dan lo mucho donde no es tan necesario y niegan lo poco donde es necesario, se puede decir que no hay espíritu de verdadera caridad, ni recto obrar. Así que mis pobres son dejados en el olvido aun por estas señoras devotas. ¿Y los sacerdotes? ¡Ah! hija mía, peor aún, ¿hacen bien a todos? Tú te engañas, hacen el bien a los ricos, tienen tiempo para los ricos, también de ellos han quedado casi excluidos los pobres; para los pobres no tienen tiempo, para los pobres no tienen una palabra de consuelo, de ayuda que darles, los rechazan, llegan a decirse enfermos. Podría decir que si los pobres se han alejado de los sacramentos, ellos han contribuido, porque no siempre han tenido tiempo para confesarlos, y los pobres se han cansado y no han regresado más. Todo lo contrario si se ha presentado un rico, no han dudado un momento, tiempo, palabras, consuelos, ayudas, todo se ha encontrado para los ricos. ¿Puedo decir que tienen espíritu de verdadera caridad los sacerdotes si llegan a seleccionar a quienes deben escuchar? ¿Y los demás? O los rechazan o los atienden tan precipitadamente, que si mi gracia no ayudara en modo especial a los pobres, estos se habrían alejado de mi Iglesia. Con excepción de algún sacerdote, por todos los demás podría decir que la verdadera caridad y el espíritu recto se han marchado de la tierra".

(5) Yo he quedado más que nunca amargada, implorando misericordia.

+ + + +

8-40
Julio 26, 1908

La obediencia.

(1) Continuando mi habitual estado, en cuanto ha venido el bendito Jesús me ha dicho:

(2) "Hija mía, la obediencia es el aire para mi estancia en el alma, donde no hay este aire de la obediencia, puedo decir que no hay lugar para Mí dentro de aquella alma, y estoy obligado a estarme afuera".

+ + + +

8-41
Agosto 10, 1908

El trabajo del amor.

(1) Continúo mi habitual estado, pero lleno de amarguras y de privaciones. Después, habiendo recibido la comunión estaba lamentándome con el bendito Jesús por el modo como Él me había dejado y por la inutilidad de mi estado. Y Él teniendo compasión de mis lamentos me ha dicho:

(2) "Hija mía, nada ha disminuido los bienes que hay entre tú y Yo, porque todo el bien está en el principio del fundamento. Cuando dos personas se unen con vínculo de amistad o en unión de matrimonio, y además se han hecho dones, y se han amado tanto de volverse indivisibles, tanto que uno ha tomado y ha copiado en tal grado al otro, que siente en sí mismo el ser de la persona amada, si por alguna extrema necesidad están obligados a estar el uno lejos del otro, ¿vienen acaso a disminuir aquellos dones o a decrecer el amor? Nada de eso, más bien la lejanía los hace crecer más en el amor y hace que se conserven con más cautela los dones recibidos, esperando recibir al regreso algún imprevisto don mayor. Más aún, habiendo copiado en sí a la persona amada, parece que para ella no hay lejanía, porque en su voz siente correr la voz del amado, pues lo ha imitado; se lo siente correr en su mente, en sus obras, en sus pasos, así que está lejano y cercano, lo mira y le desaparece, lo toca pero no puede estrecharlo, así que el alma está en un continuo martirio de amor. Entonces, si la

justicia me obliga a privarte de Mí y a estar por algún tiempo lejano, ¿puedes decir por eso que te he quitado los dones que te he dado y que hay disminución de amor?"

(3) Y yo: "Es demasiado duro mi estado, amada vida mía, y ¿en qué aprovecha el permanecer en este estado si no me haces sufrir para evitar los castigos a mi prójimo? Has dicho tantas veces que no harás llover, y no llueve; así que no puedo vencerte más en nada, lo que dices lo haces, mientras que si te tuviera junto a mí como antes, te rogaría tanto que me harías vencer. ¿Cómo dices que no es nada la lejanía?"

(4) Y Él: "Es exactamente por esto por lo que me veo obligado a estarme alejado, para no hacerte vencer y dar lugar a la justicia. Pero con tenerte en este estado, también hay un bien, porque la falta de agua llamará a la carestía, y los pueblos en este tiempo quedarán humillados, y siguiendo los estragos y las guerras, la gracia los encontrará más dispuestos para salvarlos; ¿no es esto también un bien, que mientras las guerras estaban por llegar antes que la carestía, pero por tenerte en este estado, las guerras serán alejadas y así habrá más almas salvadas?"

(5) Después ha agregado: "El amor jamás dice basta. Aunque el amor la flagelara, la hiciera pedazos, aquellos pedazos gritarían amor. El amor nunca dice basta, y no está aun contento con eso, entonces aquellos pedazos los pulveriza, los reduce a la nada y en aquella nada sopla su fuego, le da su misma forma, nada mezcla de humano sino todo de divino, y entonces el amor canta sus glorias, sus hazañas, sus proezas, sus prodigios, y dice: "Estoy contento, mi amor ha vencido, ha destruido lo humano y ha edificado lo divino". Le sucede al amor como a aquel experto artesano que teniendo muchos objetos que no le agradan, los hace pedazos, los mete en el fuego y los hace estar ahí, hasta licuarlos y hacerles perder toda su forma, y después con ese líquido forma muchos otros objetos bellísimos y agradables, dignos de su maestría. Pero también es verdad que para lo humano es demasiado duro este obrar del amor, pero cuando vea su

adquisición, verá que la belleza se ha sustituido a la fealdad, la riqueza a la pobreza, la nobleza a la rudeza, y también ella cantará las glorias del amor".

+ + + +

8-42
Agosto 14, 1908

La voluntad humana sirve de pincel a Jesús
para pintar su Imagen en el corazón.

(1) Habiendo recibido la comunión, veía al niño dentro de mi interior, como si buscara una cosa importante, y yo he dicho: "Querido mío, ¿qué estás buscando con tanta atención?" Y Él me ha respondido:

(2) "Hija, estoy buscando el pincel de tu voluntad para poder pintar mi imagen en tu corazón, porque si no me das tu voluntad me falta el pincel para poder pintarme libremente en ti, y así como la voluntad me sirve de pincel en mis manos, así el amor me sirve de pintura para poder imprimir la variedad de los colores de mi imagen. Además de esto, así como la voluntad humana me sirve de pincel, así mi Voluntad sirve de pincel en manos del alma para pintar su imagen en mi corazón, y en Mí encontrará abundante tinta de amor para la variedad de los colores".

+ + + +

8-43
Agosto 19, 1908

El alma debe sembrar el bien con todo su ser.

(1) Habiendo hecho la meditación acerca de que quien siembra el bien cosechará el bien, y quien siembra vicios cosechará males, estaba pensando en cuál sería el bien que yo podría sembrar estando en mi posición, miseria e inhabilidad mías. En este momento me he sentido recogida y oía decirme en mi interior:

(2) "Con todo, con todo su ser el alma debe sembrar el bien; el alma tiene una inteligencia mental, y ésta la debe aplicar a comprender a Dios, a pensar siempre en el bien, jamás dejar entrar en la mente alguna mala semilla, y esto es sembrar bien con la mente; así de la boca, jamás sembrar semillas malas, esto es, palabras malas, indignas de un cristiano, sino siempre decir palabras santas, útiles, buenas, esto es sembrar bien con la boca; así con el corazón, amar sólo a Dios, desear, palpitar, tender a Dios, esto es sembrar bien con el corazón; con las manos hacer obras santas, con los pies caminar tras los ejemplos de Nuestro Señor, y he aquí otra semilla buena".

(3) Yo, al oír esto pensaba entre mí: "Así que en mi posición puedo también yo sembrar bien a pesar de mi extrema miseria". Pero lo pensaba con cierto temor por las cuentas que el dueño del campo me pedirá si he sembrado bien o no; y en mi interior oía repetir:

(4) "Mi bondad es tan grande que hace muy mal quien me da a conocer como severo y muy exigente, rigorista, ¡oh! qué afrenta hacen a mi amor, Yo no pediré otra cuenta que del pequeño terreno que les he dado, y no por otra cosa pediré las cuentas sino para darles el fruto de sus cosechas, dando a la inteligencia, por cuanto más me haya comprendido en vida, otro tanto de más me comprenderá en el Cielo, y por cuanto más me comprenderá, con tanto más de gozo y bienaventuranza será inundada, dando a la boca el fruto de los varios gustos divinos, armonizando su voz sobre todos los otros bienaventurados; a sus obras dándoles la cosecha de mis dones, y así de todo lo demás".

+ + + +

8-44
Agosto 23, 1908

Señal para conocer si hay culpa en el alma durante la privación.

(1) Continuando mi habitual estado, estaba muy pensativa acerca del estado de mi alma y decía entre mí: "¿Quién sabe qué mal hay en mi alma que el Señor me priva de Él y me deja abandonada a mí misma?"

(2) Mientras estaba en esto, en cuanto ha venido me ha llenado toda, toda de Él, y todo mi ser a Él se dirigía, ni siquiera una fibra ni un movimiento que no tendiera a Él. Después me ha dicho:

(3) "¿Has visto hija mía? La señal cuando en el alma hay alguna culpa cuando se encuentra privada de Mí, es que regresando Yo a hacerme ver, no queda toda llena de Dios, ni su ser se encuentra dispuesto a sumergirse todo en Mí, de modo que ni siquiera una fibra quede que no esté fijada en su centro. Donde hay culpa o alguna cosa que no es toda mía, ni Yo puedo llenarla, ni el alma puede sumergirse en Mí. La culpa, la materia, no pueden entrar en Dios ni correr hacia Él, por eso tranquilízate y no quieras turbarte".

+ + + +

8-45
Agosto 26, 1908

La constancia en el bien hace crecer la Vida Divina en el alma.

(1) Encontrándome en mi habitual estado, estaba toda afligida y casi aturdida por las acostumbradas privaciones. Entonces como de huída ha venido y me ha dicho:

(2) "Hija mía, a lo que quiero que prestes más atención es a la constancia en el bien, tanto en el interior como en el exterior, porque la repetición de amarme, de tantos actos interiores y del bien constante, hace crecer siempre la Vida Divina en el alma, pero con tal energía que puede compararse a aquel bebé que creciendo en un aire bueno y con alimentos sanos, crece siempre bien, con plena salud, hasta que llega a debida estatura sin haber tenido necesidad ni de médicos ni de medicinas, es más, es tan robusto y fuerte que alivia y ayuda a los demás. Mientras que quien no es constante, crece como aquel niño que no se nutre siempre de alimentos sanos, y vive en un aire pútrido, crece enfermizo, y como los miembros no tienen fuerza para desarrollarse y crecer por falta de buen alimento, se desarrollan con defectos, por lo tanto, dónde se forma un tumor, dónde un absceso, así que camina vacilante, habla fatigosamente, se puede decir que es un pobre lisiado, y si bien se ven mezclados algunos miembros buenos, la mayoría son defectuosos, y a pesar de que consulte médicos y tome medicinas, poco o nada le ayudan, porque la sangre está infectada por el aire pútrido, y los miembros son débiles y defectuosos por su mal nutrirse; así que será un hombre, pero no llegará a debida estatura y tendrá necesidad de ayuda sin poder ayudar a los demás. Así es el alma inconstante, la inconstancia en el bien es como si el alma se nutriera con alimentos no buenos, y ocupándose de otras cosas que no son Dios, es como si respirara aire pútrido; por tanto la Vida Divina crece endeble, miserable, faltándole la fuerza, el vigor de la constancia".

+ + + +

8-46
Septiembre 2, 1908

La verdadera virtud, de Dios comienza y en Dios termina.

(1) Paso días amargos por las continuas privaciones del bendito Jesús. Después, en cuanto ha venido me ha dicho:

(2) "Hija mía, la señal para conocer si uno tiene verdadera caridad es si ama a los pobres, porque si ama a los ricos y a ellos se da, puede ser porque espera o porque obtiene algo, o porque le simpatizan, o por la nobleza, por el ingenio, por el buen hablar y aun por temor; pero si ama a los pobres, los ayuda, los socorre, es porque ve en ellos la imagen de Dios, así que no ve la rusticidad, la ignorancia, la descortesía, la miseria, sino que a través de estas miserias, como dentro de un espejo ve a Dios, del cual todo espera, y los ama, los ayuda, los consuela como si lo hiciera a Dios mismo. Éste es el sello de la verdadera virtud, que de Dios comienza y en Dios termina; pero lo que comienza de la materia, materia produce y en la materia termina, y por cuan espléndida y virtuosa parezca la caridad, no sintiendo el toque divino, ni quien la hace ni quien la recibe, quedan fastidiados, aburridos y cansados, y si tienen necesidad se sirven de ello para cometer defectos".

+ + + +

8-47
Septiembre 3, 1908

Jesús es luz, y la luz es verdad.

(1) Encontrándome en mi habitual estado el bendito Jesús se hacía ver todo luz, y ha dicho estas simples palabras:

(2) "Yo soy luz; ¿pero de qué está formada esta luz, cuál es el fondo de ella? ¡La verdad! Así que soy luz porque soy verdad, por eso el alma para ser luz, y para tener luz en todas sus acciones, éstas deben salir de la verdad. Donde hay artificio, engaño, doblez, no puede haber luz, sino tinieblas".

(3) Y como relámpago ha desaparecido.

+ + + +

8-48
Septiembre 5, 1908

Según su estado, el alma siente los

diversos efectos de la presencia de Dios.

(1) Hablando con el confesor, él decía: "¡Qué terrible será ver a Dios indignado! Tan es verdad, que en el día del juicio los malos dirán: "¡Montes, sepúltenos, destrúyanos, a fin de que no veamos la cara de Dios indignado!"

(2) Y yo decía: "En Dios no puede haber indignación, enojo, más bien es según el estado del alma, si es buena, la presencia divina, sus cualidades, sus atributos, la atraen toda en Dios y ella se consume sumergiéndose toda en Él; si es mala su presencia la oprime, la rechaza lejos de Él, y el alma viéndose rechazada y no sintiendo en ella ningún germen de amor hacia un Dios tan Santo, tan Bello, y ella tan fea y mala, quisiera quitarse de su presencia, aun destruyéndose a sí misma si fuera posible. Por tanto en Dios no hay mutación, sino que según somos nosotros, así se sienten los efectos". Después pensaba entre mí: "Cuántos desatinos he dicho". Por eso, al hacer la meditación durante el día, en cuanto Jesús ha venido me ha dicho:

(3) "Hija mía, está bien dicho que Yo no me cambio, sino que según cambia la criatura así siente los diversos efectos de mi presencia. En efecto, ¿cómo puede temer quien me ama, si siente correr todo mi Ser en el suyo y Él forma su misma vida? ¿Puede temer de mi Santidad si ella toma parte de esa misma Santidad? ¿Puede avergonzarse ante mi Belleza, si siempre busca embellecerse más para agradarme y para asemejarse más a Mí? ¿Si siente correr en su sangre, en sus manos, en sus pies, en su corazón, en su mente, todo, todo el Ser Divino, de modo que es cosa suya, todo suyo, y

puede temer, puede avergonzarse de sí misma? ¡Esto es imposible! ¡Ah! hija mía, es el pecado lo que arroja tal confusión y desorden en la criatura, hasta el punto de quererse destruir para no sostener mi presencia. El día del juicio será terrible para los malos, pues no viendo en ellos germen de amor, más bien odio hacia Mí, mi justicia me impone no amarlos, y así como a las personas que no se aman no se les quiere tener cerca, y se usan todos los medios para alejarlas, Yo no querré tenerlos Conmigo, ni ellos querrán estar, nos rechazaremos recíprocamente, sólo el amor es lo que une todo y hace feliz a todo".

+ + + +

8-49
Septiembre 6, 1908

Jesús quiso sufrir para reunir todo a Sí.
(1) Continuando mi habitual estado, estaba pensando en el misterio de la flagelación, y al venir Jesús, poniendo su mano en mi hombro, en mi interior he oído decir:

(2) "Hija mía, quise que mi carne fuera esparcida en pedazos, mi sangre vertida por toda mi Humanidad para reunir a toda la humanidad dispersa, en efecto, con haber hecho que todo lo que de mi Humanidad fue arrancado: Carne, sangre, cabellos, quedara disperso, en la Resurrección nada quedará disperso sino todo reunido de nuevo en mi Humanidad, con esto Yo reincorporaba a todas las criaturas en Mí; así que después de esto, quien de Mí queda separado, es por su obstinada voluntad que de Mí se arranca para ir a perderse".

+ + + +

8-50
Septiembre 7, 1908

De cuantas cosas el alma se priva en la

tierra, otras tantas tendrá en el Cielo.

(1) Encontrándome en mi habitual estado, en cuanto ha venido el bendito Jesús me ha dicho;

(2) "Hija mía, de cuantas más cosas el alma se priva acá, otras tantas de más tendrá allá, en el Cielo; así que cuanto más pobre en la tierra, tanto más rica en el Cielo; cuanto más privada de gustos, de placeres, de diversiones, de viajes, de paseos en la tierra, tantos gustos, placeres tomará en Dios. ¡Oh! cómo paseará en los espacios de los Cielos, especialmente en los Cielos inmensurables de los atributos de Dios, porque cada atributo es un Cielo y un Paraíso de más, y de entre los bienaventurados, quién entra apenas, y se puede decir que queda como al principio de los atributos de Dios; quién camina a la mitad, quién todavía más adentro, y por cuanto más camina y se adentra más, gusta más, goza más, se divierte más. Así que quien deja tierra toma Cielo, aunque fuese una mínima cosa. De aquí se sigue que: Quien más despreciado más honrado, quien más pequeño, más grande, quien más sumiso más dominio, y así de todo lo demás. Pero a pesar de esto, de entre los mortales, ¿quién es el que piensa en privarse de alguna cosa en la tierra para tenerla eternamente en el Cielo? ¡Casi ninguno!"

+ + + +

8-51
Octubre 3, 1908

En quien está en continua actitud de
obrar el bien, la Gracia está con ella.

(1) Esta mañana el bendito Jesús, en cuanto ha hecho ver apenas su sombra me ha dicho:

(2) "Hija mía, mientras el alma está en continua actitud de obrar el bien, la gracia está con ella y da vida a todo su obrar. Si después está indiferente en hacer el bien, o en acto de obrar el mal, la Gracia se retira porque no son cosas suyas, y no pudiendo tomar parte ni suministrarle su misma Vida, con sumo pesar se aleja, apesadumbrándose sumamente; por eso, ¿quieres que la gracia esté siempre contigo, que mi misma Vida forme la tuya? Estate en continuo acto de hacer el bien y así tendrás en ti desarrollado todo mi Ser, y no tendrás que dolerte tanto si alguna vez no tienes mi presencia, porque no me verás pero me tocarás en todo tu obrar, y esto diminuirá en parte el dolor de mi privación".

+ + + +

8-52
Octubre 23, 1908

Cómo la ciencia divina está en el recto obrar.

(1) Continuando mi habitual estado, en cuanto ha venido el bendito Jesús me ha dicho:

(2) "Hija mía, toda la ciencia divina se contiene en el recto obrar, porque en lo recto se contiene todo lo bello y lo bueno que se pueda encontrar: Se encuentra el orden, la utilidad, la belleza, la maestría. Por tanto, un trabajo es bueno por cuanto es ordenado bueno, pero si los hilos se ven torcidos y conducidos erróneamente, no se entiende nada, no se ve más que una cosa desordenada que no será ni útil ni buena, por eso Yo, desde las cosas más grandes hasta las más pequeñas que he hecho, se ven todas ordenadas y todas sirven a una finalidad útil, porque la fuente de donde han salido ha sido mi recto obrar.

(3) Ahora la criatura, por cuanto sea buena, tanta ciencia divina contendrá en sí, y tantas cosas buenas saldrán de ella por cuanto sea recta, basta un hilo torcido en su obrar para desordenarse a sí

misma y a las obras que de ella salen, y ofuscar la ciencia divina que contiene. Quien sale de lo recto sale de lo justo, de lo santo, de lo bello, de lo útil, y sale de los límites en los cuales Dios la ha puesto, y saliendo de esto será como una planta que no tuviera mucha tierra por abajo y que, ahora los rayos de un ardiente sol, y ahora las heladas y los vientos le secarán los influjos de la ciencia divina. Así es el torcido obrar, heladas, vientos y rayos de sol ardiente, y faltándole mucho terreno de ciencia divina, no hará otra cosa que secarse en su desorden".

+ + + +

8-53
Noviembre 20, 1908

Cuando el alma hace del amor su alimento,
este amor se hace estable y serio.

(1) Continuando mi habitual estado, lleno de amarguras y de privaciones, esta mañana ha venido por poco tiempo el bendito Jesús, y yo me lamentaba con Él por mi estado, y en lugar de responderme se estrechaba más conmigo. Después, sin responder a lo que yo le decía me ha dicho:

(2) "Hija mía, el alma verdaderamente amante no se contenta con amarme con ansiedad, con deseos, con fervores, sino que sólo está contenta cuando llega a hacer del amor su alimento cotidiano, entonces el amor se hace estable, serio, va perdiendo todas aquellas ligerezas de amor a las cuales está sujeta la criatura, y como ha hecho del amor su alimento, el amor se ha difundido en todos los miembros, y estando difundido en todo tiene la fuerza de sostener las llamas del amor que la consumen y le dan vida, y conteniendo el amor en sí misma, poseyéndolo, no siente más aquellos vivos deseos, aquellas ansiedades, sino que sólo siente amar más el amor que posee. Éste es el amor de los bienaventurados en el Cielo, éste es mi mismo amor; los

bienaventurados arden en amor, pero sin ansiedad, sin estrépito, con estabilidad, con seriedad admirables. La señal si el alma llega a nutrirse de amor, es cuando ha perdido el semblante del amor humano, porque si se ven sólo deseos, ansiedades, fervores, es señal de que el amor no es su alimento, sino que sólo alguna partecita de sí ha dedicado al amor, y entonces, no siendo toda, no tiene fuerza de contenerlo, y tiene aquellos arranques del amor humano, siendo estas personas muy volubles, sin estabilidad en sus cosas; en cambio las primeras son estables, como aquellos montes que jamás se mueven".

+ + + +

8-54
Diciembre 16, 1908

La privación de Jesús es la más grande de las penas.

(1) Pasando días amarguísimos estaba lamentándome con Nuestro Señor diciéndole: "¡Cómo tan cruelmente me has dejado! Me decías que me habías elegido como tu pequeña hija y que debías tenerme siempre en tus brazos, ¿y ahora? Me has arrojado por tierra, y en vez de pequeña hija veo que me has cambiado en pequeña mártir, pero por cuan pequeño el martirio, otro tanto es cruel y duro, amargo e intenso". Mientras esto decía se ha movido en mi interior y me ha dicho:

(2) "Hija mía, tú te equivocas, no es mi Voluntad el hacerte pequeña mártir, sino gran mártir, pues te doy la fuerza de soportar con paciencia y resignación mi privación, que es la cosa más dolorosa, más amarga que se puede encontrar, y en la tierra y en el Cielo no hay otra pena que la iguale ni que la asemeje. ¿No es esto heroísmo de paciencia y último grado de amor, ante el cual todos los otros amores permanecen atrás y quedan casi anulados, y no hay amor que pueda comparársele y hacerle frente? ¿No es esto, por lo tanto, gran martirio? Tú dices que eres pequeña mártir

porque sientes que no sufres mucho, pero no es que no sufras, sino que el martirio de mi privación absorbe las otras penas, haciéndolas aun desaparecer, porque pensando que estás privada de Mí no te ocupas ni consideras tus otros sufrimientos, y no ocupándote de ellos llegas a no sentir su peso; por eso dices que no sufres. Además, no te he arrojado por tierra, más bien te tengo más que nunca estrechada entre mis brazos. Ahora te digo que si a Pablo le di mi Gracia eficaz al principio de su conversión, a ti te la doy casi de continuo, y la señal de esto es que sigues haciendo en tu interior todo lo que hacías cuando Yo estaba casi de continuo contigo y que ahora parece que lo haces sola. Ése sentirte toda inmersa en Mí y atada Conmigo, pensar siempre en Mí a pesar de que no me ves, no es cosa tuya, ni gracia ordinaria, sino gracia especial y eficaz. Y si mucho te doy, es señal de que te amo mucho y mucho quiero ser amado por ti".

+ + + +

8-55
Diciembre 25, 1908

Para hacer nacer y crecer a Jesús en nuestro corazón.

(1) Encontrándome en mi habitual estado, estaba deseando al niño Jesús, y después de mucho esperar se ha hecho ver en mi interior como pequeño niño, y me decía:

(2) "Hija mía, el mejor modo para hacerme nacer en el propio corazón es vaciarse de todo, porque encontrando el vacío puedo poner en él todos mis bienes, y sólo puedo permanecer ahí para siempre si hay lugar para poder poner todo lo que me pertenece, todo lo mío en ella. Una persona que fuera a habitar a casa de otra persona, sólo se podría sentir contenta cuando en aquella casa encontrara espacio para poder poner todas sus cosas, de otra manera se volvería infeliz. Así soy Yo.

(3) La segunda cosa para hacerme nacer y acrecentar mi felicidad, es que todo lo que el alma contiene, sea interno o externo, todo debe ser hecho para Mí, todo debe servir para honrarme, para seguir mis órdenes, porque si aun una sola cosa, un pensamiento, una palabra, no es para Mí, Yo me siento infeliz, y debiendo ser dueño me hacen esclavo, ¿puedo Yo tolerar todo esto?

(4) La tercera cosa es amor heroico, amor engrandecido, amor de sacrificio. Estos tres amores harán crecer en modo maravilloso mi felicidad, porque el alma se arriesga a hacer obras superiores a sus fuerzas, haciéndolas únicamente con mi fuerza, éstas la engrandecerán con hacer que no sólo ella, sino también los demás me amen, y llegará a soportar cualquier cosa, aun la misma muerte, para poder triunfar en todo y poderme decir: "No tengo nada más, todo es sólo amor por Ti". Este modo no sólo me hará nacer, sino que me hará crecer y me formará un bello paraíso en su propio corazón".

(5) Mientras esto decía yo lo miraba, y de pequeño, en un instante se ha hecho grande, de modo que yo quedaba toda llena de Él, y todo ha desaparecido.

+ + + +

8-56
Diciembre 27, 1908

El te amo de la criatura es correspondido con el te amo del Creador.

(1) Estaba meditando en el momento cuando la Reina Mamá daba la leche al niño Jesús y decía entre mí: "¿Qué podía pasar entre la Mamá Santísima y el pequeño Jesús en este acto?" En este momento lo sentí moverse en mi interior, y oí que me decía:

(2) "Hija mía, cuando chupaba la leche del pecho de mi dulcísima Madre, unido a la leche chupaba el amor de su corazón, y era más amor que chupaba que leche; y Yo como en aquellas chupadas oía decirme: "Te amo, te amo, ¡oh, Hijo!". Yo le repetía a Ella: "Te amo, te amo, ¡oh, Mamá!". Y no era Yo solo el que lo decía, a mi te amo, el Padre y el Espíritu Santo, la Creación toda, los ángeles, los santos, las estrellas, el sol, las gotas de agua, las plantas, las flores, los granitos de arena, todos los elementos corrían junto a mi te amo y repetían: "Te amamos, te amamos oh Madre de nuestro Dios en el amor de nuestro Creador".

(3) Mi Madre veía todo esto y quedaba inundada, no encontraba ni siquiera un pequeño espacio en el que no oyera decirse que Yo la amaba; su amor quedaba atrás y casi solo, y repetía: "Te amo, te amo". Pero jamás podía igualarme, porque el amor de la criatura tiene sus límites, su tiempo; mi amor es increado, interminable, eterno. Y esto sucede a cada alma, cuando me dice te amo también Yo le repito te amo, y Conmigo está toda la Creación para amarla en mi amor. ¡Oh, si las criaturas comprendieran cual es el bien, el honor que se procuran con sólo decirme te amo!, bastaría que supieran sólo esto, que un Dios a su lado, honrándolas, les responda: También Yo te amo".

+ + + +

8-57
Diciembre 28, 1908

Terremotos en Sicilia y en Calabria.

(1) Encontrándome en mi habitual estado, sentía como si la tierra hiciera oscilaciones y nos quisiera faltar por debajo. Yo he quedado impresionada y decía entre mí: "¿Señor, Señor, qué pasa?" Y Él en mi interior ha dicho:

(2) "Terremotos".

(3) Y ha hecho silencio. Yo casi no le he prestado atención, y estando casi en mí misma continuaba mis acostumbradas cosas internas, cuando en lo mejor de ellas, después de haber pasado unas cinco horas de la palabra que me había dicho, he sentido sensiblemente el terremoto. En cuanto terminé de sentirlo me he encontrado fuera de mí misma, y casi confundida veía cosas desgarradoras, pero súbito me ha sido quitada la vista de esto y me he encontrado dentro de una iglesia; del altar ha salido un joven vestido de blanco, creo que era Nuestro Señor, pero no sé decirlo con seguridad, y acercándose a mí, con un aspecto imponente me ha dicho:

(4) "Ven".

(5) Yo me he aferrado a sus hombros pero sin levantarme, porque pensado entre mí que en aquella hora estaba castigando y destruyendo, he dicho casi rechazando la invitación: "¡Eh! Señor, ¿justo ahora quieres llevarme? Entonces aquel joven se ha arrojado en mis brazos, y en mi interior oía que me decían:

(6) "Ven, oh hija, a fin de que pueda terminarla con el mundo, así lo destruiré en gran parte, con los terremotos, con las aguas y con las guerras".

(7) Después de esto me he encontrado en mí misma.

+ + + +

8-58
Diciembre 30, 1908

La infancia de Jesús para divinizar la infancia de todos.

(1) Estaba meditando el misterio de la infancia de Jesús y decía entre mí: "Niño mío, a cuántas penas quisiste sujetarte. No te

bastaba con venir ya grande, has querido venir niño, sufrir la estrechez de los pañales, el silencio, la inmovilidad de tu pequeña Humanidad, de los pies, de las manos. ¿En qué aprovecha todo esto?" Mientras esto decía se ha movido en mi interior y me ha dicho:

(2) "Hija mía, mis obras son perfectas; quise venir pequeño infante para divinizar todos los sacrificios y todas las pequeñas acciones que hay en la infancia; así que, hasta en tanto que los niños no llegan a cometer pecados, todo queda absorbido en mi infancia y divinizado por Mí. Cuando después comienza el pecado, entonces comienza la separación entre Yo y la criatura, separación dolorosa para Mí, y para ella luctuosa".

(3) Y yo: "Cómo puede ser esto, si los niños no tienen uso de razón y no son capaces de merecer".

(4) Y Él: "El mérito lo doy, primero por gracia mía, segundo porque no es de su voluntad el no querer merecer, sino que es porque así es el estado de infancia dispuesto por Mí. Y además, no sólo queda honrado sino que también recoge el fruto un jardinero que ha plantado una planta, a pesar de que la planta no tiene razón; el escultor que hace una estatua, y tantas otras cosas. Sólo el pecado es lo que destruye todo y separa a la criatura de Mí, pues todo lo demás, de Mí parte hacia las criaturas y a Mí regresa, aun las acciones más triviales, con la marca del honor de mi Creación".

+ + + +

8-59
Enero 2, 1909

Continúa hablando de los terremotos.

(1) Con suma repugnancia y sólo por obedecer continúo diciendo lo que ha pasado desde el día 28 de diciembre en relación con el terremoto.

(2) Estaba pensando entre mí en la suerte de tanta pobre gente viva bajo los escombros, y en la suerte de mi Sacramentado Señor, vivo también Él, sepultado bajo las piedras y decía entre mí, parece que el Señor dice a esos pueblos:

(3) "He sufrido vuestra misma suerte por vuestros pecados, estoy junto con ustedes para ayudaros, para daros fuerza; os amo tanto que estoy esperando un último acto de amor para salvaros a todos, no teniendo cuenta de todo el mal que habéis hecho en el pasado".

(4) ¡Ah! mi bien, mi vida y mi todo, te mando mis adoraciones bajo los escombros, dondequiera que Tú te encuentres te envío mis abrazos, mis besos y todas mis potencias para hacerte continua compañía, ¡oh, cómo quisiera ir a desenterrarte para ponerte en un lugar más cómodo y más digno de Ti! Mientras estaba en esto, mi adorable Jesús me ha dicho en mi interior:

(5) "Hija mía, en algún modo has interpretado mis excesos de amor, que aun mientras castigo tengo hacia los pueblos, pero no es todo, hay más, pero debes saber que mi suerte Sacramental es tal vez menos infeliz, menos nauseante bajo los escombros que en los tabernáculos; es tal y tanto el número de los sacrilegios que cometen los sacerdotes y también el pueblo, que estaba cansado de descender en sus manos y en sus corazones, y me obligan a destruirlos casi a todos. Además, qué decirte de las ambiciones, de los escándalos de los sacerdotes, todo es tiniebla en ellos, no más luz como deben ser, y cuando los sacerdotes llegan a no dar luz, los pueblos llegan a los excesos y mi justicia es obligada a destruirlos".

(6) Estaba también pensando en sus privaciones, y sentía un temor, como si fuera a suceder también aquí un fuerte terremoto. Viéndome tan sola, sin Jesús, me sentía tan oprimida que me

sentía morir. Entonces, teniendo compasión de mí, el buen Jesús ha venido como una sombra y me ha dicho:

(7) "Hija mía, no te aflijas tanto, en consideración tuya evitaré graves daños a esta ciudad. Mira si Yo no debo continuar castigando, en lugar de convertirse, de rendirse, al oír las destrucciones de las otras provincias dicen que allá son los lugares, los terrenos los que hacen que esto suceda, y continúan ofendiéndome. ¡Cómo son ciegos y tontos! ¿No está toda la tierra en mi propio puño? ¿Tal vez no puedo Yo abrir las vorágines de la tierra y hacer que se trague a todos aun en otros lugares? Y para hacérselos ver haré que haya terremotos en otros lugares, donde no es costumbre que tiemble".

(8) Mientras esto decía, parecía que ponía su mano en el centro de la tierra, de ahí tomaba fuego y lo acercaba a la superficie, y la tierra se sacudía y se sentía el terremoto, dónde más fuerte y dónde menos, y ha agregado:

(9) "Esto no es más que el principio de los castigos; ¿qué será el fin?"

+ + + +

8-60
Enero 8, 1909

El fruto y la finalidad de la comunión.

(1) Habiendo recibido la comunión, estaba pensando cómo podía estrecharme más que nunca con el bendito Jesús, y Él me ha dicho:

(2) "Para estrecharte más íntimamente Conmigo, hasta llegar a perder tu ser en Mí, así como Yo me transfundo en el tuyo, debes en todo tomar lo que es mío y en todo dejar lo que es tuyo; de

modo que si tú piensas siempre en cosas santas y que se refieren solamente al bien, al honor y a la gloria de Dios, dejas tu mente y tomas la divina; si hablas, si obras bien y sólo por amor de Dios, dejas tu boca, tus manos y tomas mi boca y mis manos; si caminas los caminos santos y rectos, caminarás con mis mismos pies; si tu corazón me ama sólo a Mí, dejarás tu corazón y tomarás el mío y me amarás con mi mismo amor, y así de todo lo demás, así que tú quedarás revestida de todas mis cosas, y Yo de todas las cosas tuyas. ¿Puede haber una unión más estrecha que ésta? Si el alma llega a no reconocerse más a sí misma, sino al Ser Divino en ella, estos son los frutos de las buenas comuniones, y ésta es la finalidad divina al quererse dar en comunión a las almas, pero cuánto queda frustrado mi amor, y qué pocos frutos recogen las almas de este sacramento, hasta quedar la mayor parte indiferentes y aun nauseados de este alimento divino".

+ + + +

8-61
Enero 22, 1909

Cuando Dios es deudor del alma.

(1) Estaba pensando en las tantas privaciones de Nuestro Señor, y en que años atrás, una vez, habiendo esperado varias horas a Nuestro Señor, cuando vino yo me lamentaba con Él porque me había hecho esperar para venir, y el bendito Jesús me dijo:

(2) "Hija mía, cuando Yo te sorprendo previniendo tus deseos de quererme y vengo sin hacerte esperar, tú quedas deudora de Mí; pero cuando te hago esperar un poco y después vengo, Yo quedo deudor tuyo, ¿te parece poco que un Dios te dé la ocasión de ser deudor tuyo?"

(3) Y decía entre mí: Entonces eran horas, pero ahora que son días, ¿quién sabe cuántas deudas ha contraído conmigo? Creo que

son innumerables, porque muchas me está haciendo. Pero después pensaba entre mí: "¿Y para qué me sirve tener un Dios deudor? Creo que para Jesús lo mismo es tenerlo como deudor que ser uno deudor de Él, porque Él en un momento puede dar tanto al alma, que equivalga y sobrepase las deudas que tenga, y he aquí que las deudas quedan anuladas". Pero mientras esto pensaba, el bendito Jesús en mi interior me ha dicho:

(4) "Hija mía, tú dices disparates, además de los dones espontáneos que Yo doy a las almas, están los dones de vínculo. A las almas, dones espontáneos puedo darles o puedo no darles, en Mí está la elección, porque ningún vínculo me ata, pero a las almas de los dones de vínculo, como en tu caso, me siento vinculado, obligado a darle lo que quiere, a concederle mis dones. Imagínate un señor y dos personas, una de estas dos personas tiene su dinero en manos de aquel señor, la otra no; tanto a una como a otra ese señor puede dar lo que quiera, ¿pero quién está más segura de obtener del señor en caso de una necesidad, la que tiene su dinero en manos de aquel señor o la que no tiene? Ciertamente la que tiene su dinero depositado tendrá las buenas disposiciones, el valor, la confianza para ir a pedir lo que está depositado en las manos de aquel señor, y si lo ve titubear en darle, le dirá francamente: "Dámelo pronto, porque finalmente no te pido lo tuyo, sino lo mío". Mientras que si va la otra persona que no tiene nada en manos de aquel señor, irá tímida, sin confianza y estará a lo que aquél quiera, si quiere darle alguna ayuda o no. Esta es la diferencia que hay entre el tenerme de deudor y no tenerme como tal. ¡Si tú comprendieras los bienes inmensos que produce este contraer crédito Conmigo!"

(5) Agrego que mientras escribía, pensaba entre mí otra tontería: "Cuando esté en el Cielo, mi amado Jesús, sentirás enfado de haber contraído tantas deudas conmigo, mientras que si vienes aquí, quedando yo deudora, Tú que eres tan bueno, en el primer encuentro que tengamos me perdonarás todas mis deudas, pero yo que soy mala no lo haré, me haré pagar aun un respiro de espera". Pero mientras esto pensaba, en mi interior me ha dicho:

(6) "Hija mía, no sentiré enfado sino contento, porque mis deudas son deudas de amor, y deseo más ser deudor que tenerte como deudora mía, porque estas deudas que contraigo contigo, mientras son deudas para Mí, serán prendas y tesoros que conservaré en mi corazón eternamente, que te darán el derecho de ser amada por Mí más que a los demás, y esto será una alegría, una gloria de más para Mí, y tú tendrás pagado aun el respiro, el minuto, el deseo, el latido; y por cuanto más seas prepotente y avara en el exigir, más me darás gusto y más te daré. ¿Estás contenta así?"

(7) Yo he quedado confundida y no he podido decir nada más.

+ + + +

8-62
Enero 27, 1909

Luisa de la Pasión del Tabernáculo.

(1) Continuando mi habitual estado decía entre mí: "Qué vida inútil es la mía, ¿cuál es el bien que hago? Todo ha terminado, no hay más participación de espinas, de cruces, de clavos, parece que todo ha acabado; me siento, sí, sufriente, tanto que no puedo moverme, es un estado de reumatismo general de dolor, pero es cosa totalmente natural, sólo me queda el pensamiento continuo de la Pasión, la unión de mi voluntad con la de Jesús, ofreciendo lo que Él sufrió y a toda yo misma como Él quiere, por quien quiere, así que no queda otra cosa que una escuálida miseria, entonces, ¿cuál es la finalidad de mi vida?" Mientras esto pensaba, como un relámpago Jesús se ha dejado ver y me ha dicho:

(2) "Hija mía, ¿sabes quién eres tú? Tú eres Luisa de la Pasión del Tabernáculo; cuando te participo las penas, entonces eres del calvario; cuando no, permaneces del Tabernáculo, mira cómo es así: Yo en el Tabernáculo nada tengo de exterioridades, ni de

cruces, ni de espinas, sin embargo la inmolación es la del mismo calvario, las peticiones son las mismas, el ofrecimiento de mi Vida continúa aún, mi Voluntad no ha cambiado en nada, me quema la sed de la salvación de las almas, así que puedo decir que las cosas de mi Vida Sacramental unidas con mi Vida mortal están siempre en un punto, y no han disminuido en nada, pero todo es interno, así que si tu voluntad es la misma de cuando Yo te participaba mis penas, tus ofrecimientos son semejantes, tu interior está unido Conmigo, con mi Voluntad, ¿no tengo razón en decirte que eres Luisa de la Pasión del Tabernáculo? Con esta sola diferencia, que cuando te participo mis penas tomas parte en mi Vida mortal, y Yo exento al mundo de los más graves castigos; cuando no te las participo, castigo al mundo y tú tomas parte en mi Vida Sacramental, pero siempre una es la vida".

+ + + +
8-63
Enero 28, 1909

Qué cosa es ser víctima.

(1) Habiendo leído un libro que hablaba de la variedad de los modos de obrar interiormente, y cómo recompensaba Jesús a estas almas con grandes capitales de gracia y con sobreabundancia de amor, yo comparaba todo lo que había leído con los tantos y diversos modos que Jesús me había enseñado en mi interior, y puestos éstos en comparación con los del libro me parecían tan vastos, como puede ser el mar en comparación de un pequeño río y decía entre mí: "Si esto es verdad, ¿quién sabe cuánta gracia verterá en mí y cuánto me amará mi siempre amable Jesús? Después encontrándome en mi habitual estado, en cuanto ha venido el buen Jesús me ha dicho:

(2) "Hija mía, tú aún no sabes bien qué significa ser elegida víctima. Yo con ser víctima encerré en Mí todo el obrar de las criaturas, sus satisfacciones, reparaciones, adoraciones y agradecimientos, así

que por todos y por cada uno Yo hice lo que ellos tenían que hacer. Así que tú siendo víctima, es inútil compararte con los demás, pues debiendo encerrar en ti no el modo de uno, sino la variedad del modo de cada uno, y debiendo hacerte suplir por todos y por cada uno, por consecuencia debo darte la gracia, no que doy a uno solo, sino la gracia que equivalga a la que doy a todo el conjunto de las criaturas. Por lo tanto también el amor debe superar al amor con el que amo a todo el conjunto de las criaturas, porque gracia y amor van siempre unidos juntos, tienen un solo paso, una sola medida, un solo querer, el amor jala a la gracia, la gracia jala al amor, son inseparables. He aquí por qué tú ves el mar vastísimo que Yo he puesto en ti, y el pequeño río en los demás".

(3) Yo he quedado aturdida comparando tanta gracia a tanta ingratitud y maldad mías.

+ + + +

8-64
Enero 30, 1909

La historia del ¿por qué?

(1) Encontrándome en mi habitual estado me he encontrado fuera de mí misma, me parecía ver a un alma del purgatorio, conocida mía y yo le decía: "Mira un poco cómo estoy ante Dios, temo tanto, especialmente por el estado en el cual me encuentro". Y ella me ha dicho:

(2) "Se necesita poco para saber si estás bien o mal, si tú aprecias el sufrir estás bien, si no, estás mal, porque quién aprecia el sufrir aprecia a Dios, y apreciándolo jamás se le puede disgustar, porque las cosas que se aprecian se estiman, se aman, se tienen amadas y custodiadas más que a sí mismo, ¿y puede ser posible que uno se quiera mal a sí mismo? Así que es imposible que pueda desagradar a Dios apreciándolo".

(3) Después, en cuanto ha venido el bendito Jesús me ha dicho:

(4) "Hija mía, las criaturas, en casi todos los eventos que suceden, van repitiendo y diciendo siempre: ¿Y por qué? ¿Y por qué? ¿Y por qué? ¿Por qué esta enfermedad? ¿Por qué este estado de ánimo? ¿Por qué este castigo? Y tantos otros ¿por qué? La explicación del ¿por qué? no está escrita en la tierra sino en el Cielo, y allá la leerán todos. ¿Sabes tú qué cosa es el por qué? Es el egoísmo que da alimento continuo al amor propio. ¿Sabes tú dónde fue creado el por qué? En el infierno. ¿Quién fue el primero en pronunciarlo? Un demonio. Los efectos que produjo el primer ¿por qué? fueron la pérdida de la inocencia en el mismo Edén, la guerra de las pasiones implacables, la ruina de muchas almas, los males de la vida. La historia del ¿por qué? es larga, basta decirte que no hay mal en el mundo que no tenga la marca del ¿por qué? El ¿por qué? es destrucción de la sabiduría divina en la almas. ¿Y sabes tú dónde será sepultado el por qué? En el Infierno, para dejar a todos los condenados intranquilos eternamente, sin darles jamás paz. El arte del ¿por qué? es hacer la guerra a las almas sin jamás darles tregua".

Deo Gratias.

Nihil obstat
Canonico Hanibale
M. Di Francia

Eccl.

Imprimatur
Arzobispo Giuseppe M. Leo
Octubre de 1926

[1] Este libro ha sido traducido directamente del original manuscrito de Luisa Piccarreta.

Made in the USA
Coppell, TX
16 March 2025

47164312R00171